国际产能合作视角下
中国企业“走出去”研究

文娟 著

中国商务出版社
·北京·

图书在版编目（CIP）数据

国际产能合作视角下中国企业“走出去”研究 / 文娟著. --北京：中国商务出版社，2024. 5

ISBN 978-7-5103-4982-9

Ⅰ. ①国… Ⅱ. ①文… Ⅲ. ①企业—对外投资—研究—中国 Ⅳ. ①F279. 247

中国国家版本馆 CIP 数据核字（2024）第 093901 号

国际产能合作视角下中国企业“走出去”研究

文娟 著

出版发行：中国商务出版社有限公司

地　　址：北京市东城区安定门外大街东后巷 28 号　邮　　编：100710

网　　址：http://www.cctpress.com

联系电话：010—64515150（发行部）　010—64212247（总编室）

　　　　　010—64515164（事业部）　010—64248236（印制部）

责任编辑：薛庆林

排　　版：北京天逸合文化有限公司

印　　刷：北京建宏印刷有限公司

开　　本：787 毫米×1092 毫米　1/16

印　　张：19　　字　　数：311 千字

版　　次：2024 年 5 月第 1 版　　印　　次：2024 年 5 月第 1 次印刷

书　　号：ISBN 978-7-5103-4982-9

定　　价：98. 00 元

目录

基础篇

理论篇

实证篇

实践篇

对策篇

基 础 篇

第1章 绪 论

1.1 研究背景与意义

1.1.1 研究背景

“提高企业‘走出去’能力和水平，推进国际产能合作”是党中央国务院针对经济新常态和新一轮国际产业转移制定的重大战略决策。2013年9月和10月，国家主席习近平提出“一带一路”合作倡议（One Belt，One Road，“OBOR”），倡议加强沿线国家之间的“五通”，即政策沟通、道路联通、贸易畅通、货币流通和民心相通，缔造大区域经济合作，达到带动沿线国家之间的经济、政治、文化等各方面的交流和促进社会经济共同发展的目的。2013年10月，国务院指出要“扩大对外投资合作。鼓励优势企业以多种方式‘走出去’，优化制造产地分布”①，以化解国内过剩产能。2015年5月，中共中央国务院《关于构建开放型经济新体制的若干意见》（中发〔2015〕13号）再次强调“确立企业和个人对外投资主体地位”，推动优势产业走出去。《中国制造2025》提出“提升国际合作的水平和层次，推动重点产业国际化布局，引导企业提高国际竞争力”。2015年5月，国务院《关于推进国际产能和装备制造合作的指导意见》（国发〔2015〕30号，全文简称“指导意见”）明确提出“提高企业‘走出去’的能力和水平”，推进国际产能合作（International Capacity Cooperation，ICC）。这是我国政府首次在官方文件中正式地

① 《关于化解产能过剩严重矛盾的指导意见》（国发〔2013〕41号）。

提出“国际产能合作”概念，标志着“以企业主体，以市场为导向，推进国际产能合作”的重大战略理念完全形成。

当前，世界经济形势严峻、复杂、多变，我国企业“走出去”高质量推进国际产能合作面临严峻的挑战。世界经济以 2008 年美国金融危机爆发为转折点逐渐进入到所谓的“大调整、大变革和大转型的时代”（刘世锦等，2014）。世界经济大调整表现为贸易保护主义抬头，单边主义和民粹主义倾向上升，地缘政治和军事冲突加剧等不确定性增多。在三年新冠疫情全球大流行的加持下，“去全球化”“脱钩”“断链”等说法一度愈演愈烈，引起国际社会的普遍担忧。作为应对之策，主要经济体纷纷制定应对措施，以增强本国价值链和供应链的韧性与安全。与此同时，建立在价格比较优势基础上的全球价值链分工体系似乎濒临崩溃。直到 2023 年初，世界卫生组织宣告新冠疫情不再构成“国际关注的突发公共卫生事件”之后，国际社会才逐渐认识到“脱钩”“断链”对世界经济和各国经济的危害性，并在近期提出“不脱钩，去风险化”的新主张，但是并未就“去风险化”的含义达成共识，新一轮国际产业转移和全球价值链重构持续深化。

跨国公司及其国际直接投资（OFDI）行为是影响全球经济的最重要力量之一。近 30 年来，在国际金融危机、全球化转型调整以及新冠疫情等其他意外冲击的影响下，跨国公司及其国际直接投资的动机和利益领域出现了新的特征。基于上述国内外背景，本书从推进国际产能合作视角探讨我国企业“走出去”的动因、机制、战略和对策，围绕“为什么”“去哪儿”和“怎么去”等问题展开理论研究和实证分析，旨在为我国企业高水平“走出去”高质量推进国际产能合作出谋划策。

二、国际经济大环境

2008 年，美国金融危机爆发作为转折点，世界经济逐渐进入所谓的“大调整、大变革和大转型的时代”（刘世锦等，2014）。大调整时代表现出贸易保护主义抬头，单边主义和民粹主义倾向上升，地缘政治和军事冲突加剧等不确定性增多。在三年新冠疫情全球大流行的加持下，“去全球化”“脱钩”“断链”等说法愈演愈烈，引起国际社会的普遍担忧。作为应对之策，主要经济体纷纷制定本国应对措施，以增强本国价值链和供应链的韧性与安全。全球价值链分工一度面临严峻挑战。截至 2023 年初，世界卫生组织宣告新冠疫情不再构成“国际关注的突发公共卫生事件”之后，国际社会才逐渐认识到“脱钩”“断链”对世界经济和各国经济的危害性，并在近期提出“不脱钩，去风险化”的新主张，但是并未就“去风险化”的含义达成共识，新一轮国际产业转移和全球价值链重构持续深化。

跨国公司及其国际直接投资（OFDI）行为是影响全球经济的最重要力量之一。30 年来，在全球化和国际金融危机的影响下，跨国企业的动机和利益领域发生了新的变化。当前世界经济形势严峻、复杂、多变，国际产能合作要求我国企业高水平“走出去”，提高产能利用率，实现创新驱动发展。这有助于加快建设现代化经济体系，应对新一轮国际产业转移和全球价值链重构，赋能高质量发展。基于上述国内国际经济背景，本书研究我国企业“走出去”高质量推进国际产能合作的动因机制、战略和对策，围绕“为什么”“去哪儿”和“怎么去”等问题展开理论研究和实证研究，旨在为我国企业高水平“走出去”高质量推进国际产能合作出谋划策。

1.1.2 研究意义

本研究对高质量推进国际产能合作，实现我国企业对外直接投资高水平扩张，赋能经济高质量发展，加快建设现代化经济体系，应对新一轮国际产业转移和全球价值链重构具有重要的理论意义和现实意义。

首先，有助于促进企业高质量推进国际产能合作国家战略。“指导意见”提出推进国际产能合作要“提高企业‘走出去’的能力和水平。发挥企业市场主体作用”。从本质上而言，国际产能合作是我国积极探索主导国际生产合作的新模式。作为市场微观主体，企业追求的是在有限风险下实现利润最大化。在当前国内外经济背景下，我国企业“走出去”的微观目标与国家宏观战略目标是否一致，实现效果与机制是怎样的，明确这些问题可以为企业“走出去”推进国际产能合作战略提供理论支撑，为进一步区位选择（去哪儿）、进入模式（怎么去）等战略问题提供思路。

其次，有助于我国企业对外直接投资高水平扩张。一方面，“走出去”战略实施以来我国对外直接投资快速增长，已经成为全球主要资本输出国之一，但是仍有较大增长空间。2004 年，我国对外直接投资的国际投资头寸占比仅为 6.4%，到 2021 年上升到 27.7%。2012—2021 年，我国对外直接投资流量在绝大部分年份位居世界第二或者第三，到 2021 年末（27 851 亿美元）的累计存量也已达到世界第三。但是，与世界排名第一的美国（累计存量13.62亿美元）相比，差距依然很大。用OFDI/GDP来衡量经济开放度，我国为1%，美国为1.75%。另一方面，我国对外直接投资的质量有待提高。许多企业“走出去”盲目跟风政策热点，忽视投资风险，不重视提升技术创新能力等事关所有权优势的要素，导致对外直接投资的整体回报率较低，不仅低于传统主要发达国家的跨国企业，甚至低于部分新兴国家的跨国企业（王碧珺、衷子雅，2021）。

最后，有助于推动企业技术进步和价值链升级，赋能高质量发展。加快化解产能过剩和实现创新驱动发展是高质量发展的两大紧迫任务。目前，国内供给侧改革尚未完成，工业企业产能利用率偏低的形势依然严峻。根据国家统计局数据，自2017年之后我国工业产能利用率低于2006—2022年间的长期平均值77%。提高企业技术创新能力不仅是化解产能过剩的根本之道，更是高质量发展的“一个定义性特征”（刘鹤，2021）。可见，我国企业“走出去”提升技术创新能力和价值链地位，高质量推进国际产能合作，既是高质量发展的内在要求也是其重要的发力点。

1.2 国内外研究现状

1.2.1 相关概念

一、企业“走出去”

企业从事国际直接投资的国际化经营活动，是通常人们对我国企业“走出去”（going global）的理解，与我国企业“走出去”战略对其解释相符。因此，企业“走出去”特指我国企业从事对外直接投资的行为。广义的企业国际化指的是企业经营活动的国际化，包括通过出口、许可交易或者对外直接投资等方式中的任意一种或者多种进入国际市场的行为。其中，对外直接投资代表更高国际化程度的方式（谷克鉴等，2020）。相对于外国跨国公司在我国的直接投资活动，企业“走出去”意味着我国企业到别的国家/地区进行直接投资活动。

国际直接投资是一国投资者为取得对境外企业在经营管理上的有效控制

权而进行资本输出，按照资本流动方向分为对外直接投资（OFDI）和外国直接投资（FDI）。国际直接投资往往会引发除资本之外的劳动、商品如生产设备、技术和管理技能等一揽子要素发生国际转移。然而，企业到海外设立新企业并从事生产、经营等活动，甚至有时候并不会涉及或者仅涉及很少的金融资本净流动。例如，母公司可以在对外直接投资起步阶段即在东道国或者国际资本市场融资并以此投入东道国，同时向东道国企业提供商标、技术、管理方法、营销网络等重要的无形资产。

投资者是否有效控制、经营和管理境外企业以及是否以追求经营收益为目的是区分国际直接投资和国际间接投资的关键。国际货币基金组织（IMF）和经合组织（OECD）定义，国际直接投资反映了一个经济体的居民实体（直接投资者）在另一个经济体的居民企业（直接投资企业）中获得持久利益的目的。"持久利益"意味着直接投资者与直接投资企业之间存在长期关系，并对后者的管理产生重大影响。国际直接投资者即母公司对其在境外分公司和子公司具有实质性的控制权，参与境外企业的生产经营决策、管理、技术和专门知识等重要资源的转让。国际间接投资者不要求生产经营活动的"控制权"，也不涉及上述资源的转让，只从事纯粹的金融活动。

在统计意义上，国际货币基金组织《国际收支手册（第五版）》将占公司资本达到10%或以上的外国投资者确定为国际直接投资者。2019年，商务部在重新修订的《对外直接投资统计制度》中定义我国对外直接投资是"境内投资者以控制国（境）外企业的经营管理权为核心的经济活动，体现在一经济体通过投资于另一经济体而实现其持久利益的目标"；"对外直接投资统计的范围主要包括境内投资者通过直接投资方式在境外拥有或控制10%或以上股权、投票权或其他等价利益的各类公司型和非公司型的境外直接投资企业（简称境外企业），"[①] 覆盖股权投资、收益再投资和债务工具三部分。

跨国公司（MNCs）是国际直接投资活动的实施者。跨国公司在其母国以外的至少一个国家拥有生产经验设施和其他资产，在不同国家设有办事处、工厂或者公司，并在母国总部集中协调全球管理。著名国际直接投资和跨国公司问题专家邓宁（J. Dunning）定义跨国公司是"国际的或者多国的生产企

① 商务部、国家统计局和国家外汇管理局关于印发《对外直接投资统计制度》的通知（商合函〔2019〕3号）。

业的概念"。联合国跨国公司问题知名人士小组定义跨国公司"是在基地所在的国家之外，拥有或控制生产或服务设施的企业"（1974）。《2002 年世界投资研究》中定义跨国公司是由母公司（parent firm）及国外分支机构构成的联合的或非联合的企业集团。美国布莱克法律词典（Black's Law Dictionary）则定义，当一家公司或集团的 25%或更多收入来自国外业务，就将其视为跨国公司。我国《对外直接投资统计制度》对对外直接投资的统计定义同时定义了本国跨国公司的范畴。

以上学者和机构对跨国公司所做界定的标准基本相同。本书在考量"走出去"企业时是根据我国 2019 年《对外直接投资统计制度》，将企业"走出去"称为企业国际化，并将这类企业视为我国的跨国公司。

二、产能利用率及其测算

根据国家统计局定义，产能利用率（Capacity Utilization）是指实际产出与生产能力（均以价值量计）的比率，计算公式如下：

$$\text{产能利用率}(CU) = \frac{\text{实际产能}}{\text{设计产能}} \times 100\%$$

在宏观层面，产能利用率的测算方法主要有统计调查法和峰值法。统计调查法反映的是工程性质的产能概念，数据直观、可比、连续，在实践中被广泛使用，通常由官方机构组织实施，例如美联储指数和沃顿商学院指数即建立在这一方法基础上。峰值法根据上一期产出的产出—资本比峰值以及累计净投资计算潜在产出，从而得到与当期实际产出的比值作为产能利用率。国家统计局采用的是统计调查法，对于规模以上大中型企业采取全部抽取，规模以上小微企业采取分层抽取的方式（抽样率为 10%），最后根据抽样结果倒推出全国和行业的产能利用率。这种方法无法反映出产能利用率的企业间差异。

在微观层面，企业产能利用率测算的主要方法有数据包络分析法、生产函数法、资本折旧法、随机前沿法等。其中，数据包络分析法和随机生产前沿法无法区分产能利用率与生产率，也就无法证明测算得到的差异完全来自产能利用率；生产函数法则依赖所采用的具体函数形式。余淼杰等（2018）利用微观数据根据资本使用程度将资本折旧率纳入生产函数中，以此测算企业产能利用率。该方法清晰界定了产能利用率的概念并可以反映出企业异质性。本书主要借鉴了该方法。

三、企业技术创新能力

1. 企业技术创新能力的重要性

讨论企业“走出去”与技术创新能力的关系具有十分重要的理论意义和现实意义。“创新是引领发展的第一动力，是建设现代化经济体系的战略支撑”①。“十四五”期间，我国经济发展的核心是“坚持创新驱动发展”，“提升企业技术创新能力”②。核心竞争力是指企业开发独特产品，发展独特技术和发明独特营销手段的能力（Prahalad、Hamel，1990）。技术创新能力即体现企业的核心竞争力。

2.“创新”的诠释

从科学技术角度看，创新是对企业技术水平创新的整体评价（Drucker，1993），有狭义和广义之分。狭义的创新是指创意产生后投放到市场，并转化为专利、新产品等产出的结果。广义的创新泛指创新从产生到实际产出结果的一整个过程中企业获得的成就，包含创新全过程（Hagedoorn 等，2003）。从创新的结果看，创新是企业在对创新系统进行投入和资源增加后所能获得的产出增加和效率提升的结果（Fernández-Mesa 等，2013）。

3. 企业技术创新能力的度量

关于企业技术创新能力的度量主要有三种方法：一是以新产品产出来衡量企业创新。Fosfuri 和 Tribó（2008）在探究企业的创新与潜在吸收能力的研究时，使用的是企业新品销售额在总销售额中的占比。二是使用技术产出来衡量，使用最多的指标是企业专利数。这种方法在国内外文献中比较常见，如 Park 等（2014），Wu、Shanley（2009），Sampson（2007），Ahuja（2000）等国外文献以及屈晶（2019），谢洪明等（2018）等国内文献。三是从产品、过程和组织三个维度的创新去综合衡量。这一方法较少被使用，仅仅是吴先明（2016）在研究知识寻求型企业时使用。本书在实证研究时采用了被广为使用的第二种方法，就是技术产出衡量方法，以企业技术授权数为核心指标，以专利申请数为佐证指标用于稳健性分析，因为该数据具有可得性。

---

① 习近平：决胜全面建成小康社会　夺取新时代中国特色社会主义伟大胜利——在中国共产党第十九次全国代表大会上的报告。

② 党的十九届五中全会通过的《中共中央关于制定国民经济和社会发展第十四个五年规划和二〇三五年远景目标的建议》。

1.2.2 国际产能合作视角下企业“走出去”理论依据

企业对外直接投资和产业转移模式理论可以分为三大类。第一类理论以发达国家企业对外直接投资为研究对象。第二类理论是发展中国家对外直接投资理论和资源基础观。第三类理论是异质性企业理论，将企业生产率异质性因素纳入对企业对外直接投资和进入模式差异的解释框架中。

一、发达国家对外直接投资理论

1. 折衷范式理论

英国学者邓宁（Dunning，1988）根据跨国公司对外直接投资的特点和其投资目的地等宏观经济特征，提出了被广泛应用的“折衷范式”理论（Eclectic Paradigm，OLI 理论）。该理论融合了垄断优势理论（O）、内部化理论（I）和区位优势理论（L），为其他外国直接投资理论提供了基本逻辑。

垄断优势理论认为跨国公司在东道国作为外来者，与当地企业相比在消费者偏好、文化、法律制度等方面居于劣势，因而必须拥有某些所有权方面的垄断优势以抵消外来者劣势。垄断优势（O）包括独占的无形资产以及受公司规模、融资能力影响的规模经济优势，无形资产包括专利、商标、信息资源、销售渠道、组织管理能力、创新能力等。世界 500 强跨国公司都拥有全球领先的所有权优势，例如沃尔玛庞大的供给渠道和销售网络，苹果公司卓越的技术创新能力和销售控制能力，特斯拉的研发能力、成本控制能力和规模经济优势等。内部化优势（I）是跨国公司将其所拥有的资产加以内部化使用得以避免市场失灵风险的优势。例如，建立由母公司控制的海外子公司，不是简单地采用许可证或外包的形式进行生产，这一通过内部化所获得的优势可以巩固公司的所有权优势。区位优势（L）指的是东道国禀赋优势，例如，优越的地理位置、低成本的劳动力和原材料、较低关税和其他税收、人力资本、市场规模、制度和市场环境等。

折衷范式理论将上述三方面的优势与企业国际化方式联系起来。如果企业只有所有权优势即企业拥有的但国外企业无法获得的资产及其所有权，那么适合从事国际许可交易。如果企业同时具备垄断优势和内部化优势，则可以从事贸易活动。如果企业不仅具备垄断优势和内部化优势，还具备区位优势即在投资区位上的选择优势，就能够进行对外直接投资。

2. 产品生命周期理论

产品生命周期理论（Vernon，1960）将垄断优势、区位优势和产品生命周期结合起来，解释技术领先企业对外直接投资动机和推动国际产业转移路径。产品生命周期指的是产品在市场中经历的“新产品—成长—成熟—退出”的全过程。根据该理论，随着产品处在生命周期不同阶段，其密集使用的要素不同，因此企业应根据其生产产品所处生命周期的阶段来决定其国际化的战略决策（贸易或者对外直接投资）与扩张路径。第一阶段是新产品开发阶段，企业选择本地生产和就近销售；第二阶段是成长阶段即生产规模化扩张阶段，企业选择扩大生产规模并出口，出口目的地首选是经济发展水平相近的国家；第三阶段是产品标准化阶段，生产技术成熟，价格竞争是主要市场策略，因此企业在开辟新出口市场的同时，进行对外直接投资并将产业转移到生产成本更低并且有技术学习能力的国家，随着该国劳动成本提高，产业将会继续向劳动力成本更低的发展中国家转移，如此直至产品完全退出市场。

弗农进一步引入国际寡占行为理论，按照所处产品生命周期的阶段将跨国公司分为三种类型：一是技术创新型跨国公司：技术创新力强，在新产品上拥有垄断优势；二是成熟期跨国公司：在发生技术扩散从而削弱其技术领先优势以及贸易壁垒较高的情况下，进行对外投资以延长产品周期并攫取垄断利润；三是衰退期跨国公司：失去技术创新优势和技术扩散优势，也就失去了垄断利润。根据这一理论，企业对外直接投资区位选择的主要考量因素包括：劳动力成本、市场环境、贸易壁垒、东道国外资政策等。

3. 边际产业扩张理论

日本经济学家小岛清（1978）分析了日本企业对外直接投资现象并提出了这一理论。其发现日本企业对外直接投资的动机和模式与欧美有所不同，主要集中于自然资源开发和劳动密集型行业，这些都是已经失去或者即将失去比较优势的行业，并且以中小企业为主，转让技术也大多数是符合当地经济发展水平的适用技术。因此，日本企业对外直接投资应选择已经处于或者即将处于比较劣势的边际产业，而发展中东道国依然拥有这些产业的比较优势。因此，东道国的劳动力和资源等禀赋优势是决定日本企业“走出去”的重要影响因素。但是，在 20 世纪 80 年代之后，日本企业大量向欧美等发达国家进行直接投资和产业转移，这些现象不能够用边际产业扩张理论来解释。边际产业扩张理论对国际产业转移路径的解释与产品生命周期理论相似。

4. 国际产业转移的雁阵模式理论

雁阵模式（Flying-geese model）源自日本学者赤松要（Kaname，1932），但在 20 世纪 70 年代之后，经常被用来描述日本企业通过对外直接投资将国内边际产能向外转移，从而在东亚地区形成了以日本为“头雁”、东南亚其他发展中国家为雁阵跟随者的国际分工格局。雁阵模式理论主张后进的发展中国家经济发展建立在动态比较优势基础上，动态比较优势源自“干中学”、投资创新或者强化内生专业化分工等渠道；后进国家在未承接来自日本的边际产业（这些国家很可能在这些产业上拥有潜在的比较优势）之前依赖进口，承接产业转移之后逐步实现进口替代，最后获得比较优势转变为出口国。雁阵模式的形成机制是，日本企业通过对外直接投资将国内边际产业向东亚地区转移，而在国内致力于技术创新和产业升级，这样日本就能够始终维持头雁地位，跟随国家也能够实现经济的跳跃性发展。产业转移同样呈现出以日本为领先的梯度转移格局。

二、新兴经济体对外直接投资理论

从 20 世纪 80 年代开始，一部分发展中国家特别是新兴市场经济体企业对外直接投资加速增长，同时向发达国家扩张。研究发现，尽管发展中国家企业通常不具备发达国家企业那样的所有权优势，却可能拥有其他方面的竞争优势，主要理论如下。

1. 小规模技术理论

小规模技术理论（Wells，1978）解释了发展中国家企业的竞争优势和对外直接投资的动因。一是发展中国家企业竞争优势拥有源自母国市场的独特比较优势。这些比较优势来自三个方面：拥有为小市场需求服务的小规模生产技术、来自当地采购和特殊（例如民族）产品的竞争优势以及低价产品营销策略。二是发展中国家企业对外直接投资动因可以是市场寻求、资源寻求和效率寻求，因此东道国地理位置、市场环境和贸易壁垒是主要考量因素。这一理论将发展中国家企业的自身优势与国家优势结合起来，摒弃了只能借助于市场不完全和技术等垄断优势进行对外直接投资的观点，但是无法解释发展中国家对发达国家的直接投资行为。

2. 技术地方化理论

根据对印度跨国公司的竞争优势和投资动机的分析结果，英国经济学家

Lall（1976）提出了这一理论。该理论强调，发展中国家企业的独特技术特征（如规模小、使用标准技术和劳动密集型等）是采用适合发展中国家的技术条件和管理水平、低成本投入、营销技术以及母国政府支持等，这些构成了企业对外直接投资的竞争优势。这些优势源于发展中国家以下方面的独特条件。一是在发展中国家，技术知识当地化的环境条件不同于发达国家环境；二是在发展中国家，企业生产的绝大多数产品适合于其经济条件和相应的需求；三是在像印度这样的发展中大国，企业创新活动形成的技术具有更大的规模经济效应；四是发展中大国的国内市场规模大，产品差异化程度高，某些产品具有一定的国际竞争力。当发展中国家企业根据本地生产和需求对发达国家先进技术进行适当的吸收、改进和创新时，就获得了足以“走出去”的竞争优势。

3. 技术创新产业升级理论

技术创新产业升级理论也叫技术累计理论（Cantwell、Tolentino，1987）。该理论指出发展中国家跨国公司的扩张过程是其内部连续不断的技术累积过程，由于技术积累能够促成技术进步，发展中国家企业技术能力将因为技术积累而不断提高和增强，从而能够进行对外直接投资，并且技术累积和对外直接投资互为促进。因此得出：一是发展中国家对外直接投资的产业分布和地理分布随着技术积累和技术进步而变动。二是发展中国家企业对外直接投资遵循着“周边国家→发展中国家→发达国家”的地理渐进扩张过程。在初始阶段，发展中国家企业国际化经验较少，“心理距离”的影响大，首选向地理、文化、种族或者制度等邻近的周边发展中国家进行直接投资。随着时间推移，邻近因素的重要性下降，企业逐步向其他发展中国家并最终向发达国家进行投资。三是发展中国家企业早期选择以自然资源开发为主的纵向一体化，然后是以进口替代和出口导向为主的横向一体化，最终为获得先进技术向发达国家的高科技领域进行投资。

4. 资源基础观理论

资源基础观（RBV）把企业对外直接投资的动机归于企业自身的专有资源以及在全球范围内对专有资源进行有效收购和整合（Madhok，1997）。这些专有资源即垄断优势，如技术资产、商标专利、信息、管理能力、销售能力、规模经济、人力资源、组织过程等无形资产。一方面，企业资源和能力在帮助新兴经济体企业向国外市场扩张方面起到重要的催化剂作用；另一方面，国际化成为发展中国家企业快速获取先进技术、人力资本和品牌等重要资源的途径。但是，企业能否发挥内部资源优势而抵消外来者劣势和东道国风险不仅决定了其能否“走出去”，而且决定了其“走出去”后的存续。

Mathews（2006）进一步扩展了 RBV，指出为了快速获得和提升资源基础，以跨国并购模式进行对外直接投资成为发展中国家（特别是新兴经济体）企业的首选。这即“关联—杠杆—学习”理论（Linkage，Leverage and Learning，LLL）。该理论提出亚太新兴国家的后发跨国公司在赶超在位的发达国家跨国公司时，一般选择先与后者建立国际战略合作，形成获取垄断优势的经济关联；然后以杠杆的方式提高后者专用资源的使用效率，同时通过反复学习来增强获取专用资源的能力。

三、前沿理论

1. 交易成本对外直接投资理论

这一类理论将科斯的交易成本理论引入传统对外直接投资理论框架，解释跨国公司进入当地市场的方式（包括出口、设立合资企业和设立独资企业）、空间模式以及决定因素。跨国公司会以成本最小化原则确定进入方式（Anderson、Gatignon，1986）。在当地环境不确定性高的情况下，与合资企业相比，公司会选择全资子公司方式，这有助于减少企业建立伙伴关系所产生的沟通和交易成本，保护自身专有优势免受扩散的风险，并通过整合决策来抵消外部不确定性（He 等，2013）。当交易成本较低时，公司倾向于在当地设立企业（以绿地投资或者并购方式）以直接向当地市场提供产品和服务。如果交易成本高，公司则倾向于采用出口贸易模式（Makino、Neupert，2000）。从全球价值链布局看，跨国公司表现出独特的集聚模式，市场准入、比较优势、资本市场和技术扩散等因素在跨国公司的经济地理中发挥着特别重要的作用（Alfaro、Chen，2016）。

2. 异质性理论

不同于比较优势理论和新贸易理论假设企业同质性，异质性理论建立在企业生产率异质性的前提下，研究在异质性企业国际化与否及模式，以 Melitz（2003）、Helpman 等（2004）为代表，主要理论观点有两个：一是在母国所有企业中，生产率最高的企业才能进行对外直接投资，生产效率低的企业只能服务于本国市场，生产效率适中的企业可参与出口贸易活动。这是因为企业国际化面临巨大的固定成本，因此，只有生产率足够高的企业才能够进行对外直接投资，而生产率最低的企业则被迫退出市场。二是在发达国家对外直接投资的企业中，生产率最高的企业倾向于跨国并购，生产率中等的倾向于绿地投资，生产率较低的企业往往采用直接出口方式（Stepanok，2013；Nocke、Yeaple，2006）。高国伟（2009）进一步区分了生产率异质性对国际分工类型的影响：生产率最高企业会选择混合型FDI，生产率较高企业选择水平型FDI，生产率较低的企业选择垂直型FDI。

3. 跨国公司内生边界模型

企业内生边界模型在异质性理论基础上增加了一个假设即契约不完全，研究的是跨国公司在全球价值链中的边界选择问题，以Pol Antràs为代表人物。该理论流派的基本观点是由于不完全契约，跨国公司组织边界内生地由其生产率水平决定。第一个基于契约不完全的企业内生边界模型（Antràs，2003）认为，由于契约不完全和生产率异质性，资本密集度高的美国跨国公司企业倾向于全球一体化生产，而资本密集度低的企业倾向于离岸外包生产。就南北贸易来说，高生产率企业从南方国家获取中间品，低生产率企业从北方国家获取中间品；高生产率企业选择一体化，低生产率企业选择外包；高生产率企业选择国际外包，低生产率企业选择国内外包（Antràs、Helpman，2004）；一家是内在化上游还是下游供应商，关键取决于其最终产品需求的弹性（Alfaro等，2019）。

贸易自由化主要是促进企业对外直接投资还是促进外包，这取决于行业特点。考虑到委托—代理关系，生产率最高企业倾向于外包而非FDI，生产率次高企业倾向于到发达国家投资，次低企业到发展中国家投资并纵向一体化，最低企业将中间投入品外包给南方国家。总之，对外直接投资对生产率较高的公司没有那么大的吸引力（Grossman、Helpman，2004）。生产率异质性还通过产品生命周期影响到对外直接投资的进入方式。发达国家跨国公司向发展中的南方国家转移产能时，往往首选一体化模式生产最终产品，随着时间推移出于成本控制的需要才会逐渐对成熟期最终产品采取外包方式，同时加快研发技术含量更高的产品（Antràs、Helpman，2006）。

4. 制度基础观

随着发展中国家对外直接投资的兴起和蓬勃发展，制度因素逐渐被纳入国际直接投资的研究框架。转型经济体企业不一定拥有所有权优势，但是其所在国家所经历的经济体制改革如贸易体制和外汇体制自由化改革、私有化改革、企业重组等被认为赋予了企业独特的制度优势（Stoian、Mohr，2016；Cheung、Qian，2009）。“战略三角范式”（Peng 等，2008）将新兴经济体企业对外直接投资的优势归结为三个方面：母国产业基础、资源基础和制度基础。其中，制度包括正式制度（如法律、规章和规则等）和非正式制度（如道德规范、文化、习俗等）（North，1991）。企业在一定的社会框架下运行，除了正式制度，社会框架中的其他内容如价值观、文化以及一系列公认的假设前提等共同决定企业行为是否恰当和可以被接受被认可（Oliver，1997）。

四、现有理论对我国企业“走出去”的适用性

以上所述为研究我国企业“走出去”提供了重要的理论参考。需要辩证地看，由于我国企业对外直接投资异质性表现得十分复杂，传统对外直接理论到前沿理论以及他国对外直接投资经验均能在一定程度上却又不能简单照搬地解释国际产能合作视角下我国企业“走出去”的动机和战略行为。进一步，基于资源基础观理论前提，应重视研究企业资源和能力在国际化与企业绩效之间联系中的调节作用，也即从微观层面研究我国企业“走出去”的动机和行为决策比产业层面的研究更加合适。

第一，我国企业对外直接投资的动机具有多样性，其中包括：战略资产寻求型、自然资源寻求型、市场寻求型、效率寻求型等。在早期阶段由于我国人口红利显著，我国企业“走出去”效率寻求动机并不明显（巴克利等，2007）。随着人口红利逐渐消失，劳动成本上升驱动更多我国企业“走出去”（杨先明、王巧然，2018）。赵云辉等（2020）认为我国企业“走出去”区位选择是由企业异质性与不同动机组合决定，东道国自然资源、市场规模和东道国制度环境是我国企业对外直接投资的重要外部牵引力，企业生产效率是重要内部驱动力。在“一带一路”共建国家的直接投资以资源寻求为主，在非“一带一路”共建国家的投资则具有显著技术寻求动机（许唯聪，2021）。发达国家企业对外直接投资理论均是建立以技术垄断优势或者生产率优势的基础上，可以解释我国企业的自然资源寻求型、市场寻求型和效率寻求型对外直接投资，但是无法解释我国对发达国家的直接投资。

第二，我国企业对外直接投资分布具有广泛性和集中性，既有顺梯度投向经济发展水平较低经济体，也有逆梯度投向欧美日等发达国家，总体上表

现出“偏好制度强势国、规避制度弱势国”的特征。在进入模式方面，我国企业没有遵循传统的“合作—合资—独资”这样的演变，而是在发达国家选择以相对激进的跨国并购为主，在发展中国家则以绿地投资为主。我国对“一带一路”共建国家直接投资倾向于制度接近（丁世豪、张纯威，2019）。东道国低税负（例如避税天堂）对我国企业资本极具吸引力，经济自由度、政治透明度等的影响也十分显著（Stoian，2013；Salehizadeh，2007）。

第三，我国企业对外直接投资有比较明显的“母国制度”驱动性特征。我国企业拥有“母国制度”优势，这些优势“嵌入”在本国制度环境中，并允许跨国公司在向海外扩张时克服“外国责任”（Andreff，2002）。一方面，企业“走出去”战略及各种政策激励和服务提供了内生的“母国制度优势”；另一方面，也有不少对外直接投资出于“制度套利”（如税收套利）动机，例如投向“避税天堂”的“特殊目的实体”投资很少从事实质性生产经营活动，甚至有一部分又“返程”回流到国内。好的母国制度有利于本国跨国公司发展和成长，不好的母国制度导致资本“制度逃逸”。

第四，我国企业异质性表现不仅体现为生产率异质性，还强烈表现为产权异质性、地区异质性等。基于生产率异质性的对外直接投资理论对发展中国家/地区企业的对外直接投资不一定成立。例如，我国制造业企业国际化路径选择存在行业异质性，且与企业自身生产效率并不显著相关（李春顶，2009）。一方面，从事对外直接投资的国有企业生产率不一定高于其他类型企业（蒋冠宏，2015）；另一方面，一些我国服务企业即便不具有生产率优势也进行了对外直接投资（陈景华，2015）。此外，依照边际产业扩张和雁阵模式进行国际产能合作，产业输出国必须维持在区域内的技术垄断地位，保持产业优势地位。否则，其国内经济便会面临产业空心化，陷入经济停滞，失去国际分工格局中的头雁地位等风险。为此，优先产业转移输出应该是高和低生产率的企业，中等生产率企业留在国内（Forslid、Okubo，2014）。这意味着应从企业层面而非产业层面研究国际产能合作视角下的企业“走出去”问题。

1.2.3　国际产能合作相关研究

一、国际产能合作的内涵和实现方式

国内外已有文献较少明确或者详细地论述其概念内涵，通常是加以直接

表述，概括起来，可以被分成五种观点。

①国际资源合作说。例如，郭朝先等（2016）认为国际产能合作即两个存在意愿和需要的国家或地区之间进行产能供求跨国或者跨地区配置的联合行动。Yan 等（2019）给的定义是国际产能合作是跨国或跨区域配置产能供需的联合行动，形成联合行动需要合作伙伴的共识。

②国际经济合作说。例如，陈红娜（2021）将其定义为共建“一带一路”下的地缘经济合作机制。

③过剩产品或者产能输出说。例如徐长春（2016）、钟飞腾（2015）等。

④贸易合作说，如 Shi 等（2020）、张述存（2016）、赵东麒和桑百川（2016）、夏先良（2015）、张洪和梁松（2015）。

⑤过剩产能离岸生产与融资方式说。这一表述仅限于 Tristan Kenderdine 和 Han Ling（2018）的研究，认为我国推进国际产能合作是“将我国的过剩产能进行离岸生产与融资方式”。在已有文献中，最为常见的解释是产能输出说和贸易合作说。至于国际产能合作的实现方式，多数文献都认为包括采用贸易、国际承包工程、国际投资等。

二、国际产能合作的理论基础和空间布局

在相关文献中，边际产业转移理论、“雁行理论”、梯度转移理论、边际产业扩张理论以及 20 世纪 90 年代出现的新兴经济体对外直接投资理论等都曾被引用和视为我国推进国际产能合作和企业“走出去”的理论支持。“指导意见”提出国际产能合作在近期主要以亚洲周边国家和非洲国家为主要方向，未提及长远方向。许多人认为国际产能合作布局主要面向广大发展中国家（杨挺等，2016）。针对“一带一路”共建国家、非洲、拉丁美洲等发展中国家，现有文献通常借助于进出口总量、贸易占 GDP 比重、经济结构互补性和竞争性等传统指标来判断我国的优势产能行业，或者针对全国范围内或者特定省市的特定行业开展调查走访来确定过剩产能部门，从而分析特定行业或者地区开展国际产能合作的领域、模式、成效与对策等（John 等，2017；桑百川、杨立卓，2015；李钢、董敏杰，2009）。一些研究聚焦于共建“一带一路”倡议。例如，就“一带一路”共建国家战略布局问题，刘志彪和吴福象（2018）主张我国企业先在沿线国家建立总部基地再取得全球价值链主导地位；潘海英等（2019）发现我国企业对“一带一路”共建国家的对外直接投

资偏向自然资源丰富的国家或者地区；吕越等（2022）强调我国企业需从贸易合作转向产业合作，构造区域价值链。

三、国际产能合作的经济效应

徐野等（2023）发现在“一带一路”共建国家开展国际产能合作提升了我国企业的产能利用率，罗长远和陈智韬（2021）运用DID方法定量分析发现共建“一带一路”倡议显著地提升了企业的产能利用率，阎虹戎和严兵（2021）研究结论是中非产能合作有助于化解国内富余产能。刘敏等（2018）认为OFDI提高了我国企业优化全球生产要素的能力，能显著推动国内产业结构升级。魏龙和王磊（2016）认为企业“走出去”推进国际产能合作有助于构造区域价值链。张彦（2020）相信国际产能合作是我国产业冲破国际技术封锁的“替代方案”。我国企业“走出去”显著促进了发展中东道国的经济增长率（李嗜成、万月，2018）、就业或者全要素生产率增长率（Xu，2000），并未伤害当地环境（张雨薇等，2016）。这些研究结论表明我国推动国际产能合作实现了经济上的“合作共赢”。

四、国际产能合作的影响因素

国内学者，如杨子帆（2016）从全球价值链视角检验了影响产业转移的六个要素，傅梦孜（2018）指出规模经济、价值链攀升与供应链产业链延伸的联动作用、通道建设和区位优势是我国开展产能合作三大动力机制。国外学者指出，提高制度质量（Khan等，2021；Evzen等，2018），缩小制度距离（Wang、Anwar，2022；Xu等，2017；Chaney，2016）和缩小金融发展差距（Manova、Yu，2015）等有助于促进国际产能合作。然而，制度邻近理论不一定适用于我国（Mumtaz、Smith，2019；Jude、Levieuge，2017），因为我国企业在周边国家的对外直接投资忽视了制度距离的约束性力量，制度距离可能会对这类企业的投资产生阈值效应（Aleksynska、Havrylchyk，2013）。当制度距离较大时，国际产能合作过程中的成本和风险也较大（Djankov、Freund，2002）。

五、国际产能合作的风险问题

引起较多关注的风险包括国别风险（胡俊超、王丹丹，2016；孙海泳，

2016；王玉琴，2016）、汇率风险、价值链分工风险（杨挺等，2016）、国内产业空心化风险（桑百川等，2016）等。我国企业对发展中国家及转型经济体的一部分投资可能存在“非理性”（孙文莉等，2016）和盲目性（王碧珺等，2020），这些加大了企业推进国际产能合作的风险。此外，随着中美经贸博弈升级，制度约束、东道国政治风险、安全风险以及可持续发展中环境、人权理念等成为国际产能合作稳定性的威胁（陈红娜，2021）。孙焱林和覃飞（2018）指出政府间合作倡议和国际援助有助于降低投资风险。

综上所述，在2013年我国推进国际产能合作战略被正式提出之后，学术界已经积累比较丰富的研究成果。多数研究将国际产能合作视为国内过剩产能输出或者国际贸易合作，借用出口比较优势度量指标进行量化分析，其潜在假设是我国国际产能合作与出口之间存在替代关系，遵循的是传统国际分工与贸易模式。以上研究的局限性在于以下几点。①我国企业是国际产能合作主体，对外直接投资是主要实现方式，少有文献就此展开研究；②现有文献很少从企业层面讨论国际产能合作对技术创新的意义，而技术创新是化解产生过剩的根本解决办法；③价值链分工是当前国际生产合作主要方式，我国已经深度嵌入全球价值链，现有研究忽略了这个重要的背景事实。

1.2.4 企业“走出去”相关研究

一、关于我国企业“走出去”的动机

综合起来看，现有研究对我国企业“走出去”动机的解读主要形成了以下观点：

第一，许多企业将“走出去”作为解决其竞争劣势的手段（Deng，2009）。除了获取可能的自然资源，寻获海外先进技术、品牌、管理经验和市场销售渠道也是我国企业对外直接投资的重要目标。例如，“在东道国探索新能力和学习管理能力，以便有效地与全球竞争对手竞争”（Hitt 等，2016）。

第二，企业为了规避贸易壁垒和贸易摩擦。针对近年来中美贸易摩擦，研究发现贸易壁垒和摩擦促进了我国对美国 OFDI（史本叶、李秭慧，2017），也促使我国外贸转向欧盟、东盟和世界其他地区（郭晴、陈伟光，2019）并引致 OFDI（陈春、彭慧，2021）。

第三，部分企业对外直接投资是出于自然资源寻求动机（宋利芳、武皖，2018；王永钦等，2014）和效率寻求动机（吴先明、黄春桃，2016）。从趋势看，2008 年之后，我国国内市场环境稳定，企业“走出去”获取东道国战略性资产的动机日渐增强。

二、关于我国企业对外直接投资与创新的关系

从经济学视角看，国内外学界对 FDI 技术溢出效应和 OFDI 逆向技术溢出效应都进行了比较充分的研究（Kogut、Chang，1991）。技术溢出效应和逆向技术溢出效应都是国际直接投资技术扩散的表现，有四个技术扩散渠道即竞争、人员流动、模仿与示范、产业关联（Keller，2009）。工业化国家之间相互直接投资对国内全要素生产率作出了积极贡献（Potterie、Lichtenberg，2001）。例如，日本母公司通过对外直接投资在推动边际产能向外转移的过程中，实现了“技能升级”（Head、Ries，2002），绿地 FDI 增加了高技能工人相对需求（Davies、Desbordes，2012）等。逆向技术溢出是发展中国家企业 OFDI 的主要动机。对我国的相关研究颇丰，在国别层面、省际层面和微观层面一定程度上验证了 OFDI 的逆向技术溢出（樊秀峰等，2018；吴先明、向媛媛，2017；宋勇超，2015）。这些研究表明，我国企业国际化（包括出口和对口直接投资）从深度和广度两方面都对企业的创新能力产生了积极影响。

从国际商务角度看，企业“走出去”即企业国际化，相关文献即考察企业国际化对企业技术创新的影响，以静态分析为主。静态研究文献通常是将企业国际化行为与技术进步联系起来，所得基本结论是企业国际化有助于提高企业的技术创新能力（曾萍、邓腾智，2012；Deng 等，2012；Kafouros，2008）。但是，企业国际化是一个持续的动态进程，在不同的时间维度上的表征不同。在这一点上，已有文献通常针对某一个特定时间维度展开了研究。例如，林润辉等（2015）指出企业国际化地理范围与企业快速创新呈现先升后降的倒 U 型关系。田曦与王晓敏（2019）、方宏与王益民（2017）发现国际化扩张速度过快会抑制企业绩效，但也有人指出可能是国际化范围对企业绩效可能是倒 U 型关系效应（谷克鉴等，2020；Yang 等，2017）。国际化扩张波动性大一般被认为不利于企业创新能力（周荷晖等，2019）。需要指出，以上大部分文献所指的是广义国际化企业，即包含了出口企业和“走出去”企业。

三、我国企业对外直接投资区位决策影响因素

我国 OFDI 企业对母国政策环境变化十分敏感，具有强烈的政策驱动特征（符磊、周李清，2023）。从区位分布看，我国企业对非洲国家直接投资主要集中于工业部门，投资受到母国国家战略和资源寻求的双重驱动；进入亚洲邻近国家的企业，以市场寻求和效率寻求为主，这些地方经济起飞，消费需求增长，劳动力成本低下；我国企业对南美洲国家、大洋洲等国家的直接投资，是受到这些地区市场和自然资源的双重吸引；企业对西欧和北美洲国家的投资以先进技术获取为主要动机（Wang、Gao，2019；You、Solomon，2015）。

东道国政治经济制度的影响。一种结论是我国“走出去”更倾向于流入制度环境更好的国家（祁春凌、邹超，2013），成熟稳定的制度环境保护了企业产权（张建红、周朝鸿，2010），吸引企业前往投资。另一种结论与之相反，认为我国企业 OFDI 倾向于制度环境较差的国家，即所谓的“制度风险偏好”（Kolstad、Wiig，2010；Buckley 等，2007）。制度风险偏好在资源行业（Amighini 等，2011）、低专用性投资强度行业（杨其静、谭曼，2022）中表现得尤为明显。王金波（2019）认为我国企业总体上偏好于腐败控制能力好的国家，但在“一带一路”共建国家并非如此。

区域自贸协定（RTAs）会显著影响我国企业“走出去”区位决策。区域自贸协定对投资的影响分为贸易自由化带来的直接效应和投资规则变化带来的间接效应（Blomström、Kokko，1997）。实证研究大多采用两种处理办法。一是将自贸协定设定为二值变量（Berger 等，2013；Velde、Bezemer，2006）。在这样处理下，RTAs 的影响效应既包括了因为贸易扩大进而对直接投资的间接影响，也包括了协定包含的投资自由化便利化等条款所带来的直接效应。二是将自贸协定纳入引力模型中（Lesher、Miroudot，2006），这是将自贸协定处理为“黑匣子”（Ghosh、Yamarik，2019），没有触及企业行为。董芳、王林彬（2022）将我国自贸协定深度与区位选择联系起来，发现前者显著促进了大型企业“走出去”对签约伙伴国家（地区）的投资。

四、我国企业“走出去”进入模式

企业对外直接投资进入模式涉及境外企业的股权安排和设立模式两个方

面。境外公司的股权安排可以是合资或者独资，设立模式包括绿地投资和跨国并购。相对于股权安排，设立模式更加受到重视，是跨国公司领域的研究热点之一。此类文献集中于对从影响因素的角度深入研究进入模式的决策，指出主要影响因素如下。

一是制度因素。这是许多关于我国企业“走出去”进入模式研究的侧重点（Anderson、Sutherland，2015）。制度因素包括东道国制度环境、母国制度环境和制度距离。相关研究涉及了与制度有关的许多具体问题。例如，东道国政治环境、经济环境、政策法规（张玉明，2015；吴先明，2011；王佳鹂，2011）、行业管制程度（申俊喜、陈甜，2017）、制度距离（李康宏等，2015）、母国制度如市场化程度、双边地缘关系和国际竞争力（王根蓓，2010）以及文化距离（吴晓波等，2016；綦建红、杨丽，2014）、外部不确定性（曲国明、潘镇，2022；周晶晶、赵增耀，2019）等。

二是企业自身因素。不同的企业所特有的管理能力与研发能力、企业规模、企业资本密集度以及技术能力方面的差距不同，企业“走出去”动机不同，由此实施的国际化战略不同，进而影响了境外企业设立模式。企业因素主要包括：所有权优势或者资产专用型（皮建才等，2016；董珊珊，2011；李平、徐登峰，2010）、生产率（周茂等，2015）、出口网络（蒋为等，2019）、国际化经验（王砚羽等，2016；王珏等，2023）、企业性质（吕萍、郭晨曦，2015）、融资约束（蒋冠宏、曾靓，2020）、外部不确定性（吴崇、蔡婷婷，2015）等。

三是进入动机。从制度视角看，我国企业海外市场进入模式存在五种驱动机制，分别是制度逃逸—资源探索（跳板）型、政治能力利用型、制度逃逸—经验和研发利用型、研发和经验利用型及政治支持型（谭晓霞等，2022）。不同的动机决定了境外企业的设立模式不同。研究发现，跨国公司在发达国家倾向于以跨国并购方式收购战略资产，在发展中国家倾向于绿地投资（Anderson、Sutherland，2015）。

综上所述，我国企业“走出去”相关研究颇丰。现有研究对化解产能过剩效应和技术进步效应都有涉及，为本书提供了重要支撑，但仍存在以下五点不足之处：①企业“走出去”对产能利用率和技术创新的效果还没有取得一致结论。②对企业“走出去”对提高产能利用率或者化解产能过剩与提高技术创新能力的作用机制及二者之间关联的深度探讨。③关于 OFDI 逆向技术溢出效应的文献对 OFDI 动态的研究不足，留有两个问题值得完善。一是未从广义国际化（包括出口和投资）中将对外直接投资区分出来；二是未有系统考察国际化动态维度。④实证分析对自贸协定的两种处理办法实际上将自贸协定作用机制处理为黑匣子，并没有考虑到协定如何影响企业投资者行为。⑤相关数据显示，除去国际避税地，美国是我国企业“走出去”的首选目标国家，因此有必要全面深度研究我国企业在美国直接投资发展问题。

1.2.5 文献评述

通过对国内外相关文献进行深入梳理，可以得到如下三点结论。

其一，现有国际直接投资理论为我国企业“走出去”提供了理论依据。但是在第五次国际产业转移和全球价值链重构之际，我国在其中是怎样的角色，我国企业“走出去”的现实条件如何，有哪些主要途径参与国际生产合作，不同途径如何能够达成国际产能合作战略目标。此外，我国企业对外直接投资异质性表现得十分复杂，我们不能简单照搬某个特定理论解释国际产能合作视角下企业“走出去”的动机和行为等问题。

其二，相关文献所涉主题广泛，研究内容丰富且深刻，为本书提供了广泛且扎实的研究基础：①关于国际产能合作。现有研究着重研究了国际产能合作的理论基础、空间产业布局以及对我国和东道国的经济效应、影响因素以及存在的风险等，测算部门产能过剩水平，分析产能产业输出潜力，并视“一带一路”共建国家和其他发展中国家为产能输出方向。定量分析结论大多支持国际产能合作有助于化解产能过剩。②关于我国企业“走出去”。近期研究侧重利用微观数据研究我国企业“走出去”的动机、影响因素、经济效应、区位选择、进入模式等问题。研究方法主要有两种：一是在全球或者区域范围内进行企业层面的实证分析；二是对特定省份或者产业的案例分析。

其三，相关研究存在一些需要完善的地方，有一些问题尚未达成一致结论。主要原因在于：一是对国际产能合作概念的认识不清晰。现有研究常常将国际产能合作理解为产能输出或者贸易合作。这样处理的优点是易于遵循传统贸易理论并使用相应的量化指标来确定潜在优势产能进而判断国际产能合作目标和方向。然而，在全球价值链上，比较优势所决定的是一国价值链的分工位置，现有研究的处理方式可能导致产能输出错位，盲目输出优势产能反而损害国内经济。二是对国际产能合作战略目标的认识不全面。现有研究大多将化解产能过剩理解为我国推进国际产能合作的重要目标。但是，产能过剩只是我国经济发展过程中的阶段性问题，化解过剩产能并非我国推进国际产能合作的唯一和终极目标。正如“指导意见”所提出的，推进国际产能合作旨在化解过剩产能同时推动技术进步和转型升级；并且技术创新还是解决产能过剩问题的根本出路（Cai 等，2023）。可见，化解产能过剩和推动技术创新是国际产能合作战略的两大目的，最终视为实现国民经济高质量发展。三是缺乏对企业“走出去”推进国际产能合作的研究。在本质上，国际产能合作是我国主导的国际生产合作和国际产业转移。因此，我国跨国公司是推进国际产能合作的主要实施者，对外直接投资是主要实现途径。现有研究多从国家、产业或者区域层面研究产能输出，忽视了微观层面的研究。

针对现有文献的不足，本书着重在以下五个方面进行扩展和深化。一是全面梳理我国企业“走出去”推进国际产能合作的现实基础，包括优势与挑战。二是依据“指导意见”和经济高质量发展要求，剖析国际产能合作的内涵与战略目标，构建一个包容性分析框架，并据以剖析企业“走出去”推进国际产能合作动因机制，并在企业层面开展实证研究。三是实证研究我国企业“走出去”主要战略问题：区位决策和设立模式决策。四是针对典型企业进行案例分析。五是基于研究结论提出提高企业“走出去”水平高质量推进国际产能合作的对策建议。

1.3　研究目标、内容与思路

1.3.1　研究目标

系统梳理相关文献，全面深入分析我国企业“走出去”的理论依据与现实基础，诠释国际产能合作概念内涵与战略目标，围绕我国企业“走出去”展开理论研究与实证研究，依据国际直接投资理论和国际产业转移理论构建我国企业推进国际产能合作的包容性分析框架，据以剖析推进国际产能合作的动因机制，通过实证分析检验理论结论，回答“为什么”问题。研究我国企业“走出去”区位战略，回答“去哪儿”问题；研究企业设立模式战略，回答“怎么去”问题。最后，基于研究结论提出对策建议。

具体说来，研究目标细分为以下八个关键问题。①国际产能合作视角下企业“走出去”的优势和挑战；②国际产能合作的概念、战略目标与内涵，与国际产业转移和国际生产合作的关系；③国际产能合作视角下企业“走出去”的动因及机制；④如何验证理论结论；⑤自贸协定对企业“走出去”区位决策的影响；⑥境外企业设立模式及其影响因素；⑦国际产能合作视角下企业“走出去”典型案例；⑧企业“走出去”高质量推进国际产能合作的对策建议。

1.3.2　研究内容

全书共有 10 章，分为基础篇、理论篇、实证篇、实践篇和对策篇 5 个部分，最后以主要研究结论与进一步研究方向展望结尾，具体内容安排如下。

第 1 章即绪论，主要包括研究背景、提出问题与研究意义、文献评述、研究目标、研究内容，并介绍研究思路框架和主要方法以及研究的创新之处。

第 2 章剖析企业“走出去”推进国际产能合作的理论依据和现实基础。理论方面，梳理并分析 OFDI 理论对我国企业“走出去”推进国际产能合作的适用性；现实基础方面，指出我国企业已经在境外形成大规模资本布局、全方位产业布局和广泛的地理布局，并具备扎实的国内产业基础和母国制度优势，也面临一些问题和挑战。

第 3 章研究企业“走出去”推进国际产能合作动因机制，揭示“为什么”问题。分析国际产能合作概念内涵和战略目标，依据国际产业转移理论构建了一个包容性分析框架，剖析在全球价值链重构时期我国企业参与国际生产合作的主要途径、各自效果与作用机制。这是本书的难点。

第 4 章使用微观数据实证研究企业嵌入全球价值链的动因与机制，包括在企业层面实证检验我国企业嵌入全球价值链对产能利用率和技术创新能力的影响与机制。

第 5 章使用微观数据全面地从动态视角实证研究我国企业“走出去”动因与作用机制，包括在企业层面实证检验其对产能利用率和技术创新能力的影响与机制。

第 6 章研究自贸协定扩散趋势以及对我国企业“走出去”区位战略的影响，重点探讨的是自贸协定条款深度的影响以及机制。

第 7 章研究我国“走出去”境外企业设立模式战略，重点深度研究我国企业在美国的设立模式及其影响因素。

第 8 章为实践研究。针对前文主要结论和发现，本章精选当下的 7 个典型事例，展开案例研究，形成对前述理论与实证研究的案例事实证据。

第 9 章是对策研究。本章根据研究发现，从认识层面、政策层面和企业层面提出我国企业“走出去”高质量推进国际产能合作的对策研究。

第 10 章为主要结论、研究局限与展望，总结本书主要发现与结论，指出研究局限并展望未来可能深入研究的内容。

1.3.3 研究思路

本书遵循“基础研究—理论研究—实证研究—实践案例—对策研究”的思路，研究思路如图 1.1 所示。

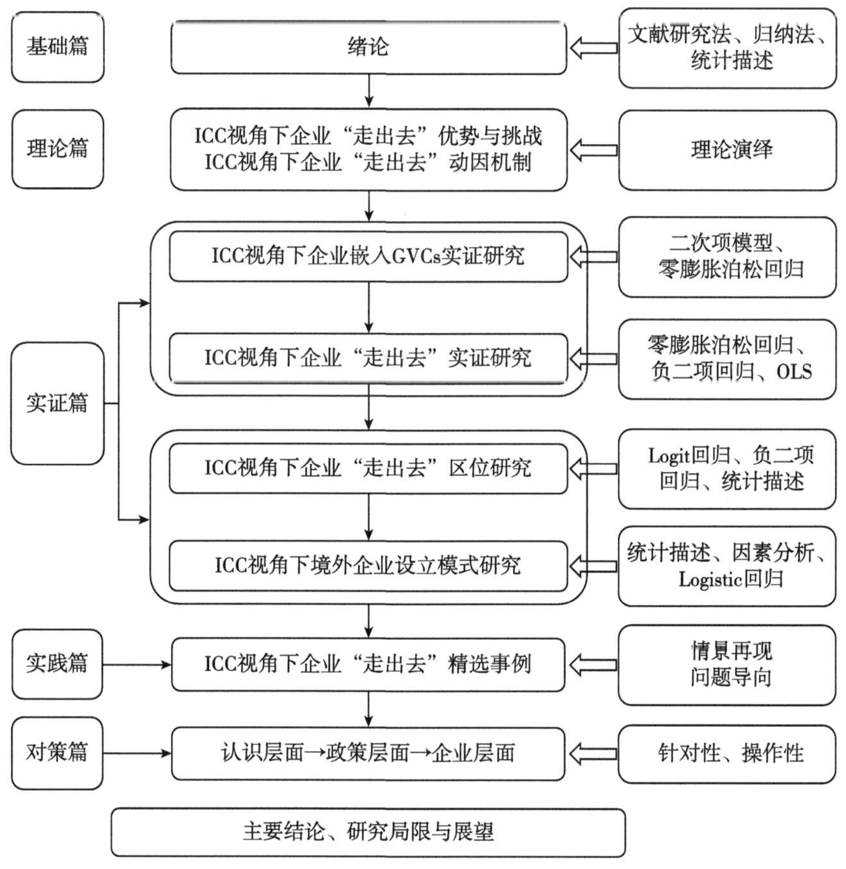

图 1.1 研究思路

1.4 研究方法与数据

1.4.1 研究方法

本书遵循规范分析和实证分析相结合、理论分析和对策分析相结合的原则，使用的主要方法如下。

1. 文献研究法

对相关理论与实证文献进行必要的充分梳理，为本书提供了可行的研究切入点。

2. 统计分析法

一是使用统计方法对宏观经济数据和企业层面数据进行横向与纵向的对比分析，梳理发展历程与现状。二是构造并测算多个统计指标，主要包括：参考余淼杰等（2018）使用生产函数法分别测算上市公司产能利用率；依据企业国际化进程理论测算了上市公司的"走出去"速度、节奏和范围；借鉴Horn等（2010）、Hofmann等（2017）测算我国已生效自贸协定的条款覆盖率和深度。

3. 理论分析法

一是依据国际产业转移理论和国际直接投资理论构造了融合我国企业以不同途径参与国际生产合作的包容性分析框架，剖析动因机制，由此推导一系列理论假说，包括企业嵌入全球价值链的效应与作用机制，企业"走出去"的效应与机制。二是分三步构造企业"走出去"投资区位决策数理概率模型，为回归分析建模提供理论依据，并探讨自贸协定对企业区位战略的影响。

4. 计量经济学方法

因问题而异采用不同的计量回归模型。一是分别使用二次项模型、广义倾向得分匹配法和零膨胀泊松回归模型等方法检验企业参与全球价值链对产能利用率以及对技术创新能力的影响。二是分别使用零膨胀泊松回归模型、负二项回归和最小二乘法（OLS）等检验企业"走出去"影响。三是利用Logit模型等方法检验自贸协定投资及关联条款对我国企业"走出去"区位决策的影响与机制。以上都是面板数据模型。四是使用二元Logistic回归模型检验我国企业在美国设立模式并进行因素分析，这里是截面数据模型。

5. 案例分析法

通过企业调研、企业官方网站、上市公司年报、国际组织研究报告、权威媒体报道等途径，系统地收集数据和资料，基于情景再现和问题导向，对事例进行客观描述和深入分析，总结经验，展望前景。

6. 实地调研法

调研对象是上海自贸试验区及临港新片区、福建自贸试验区、浙江自贸试验区、苏州工业园区综合保税区、九江和赣州综合保税区等及园区内代表性企业，包括我国“走出去”企业和世界知名跨国公司。基于此，本书作者形成了多份调查报告和研究专报并得到省部级领导高度重视和批转。出于保密原则，这些内容不出现在本书中。

1.4.2 研究数据

使用的主要数据库如下：

①宏观国别和产业层面数据主要来源于我国历年统计年鉴、《中国对外直接投资统计公报》、商务部自由贸易区服务网等。

②微观数据的主要国内来源包括：中国工业企业数据库、中国海关进出口数据库、国泰安（CSMAR）上市公司数据库、万德（Wind）上市公司数据库、同花顺 iFinD 企业深度数据库等。

③主要国际数据库包括：世界银行的深度贸易协定数据库、美国企业研究所与美国传统基金会共同开发的我国全球投资追踪数据库（China Global Investment Tracker，CGIT）、美国美中关系全国委员会与荣鼎集团（Rhodium group）联合发布“按国会选区划分的我国在直接投资研究”、美国独立税法调查研究所、WTO 区域贸易协定数据库，以及世界银行数据库/CEPII/世界经济论坛的《全球竞争力研究》等。

以上数据库都得到了广泛认可和使用，具有权威性。不同数据库在统计口径上存在差异，本书在获取样本时进行了细致而必要的预处理、匹配和比较。

本书实证研究占据了一定篇幅，涉及数据库较多，数据处理工作量繁冗。在本书作者的指导下，黄思聪、陈若晨、滕子丰和盛兰倩等四位研究生承担了部分数据的搜集、整理乃至回归处理等，为全书做出了贡献。

1.5 可能的贡献

本书在已有理论研究和实证文献基础上，侧重在企业层面展开理论研究与实证分析，潜在的贡献主要在如下几个方面。

第一，研究视角创新。

本书从宏观国家战略视角研究微观企业“走出去”问题是相对现有相关研究最大的创新点。其一，现有研究往往是在国家、产业或者地区层面研究国际产能合作问题，利用显性比较优势指数（RCA）判断我国优势产能或者依据产能利用率识别产能过剩行业，据以指出国际产能合作的路径。然而，RCA 指标不能反映价值链地位。在实践中，企业也不一定根据产业 RCA 决定产能输出与否，更多是根据自身资源和动机。其二，现有研究忽略了企业“走出去”对国际产能合作的重要性。无疑跨国公司是产业转移的实施者，企业“走出去”即意味着国际产能合作。其三，现有研究过度强调重大国家战略的化解产能过剩动机，这是对国际产能合作战略目标的错误解读。本书通过光伏产业等案例分析发现，国际市场也可能是产能过剩的原因而非出路。此外，在排除国际避税地后，欧美等发达经济体是我国企业“走出去”的主要目标，可见过分强调面向发展中国家（地区）推进国际产能合作可能会与企业全球化行为的多样性不相符。本书还发现企业嵌入 GVCs 和“走出去”对产能利用率和技术能力的影响都是不确定的，取决于企业自身资源和能力；自贸协定对发达东道国和国有企业区位决策的影响更显著；对企业在发达国家并购的因素分析凸显了技术获取动机和市场获取动机。案例研究进一步佐证了上述发现，并证实了我国企业产能输出既有面向发展中国家也有面向发达国家，既有“引进来”（嵌入 GVCs）也有“走出去”，战略目标是要灵活运用这两种途径以实现整合全球资源，构架全球化网络，提升价值链地位，最终面向全球市场和成为国际企业，例如正泰集团、吉利汽车等制造企业的成功案例均是如此。相反，运动鞋服业属于典型的劳动密集型产业，现阶段企业“走出去”的动机是提升品牌优势以扎根国内市场，在输出产能方面还处于早期阶段。以上及其他发现，对政策决策及企业发展具有重要意义。

第二，理论创新。

基于国际产业转移和分工演化背景，诠释国际产能合作的概念内涵和目标，据此构建包容性分析框架，并基于这一框架，指出企业“走出去”推进国际产能合作的根本动因是产能利用率和技术创新能力，分析“走出去”和嵌入全球价值链在两个方面的效果、机制与关系，为实证研究指明方向。

第三，丰富和扩充了相关领域的研究。

一是系统地研究企业“走出去”三个时间维度对技术创新能力进而产能过剩的影响，并加以实证检验，扩充了 OFDI 逆向技术溢出效应研究领域。二是建立数理概率模型，研究投资条款以及投资关联条款角度对我国企业“走出去”区位战略的影响。三是注意到美国作为东道国在我国企业“走出去”实践中的重要地位，全面深入研究我国企业在美国投资趋势、设立模式及其结构特征与影响因素。

第四，研究内容系统全面。

首先，梳理国内外相关文献，分析我国企业“走出去”现状；然后，理论研究我国企业“走出去”理论依据、产业基础和制度优势，诠释国际产能合作概念内涵和战略目标，研究国际产能合作视角下企业“走出去”动因机制；其次，构建实证模型进行检验；再次，探讨企业“走出去”战略问题；从次，编写了相关案例；最后，根据研究结论从认识层面、政策层面和企业层面提出对策建议。

第五，基于对真实场景的再现，以产能输出、提升价值链地位、先进产能获取等问题为导向，精选产业企业“走出去”案例，进行剖析，达到总结经验教训、展望前景的目的。

第六，对策建议具有较强的针对性和可操作性，对政策制定和企业“走出去”决策具有切实参考意义。

理 论 篇

第2章　国际产能合作视角下企业“走出去”：优势与挑战

国际产能合作要求提高企业“走出去”水平。本章全面梳理我国企业“走出去”的优势与面临的挑战，涉及现状基础、产业基础和制度优势以及国际分工演化中的机会与挑战。

2.1　我国企业“走出去”现状

2.1.1　对外直接投资趋势特征

一、对外直接投资增长快

自2000年实施企业“走出去”战略以来，我国对外直接投资规模快速增长，并成为世界主要资本输出国。截至2021年，我国对外直接投资流量为1 788.2亿美元，是2002年（27亿美元）的66倍。根据联合国贸发会议（UNCTAD）《2022世界投资研究》，2021年全球对外直接投资流量为1.7万亿美元，其中发达经济体①对外直接投资额为1.27万亿美元，占比74.3%，发展中经济体对外直接投资4 384亿美元，占比25.7%。其中，我国占全球对外直接投资流量的10.5%，位列世界第二，仅次于美国的4 031亿美元，见图2.1。

我国已连续10年位居对外直接投资流量前三名，2002年仅第二十六位。

① 包括欧盟、欧洲其他国家、加拿大、美国、澳大利亚、百慕大群岛、以色列、日本、韩国、新西兰。

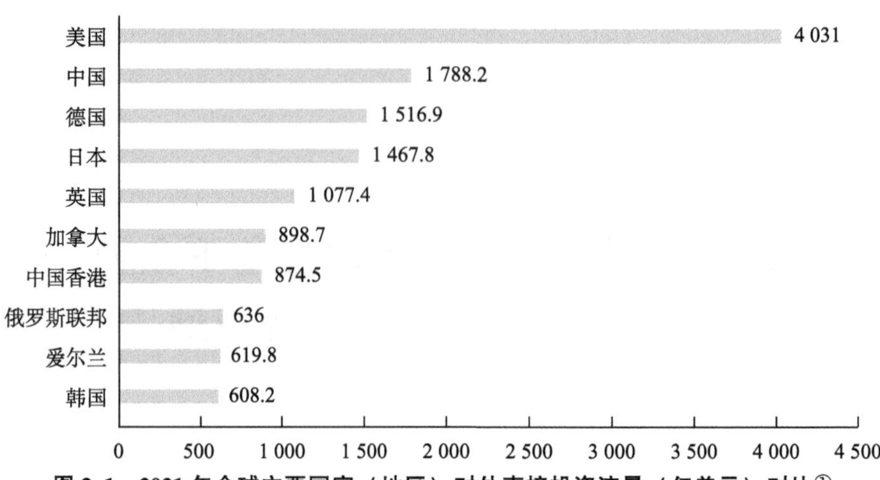

图 2.1　2021 年全球主要国家（地区）对外直接投资流量（亿美元）对比①

二、对外直接投资境外存量规模大

截至 2021 年末，全球对外直接投资存量为 45.45 万亿美元。其中，我国对外直接投资存量 27 851.5 亿美元，占世界存量的比重由 2002 年（299 亿美元）的 0.4%上升至 6.7%，世界排名从第二十五位上升到第三位，仅次于美国的 9.8 万亿元和荷兰的 3.4 万亿元，如图 2.2 所示。

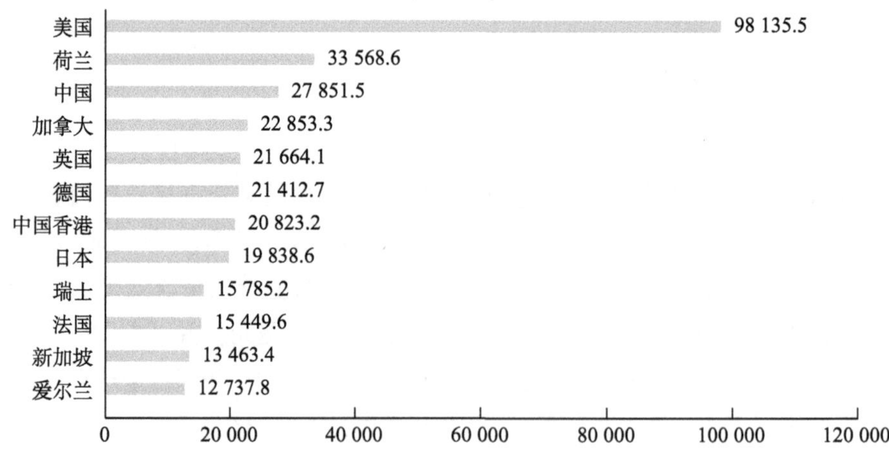

图 2.2　2021 年全球主要国家（地区）对外直接投资存量（亿美元）对比②

---

① 数据来源于 UNCTAD，《世界投资报告 2022》(中文版概述)。

② 数据来源同图 2.1。

然而，我国对外直接投资规模与全球最大资本输出国美国相比还存在较大差距。2021 年，对外直接投资流量不到美国的一半，存量仅为美国的 28.4%；对外直接投资流量占本国 GDP 的水平，我国为 1%，美国为 1.75%。

三、对外直接投资表现出不规律波动

1979 年迄今以来，我国对外直接投资分为五个发展阶段（郭凌威等，2018），如图 2.3 所示。

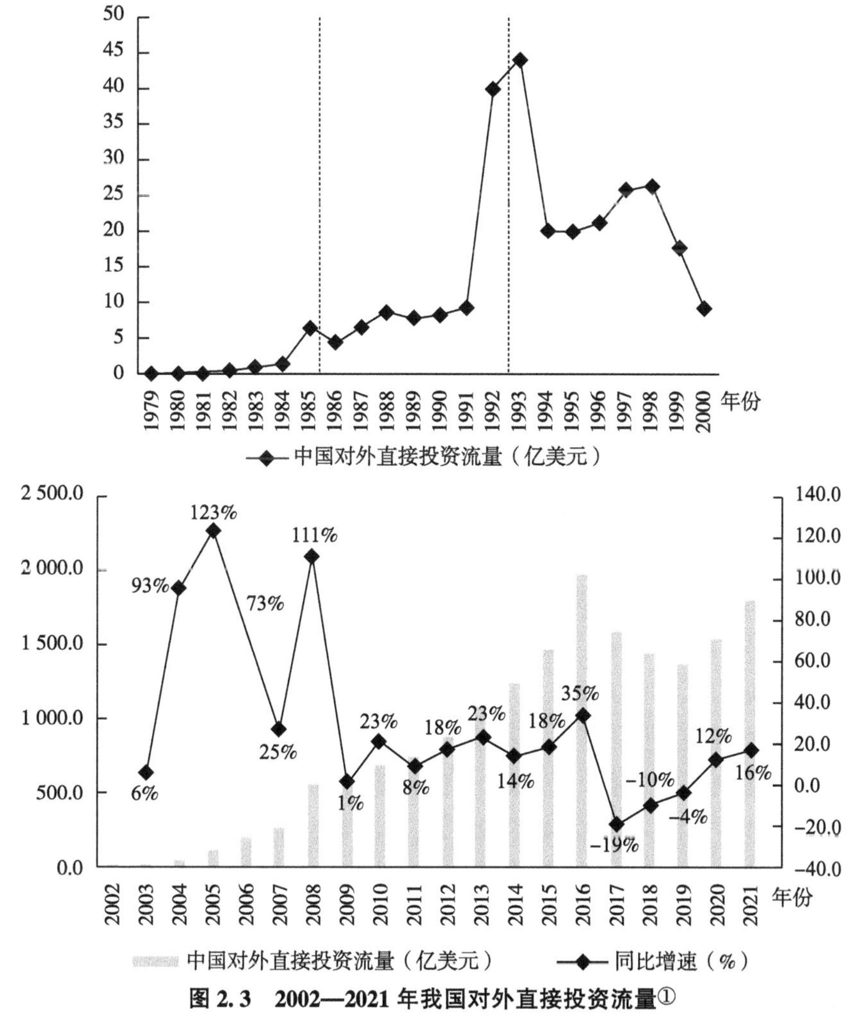

图 2.3 2002—2021 年我国对外直接投资流量①

① 图 2.3 上图源自郭凌威等（2018），图 2.3 下图数据来源于历年《中国对外直接投资统计公报》。

第一阶段为1979—1985年初步探索阶段，企业尝试性“走出去”，对外直接投资增长缓慢。第二阶段为1986—1992年，我国企业“走出去”步伐加快，对外投资快速增长。第三阶段为1993—2000年，对外直接投资流量下降，“走出去”步伐明显停顿。第四阶段为2001—2016年，为高速发展阶段。在这期间，我国大力推进“走出去”战略，加上2001年正式加入WTO，对外开放力度加大，对外直接投资流量从2001年的69亿美元迅猛增长至2016年的1 961亿美元。第五阶段为2017年至今，对外直接投资在经历暴跌之后已恢复增长。如图2.3所示，我国对外直接投资流量变动的阶段性表明，我国企业“走出去”在总体上呈现出“慢—快—慢—快—慢”的节奏，欠缺规律性和连贯性。不规律的国际化节奏使企业缺乏对政策和市场的预见性，难以做出投资决策和建立高效的组织惯例并利用之前的国际化经验。并且，企业在扩张低谷期后再进入扩张高峰期会对大量涌入的知识响应不足，不利于技术创新（Vermeulen、Barkema，2002）。

2.1.2 对外直接投资产业特征

我国企业境外产业布局呈现如下特征。

一是快速实现了行业大类境外全产业布局。2003年，我国企业“走出去”主要覆盖了4个产业，分别是采矿业（48.4%）、制造业（21.8%）、批发和零售业（12.6%）、商务服务业（9.8%），合计占当年对外直接投资净额的92.6%。到2015年，对外直接投资已经覆盖了国民经济18个行业大类。

二是资本高度集中在少数行业。①流量方面。2021年约80%直接投资额流向了租赁和商务服务业、批发和零售业、制造业、金融业、交通运输/仓储和邮政业领域。②存量方面。2021年底，投资规模达到千亿美元及以上的行业有六个，分别是租赁和商务服务业（11 152.4亿美元）、批发和零售业（3 695.8亿美元）、金融业（3 003.5亿美元）、制造业（2 632亿美元）、采矿业（1 815亿美元）、信息传输/软件和信息技术服务业（1 602亿美元）。六大行业投资存量合计占85.5%，比2019年提升11.3个百分点，行业集中度进一步提高。

三是制造业、信息传输/软件和信息技术服务业的投资增长显著。与2015年相比，2021年的前十大行业顺序排位发生了变动，变动突出的是批发和零售业、制造业、信息传输/软件和信息技术服务业，它们的排名分别从第四、五和九位提升到第二、四、六位，采矿业则从第三下降到第五位（见表2.1）。

表2.1 我国对外直接投存量前十大产业①

年份	租赁和商务服务业	批发和零售业	金融业	制造业	采矿业	信息传输/软件和信息技术服务业	房地产业	交通运输/仓储和邮政业	建筑业	电力/热力/燃气及水的生产和供应业
2015	1	4	2	5	3	9	7	6	8	10
2021	1	2	3	4	5	6	7	8	9	10

在制造业内部。2021年，汽车制造业、计算机/通信和其他电子设备制造业、金属制品业、专用设备制造业、有色金属冶炼和压延加工业、化学原料和化学制品业、医药制造业、其他制造业、橡胶和塑料制品业等九个行业的流量投资额占比超过10%。其中，装备制造投资额为141.2亿美元，在制造业投资总额中占52.5%，当年增长速度为18.7%。加之，共计有241.5亿美元制造业投资额发生在“一带一路”共建国家，占比达93.4%。这些数字能够在一定程度上反映出我国企业“走出去”有力推动了国内装备制造业产能向“一带一路”共建国家输出。

2.1.3 对外直接投资地理特征

一是地理分布广泛，但绝大部分集中于国际避税地。截至2021年末，我国对外直接投资累计存量分布在全球的190个国家（地区），覆盖率达81.5%。但是，其中93.8%流向了排名前20位的国家和地区，并且约80%是集中在我国香港、开曼群岛和英属维尔京群岛等著名的国际避税地，三大避税地的占比分别为55.6%、16.1%和8.2%，合计为79.9%。OFDI集中流向避税地的特点自有统计公报发布的2003年就出现了，当年80%的OFDI流量发生在上述三地。

二是在排除三大国际避税地后，主要去向是发达国家，美国位居第一。2021年底，我国在美国的直接投资累计存量位居各国（地区）之首，达771.7亿美元，占比为2.8%，如表2.2所示。

① 数据来源于2015年度和2021年度《中国对外直接投资统计公报》。

表 2.2　2021 年末我国对外直接投资存量前十位的国家（地区）①

序号	国家（地区）	存量金额（亿美元）	比重（%）
1	中国香港	15 496.6	55.6
2	英国维尔京群岛	4 474.8	16.1
3	开曼群岛	2 295.3	8.2
4	美国	771.7	2.8
5	新加坡	672.0	2.4
6	澳大利亚	344.3	1.2
7	荷兰	284.9	1.0
8	印度尼西亚	200.8	0.7
9	英国	190.1	0.7
10	卢森堡	181.3	0.6
合计		24 991.8	89.3

三是亚洲是第一位的目标地区。到 2021 年末，在亚洲的中国 OFDI 全部存量为 17 220.1 亿美元，超过我国全部对外直接投资存量的一半；其次是拉丁美洲，吸收的合计存量为 25%。这两个地区集中了我国 OFDI 合计存量的 88.6%，如图 2.4 所示。

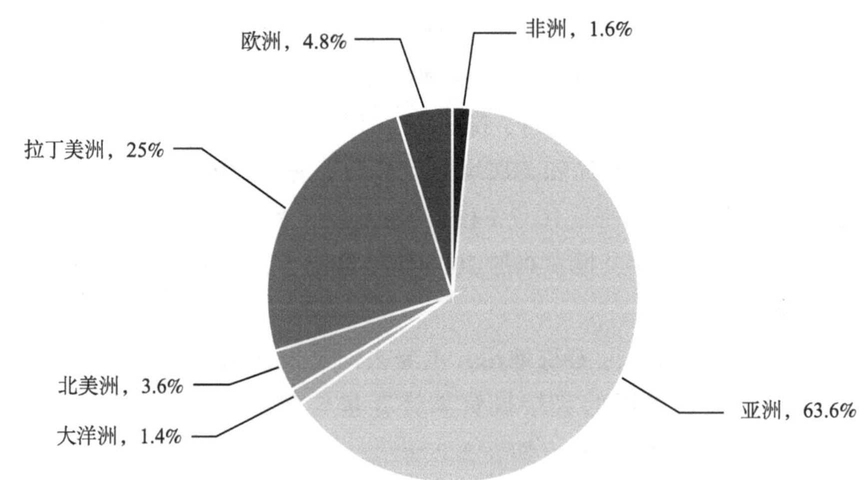

图 2.4　2021 年我国对外直接投资存量地区分布②

① 数据来源于 2021 年度《中国对外直接投资统计公报》。

② 数据来源于 2021 年度《中国对外直接投资统计公报》。

更细分地看，图 2. 4 中投向亚洲的对外直接投资存量中的绝大部分投向了中国香港，比例高达 87. 5%。因此，在去掉主要避税地中国香港和新加坡后，在亚洲其他经济体的投资存量合计只有 1 071. 7 亿美元，略高于欧盟的总和（959 亿美元）。

四是境外企业的地理特征与投资额一致。如表 2. 3 所示，①2021 年底，共 4. 6 万家境外企业广泛分布在全球 190 个国家（地区）。其中，亚洲的境外企业覆盖率[①]为 95. 7%，欧洲为 87. 8%，非洲为 86. 7%，北美洲为 75%，拉丁美洲为 67. 3%，大洋洲为 58. 3%。②在排除中国香港后，美国是设立境外企业数目最多的国家，超过了在欧盟地区的企业数量总和。

表 2. 3　截至 2021 年底我国境外企业数地区分布[②]

单位：家

投资目的地	中国香港	东盟	美国	欧盟	澳大利亚
境外企业数	近 1. 5 万	6 200	5 300	2 700	超过 900
国家（地区）平均	近 1. 5 万	620	5 300	100	超过 900

表 2. 3 中，东盟地区作为一个整体共涵盖了 6 200 家中资境外企业，按国家平均为 620 家。此外，“一带一路”共建国家的境外企业数大幅增长。2021 年，64 个“一带一路”共建国家的境外企业数超过了 1. 1 万家。

2. 1. 4　境外企业设立模式

自 2004 年形成相关统计数据以来，跨国并购额的波动态势与对外直接投资额（见图 2. 3 右图）保持同步，但是跨国并购额在对外直接投资流量总额中占比成明显的下降趋势，如图 2. 5 所示。

图 2. 5 显示出资 2004—2021 年，我国企业跨国并购金额在 2017 年之间，成稳步扩张态势，2016 年出现激增并达到顶峰。2017 年出现急剧下降。跨国并购比重总体趋势表现为下降。

进一步看，2021 年我国企业开展跨国并购具有如下特征。

① 境外企业覆盖率是指境外企业所覆盖的国家（地区）数量与该地所有国家数量的比。

② 数据来源于 2021 年度《中国对外直接投资统计公报》。

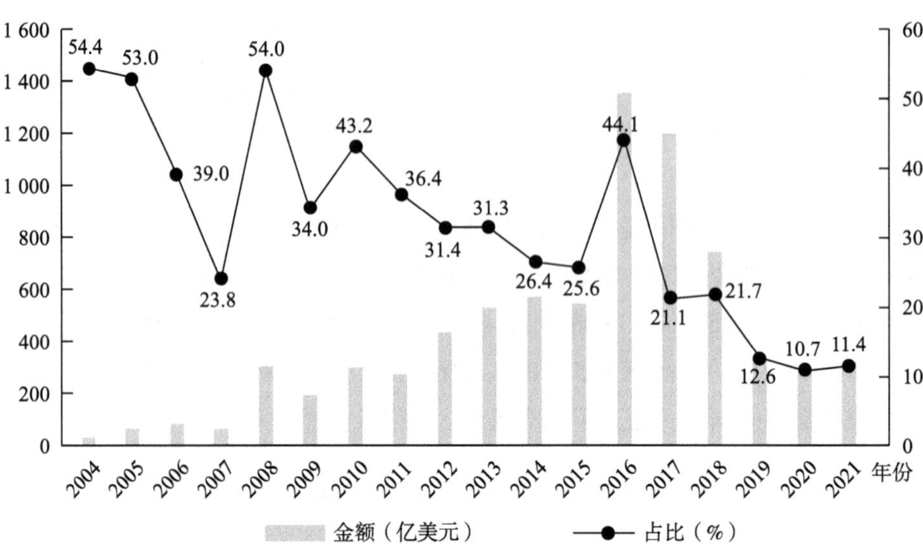

图 2.5　2004—2021 年我国企业跨国并购金额与占比①

①交易额较上一年出现回升，跨国并购实际交易额为 318.3 亿美元，较上一年同比增长了 12.9%；②跨国并购引发的实际对外直接投资流量额为 203.5 亿美元，占当年全国 OFDI 总流量额的 11.4%；③跨境并购涉及 59 个国家和地区，排名前十的分别是我国香港、开曼群岛、智利、巴西、百慕大群岛、印度尼西亚、美国、西班牙、新加坡和德国；④跨国并购项目共有 505 起，主要发生在制造业部门（128 个）和电力/热力/燃气及水的生产和供应业这样的公共服务部门（44 个）；⑤在“一带一路”共建国家的跨境并购显著增长，并购交易额较上年猛增 97.8%，份额达到 19.6%，并购项目数为 92 个，反映出“一带一路”共建国家和其他发展中国家在我国企业跨境并购中的地位上升；⑥排除国际避税地之后，拉美地区国家智利和巴西位居我国企业跨国并购目标前列，印度尼西亚随后，美国仅居第四位。

2.1.5　资本来源特征

一、从资本国内来源地看

东南沿海地区经济发展快，资本存量高，企业国际化起步较早，成为对

---

①　数据来源于 2021 年度《中国对外直接投资统计公报》。

外直接投资的主要资本来源地（见表 2.4）。

表 2.4 2021 年我国对外直接投资的国内来源①

	流量（亿美元）	占比%	存量（亿美元）	占比%
东部	781.1	81.9	6 996.9	82.3
中部	100.3	11.4	638.6	7.5
西部	45.1	5.1	671.1	7.9
东北	13.8	1.6	197.9	2.3

在企业角度，地方企业与中央企业各占投资流量的 57.7%、42.3%，东部地区是地方企业投资主要来源。2021 年，各类非金融类直接投资流量 718.1 亿美元，占全部地方企业投资的 81.9%，比上一年增长 0.6%。其中，广东对外直接投资流量位居第一，为 141.7 亿美元，在全部地方企业投资的达 16.22%，浙江省、上海市、江苏省、北京市、山东省等位列广东省之后。地方企业在存量方面的表现与流量类似。2021 年，地方企业对外非金融类直接投资存量为 8 504.5 亿美元，占全国总量的 34.2%。其中，广东省位列第一（1 657.2 美元），其次是上海市、北京市、浙江省、江苏省、山东省等。在 5 个计划单列市中，深圳市以 965.7 亿美元为广东省贡献了存量的 58.3%，宁波市以 191.6 亿美元占浙江省存量 23.3%。

二、从投资主体看

1. 私营企业数量最多

2021 年末，境内投资者共有 2.86 万家。其中，私营企业占比 32.7%，其次是有限责任公司（29.1%）、股份有限公司（13.8%）、国有企业（5.7%）、外商投资企业（5.6%）、港/澳/台商投资企业（4%）、个体经营（2.3%），所有其他类别占 6.8%。

2. 国有企业投资额最大

到 2021 年末，国有企业投资存量占比 51.6%，超过一半；股份有限公司的投资占了 10.2%，个体经营和私营企业投资合计占到 12.2%，如图 2.6 所示。

① 数据来源于 2021 年度《中国对外直接投资统计公报》。

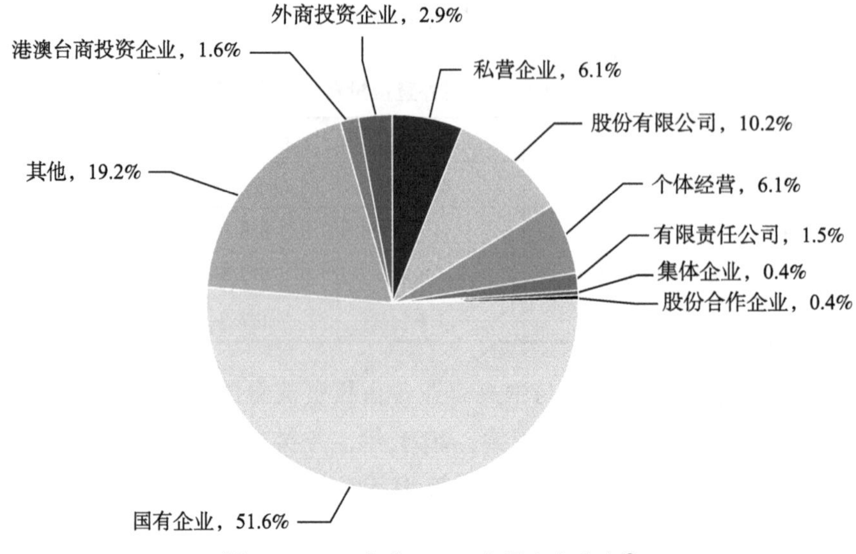

图 2.6　2021 年末 OFDI 存量企业分布①

可见，民营企业数量众多，但是平均每笔的投资额较小，属于小规模投资。国有企业的单笔投资是大规模的。

2.2　国内产业基础

2.2.1　产业规模与结构

一、产能规模

我国工业产业基础稳固，规模位居世界首位，工业门类其全。根据国家统计局数据，2000 年、2012 年、2021 年，我国工业增加值分别为 4.02 万亿元人民币、20.9 万亿元人民币和 37.2 万亿元人民币，占 GDP 比重为 40.1%、38.8%和 32.6%。按照世界银行统计口径，以现价美元计算，2021 年我国制造业增加值超过 7 万亿美元，对全球制造业的贡献由 2012 年的 18.25%提高到 26.45%，并自 2011 年开始连续 11 年位居世界第一，如图 2.7 所示。

① 数据来源于 2021 年度《中国对外直接投资统计公报》。

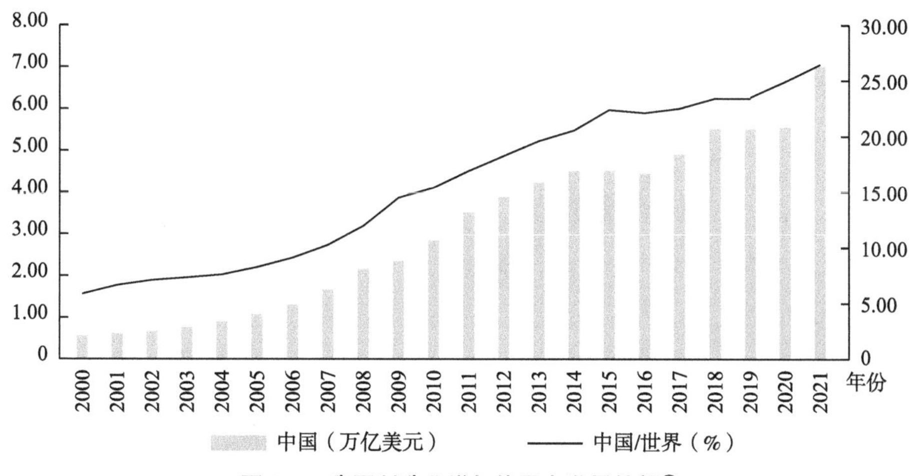

图 2.7　我国制造业增加值及占世界份额①

图 2.7 表明，2000—2021 年我国制造业增加值及在全球所占份额持续上升。面对 2019 年底突发的新冠疫情，全球大多数国家经济和供应链遭受严重冲击，我国制造业却显示出强劲实力。

二、贸易规模

2001 年，我国正式加入世界贸易组织，国内市场与国际市场双向开放。自此，我国对外贸易快速增长，迅速发展成为世界第一大对外贸易国，和许多国家的第一大贸易伙伴，成为世界制造中心和国际贸易网络中心。图 2.8 展现的是 2000 年与 2017 年主要国家的双边货物与服务贸易关系。如图 2.8 上图所示，2000 年，“美国—德国—日本” 三国分别作为亚太、欧洲和亚洲的贸易中心，形成了三足鼎立的国际贸易网络格局，彼时我国尚处于全球贸易网络的边缘。

2017 年，世界贸易网络格局已呈现为 “中国—美国—德国” 三足鼎立态势，如图 2.8 下图所示。贸易网络格局的转变源自我国取代了日本曾经在亚洲的中心地位以及美国曾经在亚太地区的中心地位，由此跃升为亚洲和拉美地区共同的贸易中心。

如图 2.8 下图所示，2017 年德国依然是欧洲地区的中心，美国萎缩为北

① 数据来源于世界银行公开数据库，https://data.worldbank.org.cn/。

美地区的贸易中心，而中国是亚太地区贸易中心，并且处在中国、德国和美国三国所构成贸易网络的中心。

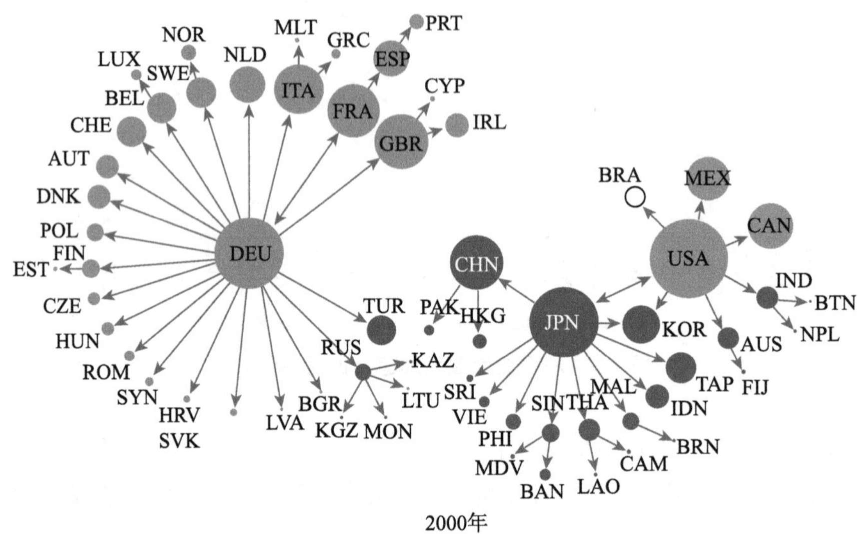

2000年

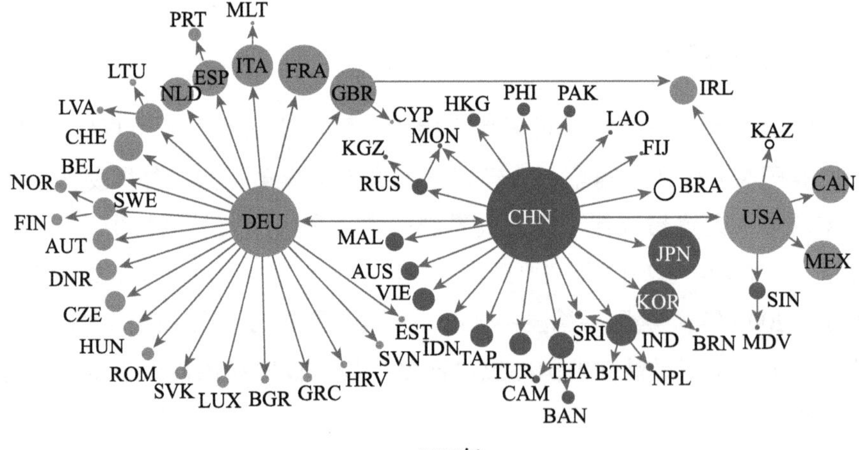

2017年

图 2.8　2000 年、2017 年国际贸易网络格局（涉及所有货物与服务）①

对比可见，无疑，我国已经成为全球贸易中心。该年，我国货物贸易占

① World Bank, World Trade Organization. Global Value Chain Development Report 2019：Technological Innovation, Supply Chain Trade, and Workers in a Globalized World (English). Washington, D. C.：World Bank Group, P27。

全球贸易总量的11.4%，其中出口占比为15.07%。2017年以后，我国对外贸易继续增长。2021年，我国货物贸易总值为39.1万亿元人民币，是2017年（27.79万亿元人民币）的1.41倍，并连续6年保持世界第一位置。

三、贸易结构

这里的产业指的是国民经济产业分类标准（如我国GB/T 4754—2017、联合国ISIC等）中所划分的大类产业。我国出口产品已经从劳动密集型纺织品等轻工类产品为主转向了以机电产品和高新技术产品为主。2000年，我国机电产品和高新技术产品①的出口在出口总值中的占比分别为22.2%、7.8%。2012年，机电产品和高新技术产品的出口占比上升到57.6%和29.3%，合计占出口总值的比重为86.9%。2021年两类产品合计出口比重进一步提高到88.13%。其中，高新技术产品出口比重较2012年略有下降，为29.11%。因此，从大类产业看，我国制造业成功实现了产业升级，不再是专业化分工生产劳动密集型产品为主的局面。

2.2.2 产业价值链贸易地位

20世纪90年代以来，通过融入全球价值链，我国已经成为世界最大中间品贸易国家、价值链第一大供给者和第二大购买者，为我国企业“走出去”高质量推进国际产能合作奠定了扎实的国际分工基础。

一、中间产品贸易全球第一

中间产品是指用于生产最终产品的前期投入，包括用于食品生产的作物，制造消费品所需的纺织品和金属等，是用来衡量一国参与全球价值链分工程度的一个直观指标。从历史趋势看，美国在1992—2012年间是中间产品贸易最大国家。2013年及之后，中国超越了美国，成为世界第一大中间产品进出口国，如图2.9所示，说明我国已经深度嵌入全球价值链。

分进出口看。在出口方面，2000年，我国中间产品出口占世界的份额仅为

① 高新技术产品分为七类，第一类：计算机与通信技术，电子技术；第二类：生命科学技术；第三类：计算机集成制造技术；第四类：航天航空技术；第五类：光电技术；第六类：生物技术；第七类：材料技术，其他技术等。

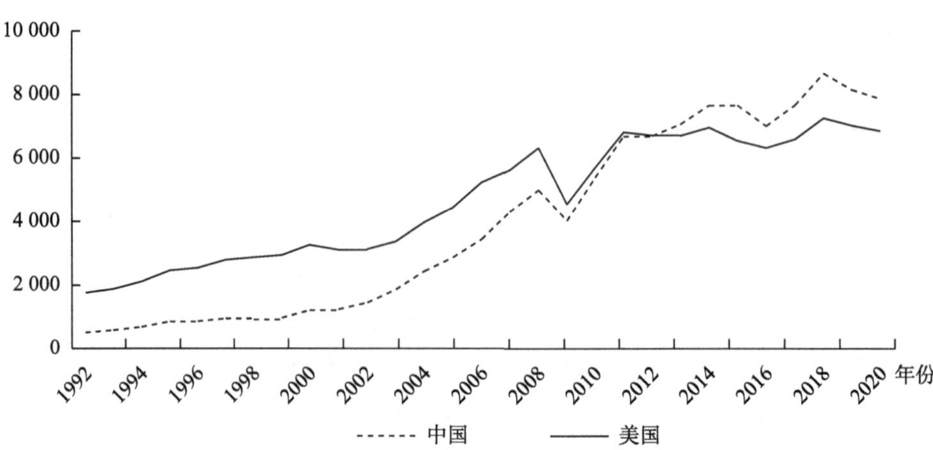

图 2.9　我国与美国的中间产品贸易额（亿美元）变动对比①

5.48%，排在美国（15.04%）和德国（6.52%）之后。到 2020 年，我国中间产品出口占比提高到 9.46%，位居第二。美国依然位居第一，但占比下降到 12.76%，排名第三的是德国 5.65%。在进口方面，美国位居第一，中国位居第二。

二、是全球价值链第一大供给者和第二大购买者

一国经济可以从供给端或者从需求端融入全球价值链，中间品进出口加权外向度分别反映从需求端和供给端融入全球价值链的程度。根据世界银行（WITS）的测算②，2022 年，世界中间品出口加权外向度前三名的国家分别是中国（0.148）、美国（0.081）和德国（0.079）；中间品进口加权外向度前三名的国家分别是美国（0.134）、中国（0.100）和德国（0.063）。这表明，从供给端看，中国是世界上最大的供应商；从需求端看，中国是全球价值链上的第二大购买者。换言之，中国既是全球价值链上最大的供应商也是最主要的需求者之一。

因此，若单纯以规模论，中国不仅深度嵌入到全球价值链网络体系，位居全球价值链中心，作为价值链供应商的地位高于作为价值链购买者的地位。美国是第二大全球价值链中心，作为价值链购买者的地位高于作为价值链供

① 数据来源于世界银行（WITS），https://wits.worldbank.org/Default.aspx?lang=en。

② 数据来源于世界银行（WITS），https://wits.worldbank.org/Default.aspx?lang=en。

应商的地位。

2.2.3 产业价值链分工地位

产品价值链从上游到下游可以粗略划分为：上游的研发和设计、中游的加工制造和下游的市场和服务。根据不同国家在全球价值链上的位置和贸易增加值率之间的关系，判断价值链分工地位以及价值链升级路径有两种经验模式。

①中国台湾宏碁集团的创办人施振荣先生在1992年提出的“微笑曲线”模式，如图2.12左图所示。微笑曲线的含义是，价值链的上游和下游区域的利润丰厚，位于中游的加工制造环节利润率最低。据此，施振荣先生提出发展中国家制造业价值链升级路径是沿着微笑曲线向上游研发与原料或者向下游销售与服务攀升。

②日本新力索尼中村研究所提出的武藏曲线模式，如图2.10右图所示。根据对日本制造业的调查，日本新力索尼中村研究所发现日本制造业在“组装、制造”环节的利润较高，而“零件、材料”以及“销售、服务”环节的利润却较低。

武藏曲线的形状与微笑曲线相反，反映出的是日本加工制造企业拥有较高的国际分工地位。在日本各类加工制造业中，汽车制造的利润是最高的。德国汽车工业的国际分工地位与日本武藏曲线相类似（Wang等，2017）。

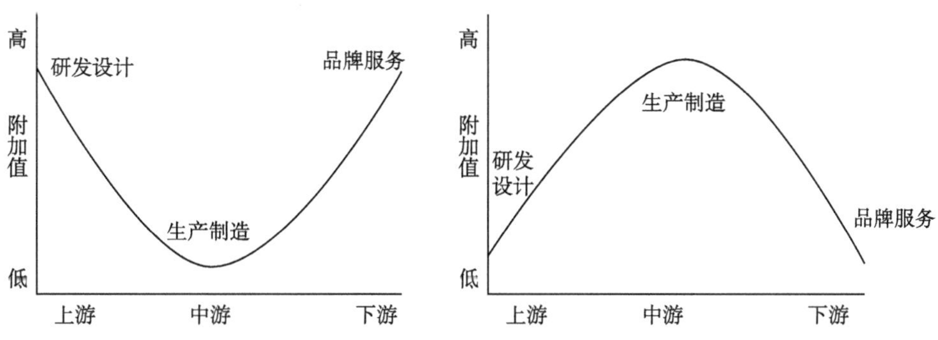

图2.10 微笑曲线与武藏曲线①

① 孙德升，刘峰，陈志：《我国制造业转型升级与新微笑曲线理论》，《科技进步与对策》2017年第34期：49-54.

从全球范围看，具有领导力的著名跨国公司和它们的母国大多数掌控着全球价值链的上游研发或者下游营销渠道，例如苹果公司、特斯拉、西门子、沃尔玛等。大部分发展中国家处在微笑曲线的底端，从事加工制造并且提供的附加价值率很低，在全球价值链分工利益分配中处于劣势地位。但是，日本和德国的制造业并非如此。日本新力索尼中村研究所指出，长期致力于新材料科技研发使日本制造获得了较高国际分工地位。

我国不同部门的价值链位置与国内附加值率之间的关系存在多种可能性，并不明显表现为微笑曲线（郑健壮等，2018）。根据高翔等（2020），1995—2011 年间，我国不同部门的国内增加值率与上游度之间的关系曲线如图 2. 11 所示。

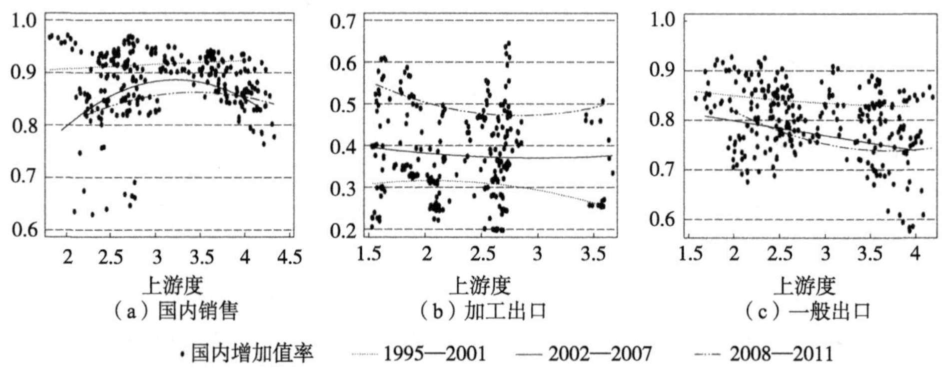

图 2. 11　1995—2011 年间我国不同部门国内增加值率与上游度关系①

从图 2. 11 可以得出两点结论。①在同一时期，不同部门全球价值链位置和其附加值率之间的关系各异，加工贸易部门和一般贸易部门都显示出微笑曲线倾向，国内销售部门则显示为武藏曲线形状。②不同部门的价值链地位随时间演变趋势不同。加工贸易武藏曲线转变为微笑曲线，一般贸易微笑曲线加深，这两个部门的分工地位恶化；国内销售部门武藏曲线先加深后变浅，分工地位先改善后恶化。因此，三个部门的价值链分工地位一定程度地有所恶化。

此处分析表明，深入价值链位置和分工利益分配看，我国制造业价值链

① 高翔，黄建忠，袁凯华：《中国制造业存在产业“微笑曲线”吗?》，《统计研究》2020 年第 37 期：15-29.

地位不高且表现出恶化的趋势。我国机电产品和高新技术产品生产制造在关键部件上依赖对技术领先跨国公司的进口，而加工制造的附加值率偏低，导致这些部门出现贸易流与收入流的错配。例如，我国是电动汽车出口大国。在电动汽车成本结构中，电池及电池管理系统约占到45%~55%，传统系统、内饰、车身各占10%~15%，驱动、车轴和制动共占5%~10%，加工组装成本不到5%①。因此，尽管按照国民经济产业分国标准，我国成功实现了产业升级，但是总体上价值链地位依然不高，迫切需要提升国际价值链分工位置。

2.3 母国制度优势

我国政府从如下三个方面不断增强母国制度优势：坚持推进高水平对外开放、完善对外直接投资管理制度和搭建多种形式投资促进平台。

2.3.1 高水平对外开放

2022年12月，中央经济工作会议强调“坚持推进高水平对外开放，稳步扩大规则、规制、管理、标准等制度型开放”。高水平对外开放要求“稳步”推进制度型开放，自贸试验区和自由贸易区在推进高水平对外开放方面发挥着重要的试验、对接功能，对增强母国制度优势，促进企业“走出去”推进高质量国际产能合作具有重要战略意义。

一、大力实施自贸试验区战略

自贸试验区致力于通过制度创新、先行先试并将成功经验向全国复制和推广，因而成为我国扩大制度型开放的试验田。自贸试验区（FTZs）是在我国境内设立的实行“一线放开、二线管住”的特殊经济区域。与“自由区”以及我国的经济特区、保税区、出口加工区、保税港、经济技术开发区等特殊经济功能区相比，自贸试验区不仅开放度更高更全面，而且肩负两项重要的职能。一是“坚持以制度创新为核心”，“率先形成法治化、国际化、便利化的营商环境和公平、统一、高效的市场环境”②；二是承担制度试验、创新

---

① 麦肯锡全球研究院，《中国与世界：理解变化中的经济联系》，2019年7月，第75页。

② 《国务院关于印发中国（上海）自由贸易试验区总体方案的通知》（国发〔2013〕38号）。

和复制推广的重大战略功能，是我国自主探索和稳步推进制度型开放的重要载体。

我国自贸试验区战略不断升级和深化。一是空间布局扩大并带动数量增长（文娟，2020）。目前，全国已经设立了22个自贸试验区和1个全域自由贸易港（即海南省），覆盖了我国境内的东、西、南、北、中各个区域，形成了有效对接和服务共建“一带一路”倡议的空间网络布局，覆盖了我国所有的沿海省市和重要的内陆省市。自贸试验区网络以独有的地理位置和经济结构，串联起共建“一带一路”倡议国内段的主要经济区位和重要的港口、航空口岸以及铁路、公路、水路等交通枢纽，呈现出梯度发展、东中西协调、陆江河海空统筹的“1+3+7+1+6”全方位对外开放新格局。

二是制度创新不断向纵深推进。本书作者对2013—2020年我国自贸试验区制度创新以及相关负责机构等进行全面梳理（见表2.5）。

表2.5　面向全国集中复制推广的制度创新（2013—2020年）①

发布年份	制度创新（项）	负责机构（个）	目标	代表性制度
2014	34	9	解决市场体系不完善、政府干预过多和监管不到位等问题	企业设立“单一窗口”服务业开放
2016	19	6	简政放权，转变政府职能推进供给侧结构性改革	投资负面清单（自贸区）贸易“单一窗口”
2017	5	5	打造法治化、国际化、便利化的营商环境	融资租赁外币结算一站式登轮检查
2018	30	9	转变政府职能，优化营商环境，激发市场活力	投资负面清单（全国）船舶登记制度
2019	18	9	转变政府职能，优化营商环境，激发市场活力	纳税便利化取消期货公司外资股比限制
2020	37	28	为企业降成本，简政放权，促进金融服务实体经济	人员出入境便利化取消券商外资股比限制
合计	143	34		

表2.5中的负责机构指的是国务院和中共中央直属部门和机构，例如发

① 根据2014—2021年商务部自贸区港建设协调司发布的改革试点经验整理得到。

改委、外交部、海关总署、市场监督管理局、商务部、交通运输部、人民银行、银保监会、外汇局、移民局、生态环境局、药监局、台湾事务办公室等，涉及市场准入、外资、税收、金融、环保立法、司法、人员进出等企业从进入到退出市场的所有环节。很明显，随着时间推移，制度创新向纵深推进，负责机构不断增多，2020 年达到 28 个。课题组成员对上海、福建、江苏、重庆、安徽、江西等多地的自贸试验区和其他海关特殊监管区域及区内企业进行实地调研，得出自贸试验区显著提升了当地营商环境的初步结论。① 为了进一步确认，我们利用上市公司财务数据采用双重差分方法进行了定量分析。结果表明，自贸试验区减少了企业制度性交易费用。因此，可以认为自贸试验区充当了我国高水平对外开放的垫脚石，显著改善了城市企业营商环境，这一结论是稳健的。②

三是实施自贸试验区提升战略。自贸试验区提升战略即自贸试验区对接国际高标准经贸规则的重要职能，包括两层含义。其一，率先全面高质量落实“区域全面经济伙伴关系”协定（RCEP）的行动方案，将协定中非强制性的鼓励义务作为“硬纪律”先试先行。其二，上海、广东、天津、福建、北京自由贸易试验区和海南自由贸易港等 6 个自贸试验区（港）率先对接我国已申请但尚未加入的多边协定规则③，包括 WTO 的《政府采购协定》（GPA）、《全面与进步跨太平洋伙伴关系协定》（CPTPP）和《数字经济伙伴关系协定》（DEPA）等。这些协定条款的覆盖范围和深度远远超过 RCEP，不仅涉及边境上的市场准入措施，而且包括边境后措施，比如 GPA 中的“其他实体”，CPTPP 中的知识产权保护、电子商务、政府采购、国有企业和指定垄断、劳工、环境等方面的规则，DEPA 中的电子单证与纸质单证具有同等法律效力，等等。

二、加快实施自由贸易区战略

“自由贸易区”（FTAs）是指“两个以上的主权国家或单独关税区通过签

---

① 课题负责人根据调研结果撰写了多份内参报告，并得到省部级决策者的高度重视和批示。由于保密原则，此处不引入与本书主题高度相关的内参报告。

② 黄建忠，赵玲，蒙英华等：《中国自由贸易区研究蓝皮书（2020）》，中国商务出版社，2022。

③ 《关于在有条件的自由贸易试验区和自由贸易港试点对接国际高标准推进制度型开放的若干措施》（国发〔2023〕9 号）。

署协定，在世贸组织最惠国待遇基础上，相互进一步开放市场，分阶段取消绝大部分货物的关税和非关税壁垒，改善服务和投资的市场准入条件，从而形成的实现贸易和投资自由化的特定区域”①。

我国加快实施自由贸易区升级战略，沿“一带一路”形成覆盖亚非拉、大洋洲在内的20多个国家和地区广领域、多层次的自由贸易协定网络，协定数量增加，地理范围扩大，内容条款深化，为双边与多边贸易投资便利化自由化提供了正式制度保障。2021年，我国与已生效自贸协定的伙伴经济体之间的进出口总额合计达10.8万亿元，占我国全部对外贸易总额的比重约为35%，同比增长了23.6%，分别比同期我国外贸总体增速以及我国与非自贸伙伴经济体的进出口增速高出了2.2个和2.4个百分点。②

1. 自由贸易区战略升级

2003年，我国达成了第一份区域自易协定。2007年，我国政府首次提出实施“自由贸易区战略”。针对全球范围内新一轮的区域经济一体化浪潮，党的十八大强调加快实施自由贸易区战略，2015年国务院发文制定《关于加快实施自由贸易区战略的若干意见》(国发〔2015〕69号)。2017年，党的十九大研究提出推动形成全面开放新格局，实行高水平的贸易和投资自由化便利化政策。党的二十大研究提出“实施自由贸易区提升战略，构建面向全球的高标准自由贸易区网络”③。在战略升级的思想指引下，我国自贸协定不断“扩围、提质、增效”，从双边发展到多边，签约伙伴从发展中国家扩大到发达国家，协定条款内容从“WTO+”扩大到“WTO-X”，为我国企业“走出去”提升贸易投资便利化水平，扩大空间范围。

2. 自贸协定数量扩张

2003年，中国内地与香港、澳门特区政府分别签订了“内地与港澳关于建立更紧密经贸关系的安排”(CEPA)，2004年、2005年、2006年又分别签署了CEPA的《补充协议》《补充协议二》和《补充协议三》。到目前为止，我国已签署了20个区域自贸协定，其中19个已经生效实施，涉及27个国家

---

① 《商务部 海关总署关于规范“自由贸易区”的函》(商国际函〔2008〕15号)。

② 人民网：商务部：中国已与26个国家和地区签署19个自贸协定贸易额占比35%左右，2022年1月6日。

③ 《中华人民共和国国民经济和社会发展第十四个五年规划和2035年远景目标纲要》。

和地区[1]，覆盖亚洲、大洋洲、拉丁美洲、欧洲和非洲，并包括一个大型自贸协定即 RCEP。其中，有 5 个协定（中国—新西兰、中国—新加坡、中国—智利、中国—巴基斯坦和中国—东盟）经历了 2—6 次升级。此外，我国正在积极推动加入“全面与进步跨太平洋伙伴关系”协定（CPTPP）、全球首个数字贸易协定（DEPA）以及中日韩自贸协定、中国—海合会、中国—以色列等协定的磋商与谈判。

3. 地理范围扩大

首先，地理范围方面，我国 22 个自贸协定覆盖了 29 个国家和地区[2]，遍布亚洲、南美洲、欧洲和大洋洲等地区。其次，我国自贸协定集中在亚太区域，目前已经签署的自贸协定成员伙伴的绝大多数位于这一地区。最后，我国自贸协定签约伙伴主要是发展中国家，但已经开始致力于扩充发达国家数量。一般认为过往我国企业对发展中国家的直接投资主要是为了获取廉价劳动力及自然资源，即效率寻求型 OFDI 和自然资源寻求型 OFDI。近年来，我国对标国际高水平经贸规则，着眼于制度型开放，不断扩充自贸协定伙伴国范围，推动与日本、韩国、澳大利亚、欧盟等发达国家和地区自贸协定谈判，于 2020 年完成了《中欧全面投资协定》（CIA）谈判，积极申请加入 CPTPP 和 DEPA 等大型自贸协定。这些协议一旦达成，将会极大地促进我国企业“走出去”的地理范围，刺激更多技术寻求动机和市场寻求动机的对外直接投资。

4. 条款内容深化

最近 20 多年，条款深化是全球自由贸易区扩散的突出特征之一。条款深化意味着区域性经济自由化超越了传统货物贸易范畴，深入服务贸易、直接投资、公共采购、环境、知识产权等诸多方面的“边境后”领域，成员国之间直接更大范围最大限度地开放市场。Horn 等（2010）根据自贸协定条款与 WTO 框架内条款的关系，将其所有条款分为“WTO+”条款和“WTO-X”条款。其中，“WTO+”领域指的是 WTO 框架已覆盖的规则条款，包含 14 项子指标；“WTO-X”领域指的是超出 WTO 规则范围的条款，共有 38 项子指标。这种分类原则被广泛借鉴使用。根据这种区分，通过对全部 52 项条款在我国

---

① 数据来源于 www.mofcom.gov.cn.，访问日期：2023 年 6 月 10 日。

② 2023 年，我国与厄瓜多尔、尼加拉瓜、塞尔维亚等签署了自贸协定。

已生效自贸协定中的覆盖率进行梳理，所得结果见表 2.6。

如表 2.6 所示，我国自贸协定覆盖了绝大部分的“WTO+”条款，其中关税、反补贴和反倾销的覆盖率达到 100%。我国自贸协定对“WTO-X”条款覆盖率差异性较大。其中，投资条款覆盖率最高；竞争政策、环境保护、知识产权保护及投资等四个被视为与投资自由化高度相关的条款，其覆盖率比较高；其他前沿条款如反腐败、近似立法、公民保护、非法移民、非法药物、洗钱、政治对话并未涉及。

表 2.6　我国自贸协定的条款覆盖率（2002—2018 年）

条款名称	覆盖率（%）	条款名称	覆盖率（%）
工业品关税	100	公民保护	0
农产品关税	100	创新政策	14
海关管理	86	文化合作	43
出口税	50	经济政策对话	21
SPS 措施	79	教育和培训	43
STE 措施	79	能源	7
TBT 措施	43	金融支持	7
反补贴措施	100	健康	29
反倾销	100	人权	7
国家补助	64	非法移民	0
公共采购	29	非法药物	0
TRIMs 措施	43	产业合作	36
GATS	86	信息社会	43
TRIPs	64	矿业	14
反腐败	0	洗钱	0
竞争政策	50	核安全	7
环境法律	50	政治对话	0
IPR	79	公共行政	36
投资措施	93	区域合作	36
劳动力市场监管	29	研究和技术	43
资本流动	43	SMEs	36

续表

条款名称	覆盖率（%）	条款名称	覆盖率（%）
消费者保护	21	社会事务	7
数据保护	7	统计	0
农业	29	税收	7
近似立法	0	恐怖主义	7
视听	14	签证和庇护	50

更进一步，我国自贸协定的水平深度不断提高（见本书第6章）。其中，RCEP的深度条款覆盖率达到75%（杨连星、王秋硕，2022）。推进高水平对外开放为我国企业“走出去”注入母国制度。自贸试验区制度创新和优化营商环境从内部增强企业国际竞争力。自由贸易区提升战略从多边与双边经贸规制方面为企业对外直接投资创造机会，提供投资便利和降低投资风险。

2.3.2 企业“走出去”制度与服务体系不断规范

改革开放以来，我国对外直接投资管理体制经历了“严格限制—宽松—规范发展”这样的演变过程。根据政策导向核心精神，我国对外直接投资政策的演变可以分为三个阶段。第一阶段，2000年实施企业“走出去”战略之前。这是我国企业“走出去”试水阶段，政策上施以严格的项目审批制度和资金跨境流动管理。第二阶段，2000—2016年，企业“走出去”在项目核准、外汇进出等方面得到松绑并受到鼓励，管理制度从审批制逐步过渡到核准制，企业对外直接投资规模快速增长。第三阶段，2017年至今，规范发展阶段。在这个阶段，相关政策对特殊目的实体、返程投资、敏感行业和境外反垄断合规等做出规范或指引，管理制度则从线下核准制过渡到线上核准制。表2.7呈现的是2000年以来，与企业“走出去”直接相关的重要规章制度和政策。

表2.7 企业“走出去”管理制度变革①

年份	相关政策文件或会议	核心内容
2000	全国人大九届三次会议	提出实施“走出去”战略

① 根据商务部网站公开信息整理得到。

续表

年份	相关政策文件或会议	核心内容
2001	《国民经济和社会发展第十个五年计划纲要》	强调实施“走出去”战略
2004	《境外投资项目核准暂行管理办法》	改审批制为核准制
2005	《关于推进信息产业企业“走出去”的若干意见》	支持和鼓励信息产业“走出去”
2007	《关于鼓励支持和引导非公有制企业对外投资合作的意见》	支持轻工业、纺织服装业等非公有制企业境外投资合作
2014	《境外投资项目核准和备案管理办法》	10 亿美元以下的非敏感类项目实施备案制
2016	2016 年版《对外直接投资统计制度》	规范定义和统计方法
	《促进中小企业国际化发展五年行动计划（2016—2020 年）》	支持中小企业积极融入全球价值链和产业链
2017	《企业境外投资管理办法》	非敏感类项目备案制 敏感类项目的境外投资核准制
	《关于进一步引导和规范境外投资方向指导意见的通知》	推动境外投资持续合理有序健康发展
	《关于做好对外投资海关申报的通知》	对外直接投资产能输出与一般贸易分开
2018	《企业境外经营合规管理指引》	推动企业持续提升合规管理水平
	《对外投资备案（核准）研究暂行办法》	“鼓励发展+负面清单” 网上备案（核准）
	《境外投资敏感行业目录（2018 年版）》	明确限制企业境外投资的 6 个行业
2019	2019 年版《对外直接投资统计制度》	修订定义和统计方法
	《对外投资备案（核准）研究实施规程》	加强对外投资事中事后监管，推动对外投资健康有序发展
2020	《关于完善境外投资备案（核准）无纸化管理的通知》	境外投资备案（核准）无纸化
2021	《对外投资合作绿色发展工作指引》	推动对外投资合作绿色发展
	《数字经济对外投资合作工作指引》	推动数字经济对外投资合作高质量发展

外汇管理制度方面也经历了逐步放松到规范管理的过程。2002 年之前，国家外汇管理局主要实施三项严厉的管理措施，①外汇资金来源审查；②保证金制度，即国内投资者须缴存汇出外汇资金额的 5%作为汇回利润保证金；

③利润强制汇回。2002年，保证金规定被取消；2006年，企业对外投资可使用自有外汇资金、外汇贷款资金或人民币购汇资金；2009年，取消外汇资金来源审查；2015年，境外直接投资项下外汇登记核准制改为外汇登记制，并简化部分直接投资外汇业务办理手续，例如取消境外再投资外汇备案；2017年，允许自由贸易试验区内境外机构境内外汇账户结汇。汇兑便利化是影响企业“走出去”的重要因素。

与此同时，我国对外直接投资服务支持体系也日臻完善。目前，我国已经建立了一套事前预警、事中指导、事后保障的信息服务流程，通过商务部网站定期发布国别投资指南、境外安全风险防范和提供项目投融资信息，等等。2020年，国务院市场监管总局发布了《企业境外反垄断合规指引》，引导企业建立和加强境外反垄断合规管理制度，防范境外反垄断法律风险。此外，我国政府还为企业“走出去”提供保险和税收等优惠政策以及境外人身安全保障。

2.3.3 多种投资合作平台

企业“走出去”可以借助于两种平台推进国际产能合作：企业自主开发或搭建的境外经贸产业园区和政府搭建的国家间合作机制。

一、境外经贸产业园区

1. 概念和发展现状

境外经贸产业园也叫境外经济贸易合作区（COETZ），指“在我国内地注册、具有独立法人资格的中资控股企业，通过在境外设立的中资控股的独立法人机构，投资建设的基础设施完备、主导产业明确、公共服务功能健全、具有集聚和辐射效应的产业园区”。[①] 根据李祜梅等（2019）爬取的不完全数据，我国企业已在89个国家（地区）共建设了182个境外经贸合作区。在商务部官方数据中，共有103个境外经贸合作区被纳入商务部统计范围，其中，建在“一带一路”共建国家有80个，建在发达国家的只有6个[②]；并且，其中有30个通过了商务部确认考核并被视为重点园区（见表2.8）。

---

① 《2021年度对外投资统计公报》，第86页。

② 这些发达国家分别是德国、法国、意大利、比利时、芬兰和韩国。

表 2.8　通过商务部确认考核的境外经贸合作区名录①

序号	合作区名称	境内实施企业名称
1	柬埔寨西哈努克港经济特区	江苏太湖柬埔寨国际经济合作区投资有限公司
2	泰国泰中罗勇工业园	华立产业集团有限公司
3	越南龙江工业园	前江投资管理有限责任公司
4	巴基斯坦海尔—鲁巴经济区	海尔集团电器产业有限公司
5	赞比亚中国经济贸易合作区	中国有色矿业集团有限公司
6	中埃·泰达苏伊士经贸合作区	中非泰达投资股份有限公司
7	尼日利亚莱基自由贸易区	中非莱基投资有限公司
8	俄罗斯乌苏里斯克经贸合作区	康吉国际投资有限公司
9	俄罗斯中俄托木斯克木材工贸合作区	中航林业有限公司
10	埃塞俄比亚东方工业园	江苏永元投资有限公司
11	中俄（滨海边疆区）农业产业合作区	黑龙江东宁华信经济贸易有限责任公司
12	俄罗斯龙跃林业经贸合作区	黑龙江省牡丹江龙跃经贸有限公司
13	匈牙利中欧商贸物流园	山东帝豪国际投资有限公司
14	吉尔吉斯斯坦亚洲之星农业产业合作区	河南贵友实业集团有限公司
15	老挝万象赛色塔综合开发区	云南省海外投资有限公司
16	乌兹别克斯坦鹏盛工业园	温州市金盛贸易有限公司
17	中匈宝思德经贸合作区	烟台新益投资有限公司
18	中国·印尼经贸合作区	广西农垦集团有限责任公司
19	中国印尼综合产业园区青山园区	上海鼎信投资（集团）有限公司
20	中国·印度尼西亚聚龙农业产业合作区	天津聚龙集团
21	奇瑞巴西工业园区	奇瑞汽车股份有限公司
22	中白工业园	中工国际股份有限公司
23	柬埔寨桔井省斯努经济特区项目	中启控股集团股份有限公司
24	毛里求斯晋非经贸合作区	山西晋非投资有限公司
25	塞拉利昂国基工贸园区	河南国基实业集团有限公司
26	北汽福田印度汽车工业园	北汽福田汽车股份有限公司
27	帕希姆中欧空港产业园	河南林德国际物流有限公司

① 资料来源：商务部中国投资指南网。

续表

序号	合作区名称	境内实施企业名称
28	中国—比利时科技园	湖北省联投控股有限公司
29	越美（尼日利亚）纺织工业园	越美集团有限公司
30	中乌农业科技示范园区	河南省黄泛区实业集团有限公司

2. 境外经贸产业园的优势

境外经贸产业园拥有集聚优势，并得到了母国政府政策支持。

（1）集聚优势

①境外经贸产业园由一家或者多家我国企业牵头，与东道国政府之间经过谈判后达成建设协议，由中资企业建设、运营、管理，有助于把握东道国发展机遇，并容易得到当地政府支持和民众认可，有助于减小政治风险；②中资企业“抱团出海”形成了我国企业对外直接投资战略联盟，增强谈判实力，容易从当地政府那里获得更大的优惠政策甚至特殊监管，也增强了相对于国际竞争力，对民营中小企业极具吸引力；③园区信息流聚集，企业增强了风险预警和抵挡力；④园区产业集聚，产生规模经济和外部经济，有助于降低区内入驻企业的经营成本和系统性风险。

（2）母国政府支持优势

目前，我国政府支持措施包括资金、税收、贸易投资便利化、人身权益等，并通过双边磋商谋求东道国在土地、税收、劳工、基础设施配套、贸易投资便利化措施等方面的优惠政策。多数东道国家或地区承诺提供优惠政策，涉及关税、所得税、土地租赁费用、用工配额、水、电、通信等各类园区外部配套设施建设等。根据统计，到2021年底，在46个国家的113个境外经贸合作区累计吸收投资507亿美元，上缴东道国税费66亿美元（张领东，2022）。

二、政府间合作机制

我国政府发起搭建了多个多边与双边合作平台，包括共建“一带一路”倡议、亚洲基础设施投资银行、上海合作组织、金砖国家合作机制、中非合作论坛、东盟与中日韩（“10+3”）合作、澜沧江—湄公河合作、第三方市场合作等，如表2.9所示。中国政府间合作机制覆盖了亚洲、欧洲和非洲，议题涉及政治、经贸、科技等多个领域，国际产能合作是其中的一个重要议题。

表 2.9　我国发起搭建的双边及多边合作平台①

合作平台		发起时间	合作领域
第三方市场合作	中奥	2018 年 4 月	将我国的优势产能、发达国家先进技术和管理理念及广大发展中国家的发展需求三者结合，在充分发挥两国企业比较优势、优化资源分配和尊重第三方市场意愿的基础上，释放第三方市场的潜在需求，实现“1+1+1>3”的共赢效果
	中法	2015 年 6 月	
	中意	2018 年 9 月	
	中日	2018 年 5 月	
	中葡	2016 年	
	中韩	2015 年 10 月 31 日	
	中新	2018 年 4 月	
	中西	2018 年	
	中瑞	2019 年 4 月	
	中英	2019 年 6 月 17 日	
共建“一带一路”倡议		2015 年 3 月 28 日	促进经济要素有序自由流动、资源高效配置和市场深度融合，推动实现经济政策协调，开展更大范围、更高水平、更深层次的区域合作，共同打造开放、包容、均衡、普惠的区域经济合作架构
中国—中亚合作		2020 年 7 月	电子商务、数字贸易、绿色经济等新兴领域合作；巩固中国—中亚在人员往来便利、农业、能源、人文、气候、基础设施等方面的合作
东盟与中日韩（10+3）合作		1997 年 12 月 15 日	为建立东盟共同体而继续支持东盟一体化建设，同时为构建东亚共同体这个长期目标而作出贡献
亚洲基础设施投资银行		2015 年 6 月 29 日	促进亚洲经济可持续发展、创造财富并改善基础设施互联互通；与其他多边和双边开发机构紧密合作，推进区域合作和伙伴关系，应对发展挑战
澜沧江—湄公河合作		2015 年 11 月 12 日	促进沿岸各国经济社会发展，打造澜湄流域经济发展带，建设澜湄国家命运共同体，助力东盟共同体建设和地区一体化进程，为推进南南合作和落实联合国 2030 年可持续发展议程作出贡献，共同维护和促进地区持续和平和发展繁荣
中国—中东欧合作		2012 年 4 月 26 日	促进投资经贸合作、扩大金融合作、推进互联互通合作、拓展科技创新环保能源领域合作、活跃人文交流合作

① 根据外交部、发改委等官方网站发布的《第三方市场合作指南和案例》《推动共建丝绸之路经济带和 21 世纪海上丝绸之路的愿景与行动》《中国—中亚峰会西安宣言》《上海合作组织成立宣言》《东亚合作联合声明——深化东盟与中日韩合作的基础》等及其他文件整理得到。

续表

合作平台	发起时间	合作领域
金砖国家合作机制	2006年9月	在政治、经济、文化、科技等领域推进全方位、多层次、宽领域的合作，致力于构建更紧密、更全面、更牢固的伙伴关系
上海合作组织	2001年6月15日	加强相互信任与睦邻友好；鼓励在政治、经贸、科技、文化、教育、能源、交通、环保及其他领域的有效合作；共同致力于维护和保障地区的和平、安全与稳定；建立民主、公正、合理的国际政治经济新秩序
中非合作论坛	2000年10月10日	平等互利、平等磋商、增进了解、扩大共识、加强友谊、促进合作

政府间合作机制以政府间多边或双边合作协议的形式为我国企业“走出去”搭建舞台、创造机会、提供支持，在法律、制度、资金等方面为企业促成对外直接投资和国际工程承包等合作项目提供机会和便利。

2.4 国际分工演化带来机会与挑战

自20世纪80年代以来，发达国家跨国公司逐渐推动经济全球化，形成了全球价值链分工，中国也深度融入全球价值链。中国与经济全球化相互成就，既是全球化的最大贡献者也因全球化而实现经济快速发展。然而，进入世界经济大调整阶段后，伴随新一轮科技革命加上各种“黑天鹅”事件的冲击，全球价值链分工一度出现停滞，这些引发了第五次国际产业转移和全球价值链重构。至今，世界经济的大调整并未结束反而进一步深化，表现为国际分工格局持续调整同时反全球化倾向上升。

第五次国际产业转移和全球价值链重构呈现出鲜明的“本土化、多元化和区域化”特征，对我国推进国际产能合作既是挑战也是机遇。

第一，全球价值链分工显现出本土化趋势，即发达国家“再工业化”导致一部分国际直接投资和生产回流。2022年，全球国际直接投资为1.3万亿美元，较上一年剧烈下降了12%。全球国际直接投资收缩，一方面使我国参与全球价值链受到挑战，另一方面也能倒逼我国企业提升“走出去”质量，有效利用国内国际两个市场，整合全球资源。

第二，全球价值链分工显示出多元化趋势。越来越多的发展中国家推进本国工业化和城镇化进程，制定优惠政策并以其低廉的劳动力价格吸引外国投资和外国企业（见表2.10）。这些后进国家经济崛起吸引了原在我国的一部分产业和资本，其国内企业可能成长为我国企业参与全球价值链分工的竞争者，同时也为我国企业“走出去”提供了更大范围的国际产能合作空间。

表2.10　中国与东南亚国家税收政策比较①

国家	税收政策
越南	特别鼓励投资项目所得税率为10%，减免期限为4~15年，鼓励投资项目所得税率为15%，减免期限为2~10年，普通投资项目所得税率为20%，减免期限为2年
泰国	针对不同行业采取8年免征所得税或5年减半征收所得税，对高附加值科技行业且泰国尚未有的投资行业给予免税8年所得税的优惠
印度尼西亚	投资额超过1万亿印尼盾的企业可享受10~25年减税或享受20%~100%的免税。投资额超过0.5万亿印尼盾的企业可享受5~15年减税或享受20%~100%的免税
菲律宾	企业可获得4年所得税免缴期，最高延长至8年
柬埔寨	利润税免税期最长为9年，经济区内基建设备和建材进口免征进口税和其他赋税。产品出口国外，免征增值税
中国	对外商投资企业和设立机构场所从事生产经营的外国企业，所得税税率减至1%，从事服务型行业、投资500万美元以上、回收投资周期长的项目，可享受“1免2减半”的所得税优惠。外商投资技术密集型项目超过3 000万美元，回收投资时间较长的项目，可减按15%征收所得税

第三，全球价值链显出区域化趋势。为了保证供应链、价值链的稳定性和安全性，许多跨国公司转向收缩全球化生产布局，缩短供应链，近岸生产、友岸生产以及本土化生产，取代了一部分全球化时代的离岸生产，并持续推动区域自贸协定扩散和深化，进一步加快了国际产业转移和全球价值链重构。“区域化”会引发贸易投资偏转，即贸易投资从具有比较优势的非成员国转移到不具有比较优势的成员国之间，会促使企业加大对外直接投资以实现“关税跳跃”，加上我国实施提升自由贸易区战略。因此，我国企业“走出去”在区域化限制的同时也获得了更多机会。

① 周景彤，王梅婷：《中国产业转移新特点、动力因素与政策建议》，《宏观观察》2021年第49期（总第372期）。

2.5 本章小结

我国企业“走出去”推进国际产能合作拥有三个方面的优势。一是在境外大规模投资积累，形成了全方位产业布局和广泛的地理布局。二是扎实的产业基础。三是独特的母国制度优势。我国企业“走出去”也存在一些问题。此外，当前国际市场正处于新一轮国际产业转移，并引发全球价值链重构，国际分工格局演化趋势和特征十分明显。这对我国企业“走出去”推进国际产能合作来说既是挑战也是机遇。

第 3 章　国际产能合作视角下企业“走出去”动因机制

理论研究我国企业“走出去”推进国际产能合作的动因与机制，提出假说，旨在为实证研究指明方向。本章基本假设是企业“走出去”行为是其对外部政策、制度等宏观环境变量的理性反应，故不再纳入这些因素。

3.1　企业“走出去”推进国际产能合作的动因

3.1.1　国际产能合作的含义与战略目标

一、概念内涵

“指导意见”没有明确给出国际产能合作的定义，但是详细阐述了我国推进国际产能合作的原因，明确了其原则、方式、主要目标和支持措施，并在专项财税支持政策、融资支持、中介机构、政府服务等方面提出了突破性的指导意见。2015 年 5 月 25 日，李克强在联合国拉丁美洲和加勒比经济委员会发表重要演讲时再次阐述了国际产能合作的重要意义与方式。

综合“指导意见”和上述演讲内容，结合全球价值链重构之大环境，本书做出如下界定。国际产能合作也叫“国际产业与投资合作”①，是我国在世界经济处于深度调整、复苏进程曲折艰难之际，顺应发展中国家加速城镇化、工业化和发达国家再工业化的趋势，遵循比较优势原理，将本国产业优势、

① 李克强在联合国拉丁美洲和加勒比经济委员会的演讲。(2021 年 6 月 16 日)

资金优势与发达国家的先进技术相结合，以新的方式深化南北经济合作，以达到促进实体经济发展和互利共赢的目的。

国际产能合作在本质上是国际生产合作。在面临产能过剩并要求结构升级而世界经济正处于全球价值链重构的背景下，国际产能合作表现为我国企业推动的国际产业转移，也即我国企业主导全球价值链重构。

二、战略目标

根据“指导意见”，国际产能合作具有两个层次的战略目标。第一层次目标是“将我国产业优势和资金优势与国外需求相结合”，通过产业转移替代出口达到化解国内产能过剩目的。产能输出实现途径包括出口、国际工程承包和对外直接投资。然而，向海外转移产能不是目的，只是化解产能过剩的手段，更是为了持续扩大和保持海外市场。因此，企业不能盲目地输出国内优势产能。否则，国内会有产业“空心化”和经济增长停滞的风险。

第二层次目标是“促进企业增强整体素质和核心竞争力，推动经济结构调整和产业转型升级”。在这个层次上，推进国际产能合作与国内经济结构调整过程以及全球价值链重新布局相契合（孙韶华等，2016）。企业对外直接投资是实现第二层次目标的主要途径。企业“走出去”着力于在全球范围内获取并整合生产要素，增强价值链治理能力，参与重构全球价值链和缔造全球生产网络，才能达到加快国内产业转型升级、促进我国经济迈向中高端的战略目标。

三、推进国际产能合作是高质量发展的要求

2017年，中共中央总书记、国家主席习近平在中国共产党第十九次代表大会研究中指出，“我国经济已由高速增长阶段转向高质量发展阶段，正处在转变发展方式、优化经济结构、转换增长动力的攻关期，建设现代化经济体系是跨越关口的迫切要求和我国发展的战略目标。”① 加快化解产能过剩和实现创新驱动发展是推动高质量发展的两大紧迫任务。

根据国家统计局数据，2006—2022年间我国工业产能利用率（见图

① 习近平：决胜全面建成小康社会　夺取新时代中国特色社会主义伟大胜利——在中国共产党第十九次全国代表大会上的报告。

3.1)，年平均值约为77%。在理论上，人们尚无法确定确切的合意或者均衡产能利用率水平是多少，在实践中通常是根据一国的长期趋势凭经验判断该国合意的产能利用率水平。因此，如将此值视为我国工业产能利用率长期均衡水平，则自2012年之后产能利用率下降成为工业经济面临的基本态势。

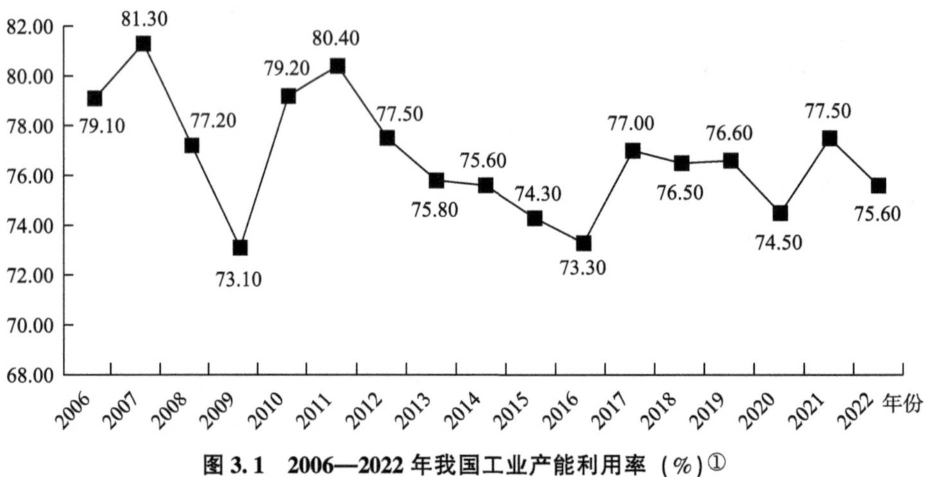

图3.1　2006—2022年我国工业产能利用率（%）①

产能过剩和产能利用率低下反映的是企业面临供给超过需求的供求失衡困境，说明市场处于非均衡状态，是市场集体非理性结果。供给过剩，导致稀缺经济资源被动处于闲置和无效率使用状态，长期产能过剩使国民经济陷入低迷，甚至引发系统性风险。我国制造业过剩产能的行业大多位于全球价值链、产业链的中端环节，国际竞争力突出，例如钢铁、煤炭、电解铝、平板玻璃、船舶等。化解产能过剩有助于提高资源配置效率、优化经济结构，避免发生经济系统性风险。

我国高质量发展的重要任务之一是实现经济发展模式由要素驱动和投资驱动转向创新驱动。创新驱动是高质量发展的核心，是化解产能过剩的根本之道。2008年美国金融危机结束后，全球新一轮科技革命和产业变革迅猛兴起并推动国际生产合作由资本和成本驱动加快转向创新和知识驱动，世界主要经济体纷纷提出了自己的产业升级国家战略，例如美国的“再工业化战略计划”和“先进制造业国家战略计划”、德国的“工业4.0”、英国的“工业

① 数据来源于国家统计局。

2050计划”，等等。2015年，我国国务院发布“工业4.0”规划《中国制造2025》(国发〔2015〕28号)，旨在加快转型升级，发力提高核心竞争力，并将推进国际产能转移视为重要的手段之一。

综上可知，国际产能合作两个层次的战略目标与高质量发展要求相一致。

3.1.2 企业“走出去”推进国际产能合作包容性分析框架

一、“大调整”时代的国际产业转移

国际产业转移是产业在国家之间的位移现象，跨国公司通过对外直接投资推动并实现国际产业转移。在全球价值链上，国际产业转移表现为生产环节在国家之间的位移。世界经济曾经完成了四次国际产业转移，都是由发达国家跨国公司主导和推动完成。目前正在经历的是第五次国际产业转移（岳圣淞，2021），此次产业转移混合了发达国家跨国公司实施的全球价值链重构以及我国企业推进国际产能合作。因此，国际产业转移可以分为：发达国家主导的国际产业转移和我国主导的国际产能合作，前者又被常常被分为美国式产业转移和日本式产业转移。

1. 美国式产业转移

传统国际直接投资理论强调具有先进技术等所有权优势的美国企业进行对外直接投资推动了美国产业向国外转移，产业转移路径为水平模式或者梯度模式，即“美国—其他发达国家—新型工业化国家—发展中国家”。第二次世界大战结束之后，1958年欧洲经济共同体（EEC）成立，成员国之间实行自由贸易，对外设置严格贸易限制。针对这种情形，美国企业将优势产业包括汽车、电机等的生产制造向欧共体国家大规模转移，这是典型的市场寻求型FDI，旨在以投资规避贸易壁垒和扩张国际市场。1978年12月，我国实行改革开放，随即向世界市场释放出了巨大的劳动力供给，吸引了美国、西欧、日本以及“亚洲四小龙”等国家和地区企业逐渐增加对我国的直接投资，将劳动密集型产业向我国转移。进入20世纪90年代，经济全球化时代到来，国际分工由产业内分工深入到产品内分工，生产过程被切割，发达国家跨国公司将产品链条上的不同生产环节成碎片化式地布局在世界各地，以充分利用各国的优势生产要素，并逐步建立起“美国、德国和日本”三足鼎立的全球价值链网络。2001年是国际产业转移和国际分工格局变迁的又一个重大转

折点，我国于这一年正式加入 WTO，国内市场与国际市场双向开放，经济活动迅速嵌入全球价值链分工体系中。在价值链分工的国际生产组织模式下，我国凭借丰富而廉价的劳动力资源，承接了大量低技术含量的加工制造环节，贸易、经济快速发展。2013 年我国货物贸易总额首次超过美国，居世界第一。

2. 日本式产业转移

这是指日本式对外直接投资引致的产业转移。典型的日本式产业转移采取的是所谓“边际产业扩张”的方式，即日本跨国企业通过对外直接投资将其国内竞争力衰微的边际产业向海外转移，同时在国内生产基地与海外生产基地之间建立起产能供求关联，促成日本国内与国外企业之间的垂直型国际分工。这样做，不仅延长了日本边际产业的生命周期，使日本企业能够在更长时间内维持竞争优势，而且倒逼日本企业加强研发，实现产业升级，形成以日本为首的所谓“雁阵模式”。在这个模式中，日本扮演“领头雁”角色，东南亚国家则由于承接了日本边际产业并追随日本产业升级而向前发展，对领头雁产生路径依赖。

3. 国际产能合作即中国式产业转移

与发达国家国际产业转移相比，我国提出并实施的国际产能合作战略有三点独特性。一是坚持“企业主导、政府推动”，在某些情况下，政府推动会对项目达成起到决定性的促成效果，例如通过共建“一带一路”倡议、“第三方市场合作”等政府间合作平台促成签订合作项目。相比之下，发达国家国际产业转移完全由市场驱动或者主要是由市场驱动。二是我国推进国际产能合作内在地具有“互利性、包容性、长期性、稳定性和互动性”这样的新型国际关系特征。发达国家推动国际产业转移则是企业追逐利润最大化的过程。三是我国产能合作对象不受限于合作伙伴的经济发展水平，既有面向发展中国家的顺梯度产业转移，也有面向发达国家的逆梯度转移，以及与发达国家携手共同开发第三方市场。发达国家推动产业转移则主要是面向经济发展水平相似的水平型转移和面向发展中国家的顺梯度转移。我国向外转移的产能可以是：①相对国内市场来说的过剩产能，②企业具有所有权优势的产能，或者③国内边际产业产能。此外，对外直接投资是发达国家产业转移的实现途径，跨国公司是实施者。我国企业“走出去”也成为我国推进国际产能合作的主要途径。

二、我国企业参与国际产业转移的途径

如表 3.1 所示，在第三次与第四次国际产业转移期间，国际分工从产业间分工演变为产业内分工并逐渐深化为产品内分工，初步形成了以生产碎片化为特征的全球价值链分工体系。2000 年美国互联网泡沫破灭前后，发达国家跨国公司加快将高端制造业向外转移，经此推动，全球价值链加速形成。跨国公司以效率寻求为主要动机进行对外直接投资和国际化生产布局，产品全价值链的不同环节依据各国禀赋优势从原来的主要生产国分散到了世界各地，世界经济治理也迎来了贸易自由主义的“高光时期”。在这段时期内，嵌入全球价值链成为发展中国家企业参与国际生产合作的主要方式，2012 年发展中国家吸收 FDI 占全球的 52%，首次超过发达国家。我国则是国际产业转移的最大承接国，因而连续多年成为吸收 FDI 最多的发展中国家，也是全球范围 FDI 流入第二大国家。我国的优势一方面来自坚持改革开放释放制度红利，另一方面来自人口红利。在吸引发达国家 FDI 流入的同时，国内企业则加快融入全球价值链，也推动我国发展成为新的世界工厂，货物贸易出口位居世界第一，货物贸易总额位居世界第一。

表 3.1 工业革命以来的五次国际产业转移①

	第一次	第二次	第三次	第四次	第五次
产业转移主要方向	英国向欧洲大陆和北美水平、梯度转移	美国向日本和联邦德国水平和梯度转移	发达国家向“亚洲四小龙”等地区等梯度转移	发达国家等向中国梯度转移	中国、美国等发达国家向多方向的梯度和逆梯度转移
发生时间	19 世纪下半叶	20 世纪 50—60 年代	20 世纪 60—70 年代	20 世纪 80—90 年代	21 世纪 10 年代初
输出产业	优势产业	优势产业	边际产业	边际产业	混合产业
中国企业参与方式	没有参与	较少参与	积极利用外资，企业嵌入全球价值链	不脱钩，企业“走出去”推进国际产能合作	

① 主要根据岳圣淞（2021）文章整理得到，最后一行和最后一列均为本书负责人自行添加。

对发展中国家来说，融入全球价值链的好处是使其可以凭借自身禀赋优势快速获得本国工业发展所需要的技术、人力资本和设备、产能等，甚至快速建立起自主工业部门。然而，嵌入全球价值链也有弊端。以融入 GVCs 的途径实现产业升级很少会引致关键要素和核心技术的跨国传递，发展中国家不得不仰赖来自发达国家的关键零部件或者核心技术才能完成生产过程，这导致国际分工地位趋于恶化，增大国民经济陷入“比较优势陷阱”的风险；而且，随着国内劳动力成本上升，发展中国家经济还将面临新一轮产业转移和全球价值链重构的挑战。尽管我国也一样会面临上述挑战，甚至随着国际关系的演变，“脱钩论”浮出水面。但是，我国制造业在世界经济和国际贸易中的重要性尚无可取代，世界工厂和国际贸易中心的地位使我国企业能够继续深度维持甚至深化全球价值链分工。联合国贸发会议《世界投资研究》的数据表明，跨国公司和全球产业资本持续看好我国经济。2021 年我国 FDI 流入占全球比重达 11.4%，居世界第二，较 2012 年增长 62.9%。2013—2021 年，我国货物贸易额从 4.16 万亿美元增加到 6.05 万亿美元，2017—2021 年连续五年居世界第一大贸易国。

与以往数轮国际产业转移不同，第五次产业国际转移包括欧美等发达国家产业资本和企业在全球的重新布局，以及我国企业推进国际产能合作。其中，我国是主要的产业产能输出国。相应地，第五次国际产业转移和全球价值链重构表现为以下两点：①我国企业“走出去”推进国际产能合作，一些我国企业及其产业资本流向东南亚等地区的发展中国家，一些则流向发达国家；②美欧日等发达国家的跨国公司在全球范围内调整投资和生产布局，一部分产业资本及其企业继续留在我国，一部分回流母国参与“再工业化”，还有一部分从我国向其他发展中国家迁移。逆全球化和个别国家的冷战思维，加上我国劳动力成本优势下降是一部分发达国家跨国公司及其产业资本从我国向外迁移的原因。

综上所述，在第五次国际产业转移和全球价值链重构期，我国企业能够以两个途径参与国际生产合作：嵌入参与发达国家跨国公司主导的全球价值链和“走出去”高质量推进国际产能合作，如图 3.2 所示。

嵌入发达国家跨国公司主导的全球价值链（以下简称“嵌入全球价值链”）和“走出去”高质量推进国际产能合作分别以不同的机制作用于提高产能利用率和创新驱动发展，各自所产生的效果值得深入分析。就持续嵌入

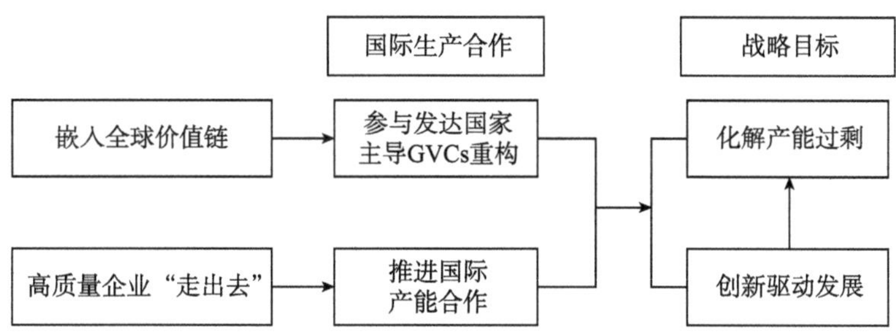

图 3.2 GVCs 重构时期我国企业推进国际产能合作的包容性分析模型

全球价值链而言，我国企业面临的机会和风险并存。机会是技术领先跨国公司可能会继续通过全球价值链进行技术扩散，风险则是技术锁定。就企业“走出去”来说，一方面，企业到发展中国家进行直接投资转移，可达到直接化解优势过剩产能的效果；另一方面，企业到技术领先发达国家进行直接投资，获取逆向技术扩散效应，不仅能够提升技术水平和价值链地位，还能够因技术创新能力改进而提高产能利用率。

3.1.3 企业“走出去”推进国际产能合作理论动因

一、企业“走出去”的宏观推动力

我国国民经济发展水平提供了宏观层面的推动力。依据投资发展路径理论（IDP）(Dunning、Narula，1993)，一国双向国际直接投资与一国经济发展阶段之间的经验关系，并已经得到了实证研究的广泛支持（Andreff，2003；Kottaridi 等，2004；Gorynia 等，2006；Boudier-Bensebaa，2008；Kuzel，2017)。

IDP 开发了一个关于双向国际直接投资与国民经济发展的动态分析框架，有两个重要假设：①一国经济结构与外国直接投资活动类型之间存在有组织的互动关系；②具有本地化优势的东道国企业和具有所有权优势的跨国公司之间存在互动关系。第一种互动关系分为五个发展阶段。在第一阶段，国家不具备“OIL”三种优势，仅有少量 FDI 流入，几乎没有 OFDI。在第二阶段，国家的区位优势和所有权优势加强，FDI 流入增加，OFDI 仍然很少。在第三阶段，企业积累了所有权优势和内部化优势，FDI 和 OFDI 都快速增长，国际直接投资净流入。在第四阶段，本国企业具备了所有权优势，OFDI 流出超过 FDI 流入。在第五阶段，跨国公司所有权优势强化，FDI 与 OFDI 均急剧增加，国际直接投资基本平衡。

根据 IDP 理论，当一国人均达到 2 600～5 600 美元（1975 年不变价格），该国家出现净对外直接投资（资本净流出）。图 3. 3 是我国双向国际直接资本流动与人均 GDP 的长期趋势。

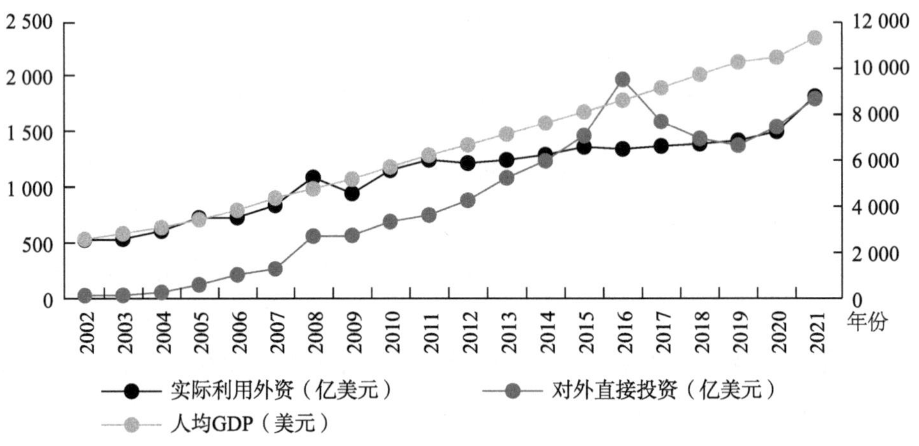

图 3. 3　2002—2021 年我国双向国际资本流动与人均 GDP①

由图 3. 3 可知，从趋势上看，我国双向国际直接投资与 IDP 基本相符。2002—2014 年，我国人均 GDP 为 5 000 美元（2015 年不变价格），外国直接投资额大于对外直接投资额。2015 年，我国人均 GDP 达到 8 016. 4 美元，与此同时，我国企业对外直接投资额为 1 456. 7 亿美元，比当年实际利用外商直接投资（1 355. 8 亿美元）超出了约 100. 9 亿美元，第一次出现资本净输出。2015—2021 年间，除了 2019 年和 2021 年，其余年份我国国际直接投资净额均为资本净输出。2021 年，我国人均国内生产总值（GDP）达到 80 976 元（折合约 11 188. 3 美元），世界人均 GDP 水平为 15 605. 8 美元，相应地我国直接投资流出与流入基本平衡，分别为 1 788. 2 亿美元和 1 809. 6 亿美元。

二、企业“走出去”的微观动机

在微观层面，企业“走出去”的动机有四个，分别是：寻求稀缺矿产资

① 数据来源于世界银行数据库、《2021 年度中国对外直接投资统计公报》和《中国外资统计公报 2022》。

源（自然资源寻求）、扩大国际市场（市场寻求）、增强技术所有权优势（技术寻求）和降低成本（效率寻求）。

①自然资源寻求。出于这一动机的对外直接投资的主要目的是从东道国获得工业生产原料。对于这类投资，跨国公司选址首要关注的是资源的可得性。

②市场寻求。这种动机企业“走出去”旨在为过剩的商品和服务扩大国际市场。企业“走出去”对于扩大市场的好处在于，有助于通过市场接近达到消除产品在文化、宗教等方面的差异，有助于熟悉当地语言、商业习俗、法律要求和营销程序，可以绕过进口国关税和其他贸易壁垒，等等。因此，当企业面临国内产能过剩或者较大的出口阻力时，OFDI 能够起到替代出口的效果。

③技术寻求。这类投资背后的动机是快速获取以技术为代表的战略资产从而提升自身国际竞争力，跨国并购是主要进入模式。为了削弱竞争对手，跨国并购经常发生在竞争者之间。此外，寡头企业也会跟随竞争对手进行对外投资，这是一种防御性举措，避免破坏已形成的寡头垄断格局。

④效率寻求。企业对外直接投资的表面动机是通过规模经济和范围经济提高效率，背后的真实动机则是为了利用劳动力成本、生产成本、经济政策、制度程序、市场规模和市场结构的国际差异（Dunning、Lundan，2008）。

三、我国企业“走出去”高质量推进国际产能合作的动因

现阶段，提高产能利用率和提升技术创新能力是我国企业“走出去”的两个根本动因，这两个动因完美契合了国家推进国际产能合作的两个战略目标，如图 3.4 所示。

理论上，企业出于图 3.4 中任何一个动机“走出去”都有助于提高国内产能利用率。其中，技术寻求动机最为关键，不仅能够增强企业所有权优势进而提高国际竞争力，而且对化解产能过剩和提高效率十分关键。

第一，“扩大对外投资合作，鼓励优势企业以多种方式‘走出去’，优化制造产地分布”[①] 是消化国内过剩产能的主要途径之一。我国企业对外直接投资能够提高国内产能利用率吗？根据国际直接投资理论和产业转移理论，其

① 《关于推进国际产能和装备制造合作的指导意见》（国发〔2015〕30 号）。

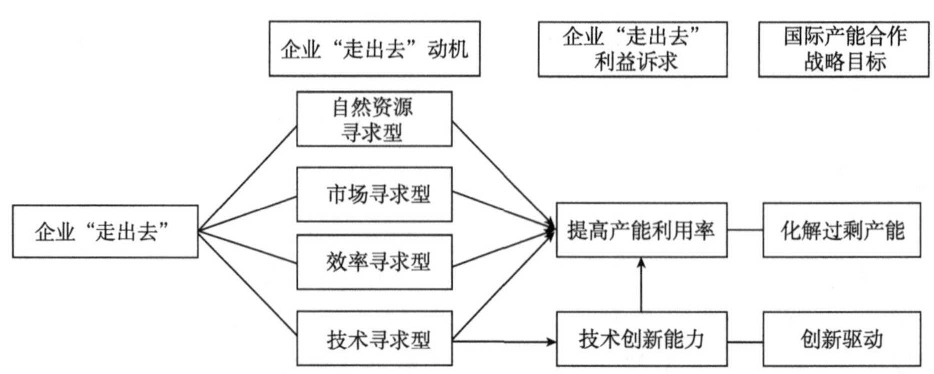

图 3.4　国际产能合作视角下我国企业“走出去”的动因

答案是确定无疑的。发达国家对外直接投资和产业转移的经验表明，跨国公司及其对外直接投资推动国内产业向境外转移和产能输出，不仅意味着对外直接投资和出口贸易一样可以成为国内剩余的出口，也意味着母国及其企业有机会在全球范围内获取、整合资源，并推动国内产业升级。各种类型动机的 OFDI 都有助于化解产能过剩。因此，利用对外直接投资提高国内产能利用率就成为我国企业“走出去”的第一个利益诉求。

第二，以对外直接投资开展国际产能合作是我国企业形成国际生产网络和服务网络的重要手段之一，成功的关键在于企业在全球价值链分工地位。我国已经建成完全的产业体系，在坚持对外开放过程中实现了产业升级。但是，从全球价值链分工地位看，我国制造业尚处于微笑曲线的低端，增加值低、收益率低，企业的价值链自主可控能力弱，甚至在某些关键技术上陷入被“卡脖子”的不利局面。增强自主创新能力和深化国际分工合作是一个国家及企业实现技术进步的两条主要道路。2016 年 12 月 6 日，商务部、国家发改委、科技部、工信部、人民银行、海关总署、统计局等七部委联合出台了《关于加强国际合作提高我国产业全球价值链地位的指导意见》，指出加强国际合作提高我国产业在全球价值链地位，要求通过深化全球价值链合作提高资源配置能力。综上，提高国际分工地位，增强产业链供应链自主可控能力，是我国企业“走出去”的第二个主要利益诉求。

下面两节分别剖析图 3.2 所示我国企业包容性分析框架中两种途径（嵌入 GVCs 和“走出去”）作用于国际产能合作战略目标的效果与机制。

3.2 嵌入GVCs的效应与作用机制

3.2.1 对企业技术创新能力的作用

依据全球价值链治理理论，技术后进企业嵌入领导厂商主导的全球全价值链，在获取技术扩散好处的同时也面临被技术锁定的风险。

一、全球价值链概念

价值链是设计、生产、营销、交付和支持产品的等一系列看似独立却相互关联的“增值活动”的集合。在传统国际产业间分工以及国际产业内分工模式中，这些增值环节被局限于在该产业拥有比较优势的国家内。进入20世纪90年代，信息技术革命爆发，交易成本不断下降，全球生产组织形态发生深刻变化，出现了复杂的国际商品链（Gereffi，1994a），也就是全球价值链。按照联合国工业发展组织（UNIDO，2002）的定义：全球价值链是指为实现商品或服务价值而连接生产、销售、回收处理等过程的全球性跨企业网络组织，涉及从原料采购和运输，半成品和成品的生产和分销，直至最终消费和回收处理的整个过程①。简言之，“全球价值链是指将生产过程分割并分布在不同国家。企业专注于特定环节，不生产整个产品”（世界银行，2020）。

全球价值链意味着生产过程被解绑，不同生产环节被分散到全世界不同地点，国际产业内分工演变为国际产品内分工，中间品贸易大幅增长。在全球价值链条上，不同国家依据本国要素禀赋优势进入相应的生产环节、附加价值并生成中间品，中间品被出口到位于其他国家的下一个生产环节，生产阶段继续向下延伸，最后完成了产品生产并到达最终需求端。

二、全球价值链治理

发达国家跨国公司拥有关于关键技术、品牌或者全球销售渠道等方面的

① United Nations Industrial Development Organization（UNIDO）. Industrial Development Report 2002-2003：Competing Through Innovation and Learning.

先进知识，因此成为全球价值链分工的驱动者（Gereffi 等，2001）和全球价值链的主导者。发展中国家则依靠本国廉价劳动力或者丰富的自然资源等优势嵌入全球价值链，从事中间产品生产或者加工制造。技术知识是决定全球价值链地位的关键要素，并由此引发了全球价值链治理和利益分配问题。全球价值链治理是全球价值链分析框架的核心问题。

全球价值链治理是指全球价值链主导厂商利用各种市场手段以及非市场手段对价值链上不同厂商的经济活动进行协调、控制（Messner、Meyer－Stamer，2000）。目前，全球价值链治理主要有二分法（Gereffi，1994b）、三分法（Sturgeon，2003）、四分法（Humphrey、Schmtiz，2002）和五分法（Gereffi 等，2005）等治理模式理论。例如，二分法理论将治理模式区分为生产者驱动和购买者驱动，DELL 电脑的全球价值链是典型的购买者驱动型。三分法将全球生产网络的供应商划分为普通商品供应商、俘虏型供应商和交钥匙供应商。

五分法治理模式是代表性理论。该理论根据交易复杂程度、信息解码能力以及供应商能力将全球价值链治理模式划分为五种类型：市场型、模块型、关系型、俘获型和层级型。①市场型治理模式：双方关系通过市场机制进行协调，价格充当主要协调机制，供应商生产能力强；②模块型：信息被编码和数字化后传递给供应商，领导厂商和供应商之间双方地位比较平等，生产自成模块，在各自企业内部分别完成，产品、产业、质量标准充当主要协调机制，不涉及资产专用性；②关系型：购买者提供隐性知识信息，供应商拥有独特能力获取购买者信息，一旦形成合作就较难更换交易对象，外来者较难以进入价值链中，信任和声誉为主要协调机制；④领导型，也叫俘获型，领导厂商占据主导地位，小企业依赖大企业提供产品设计、物流、原料采购和技术升级，无法独立完成生产；⑤层级型，双方关系是跨国公司内部上下层级之间的权威与服从的治理模式，领导者凭借专用技术，独立定义产品并内在化供应商。

三、全球价值链治理下的国际技术扩散与俘获

价值链技术转移即跨国公司通过上下游供求关系使国际技术沿着价值链扩散，扩散渠道包括：技术授权、人员流动、技术转移以及市场竞争。全球价值链治理模式不同，领导厂商和供应商之间的地位关系不同，国际技术扩

散方式也就不同。在市场型治理模式下，双方的市场地位对等，价格是双方关系的主要协调机制，供应商技术进步有赖于自主研发和技术创新。在层级型治理模式下，关键技术的外部化交易成本高，领导厂商通过国际直接投资进入东道国并在当地将供应商及其生产活动内在化，使供应商成为自己的海外分（子）公司。在这种情况下，领导厂商的先进技术也被内在化并在组织体系内传递。在其他几种治理模式下，领导厂商和供应商依然是相互独立的市场主体，但是前者将任务以离岸外包方式交由后者生产制造，后者依赖领导厂商特许授权允许其使用的知识信息、产品定义或者市场网络等无形资产。此外，领导厂商与供应商之间的人员培训和交流，也会引发技术扩散。并且，当多个跨国公司进行全球生产布局时，同一条价值链或者同一个生产环节的市场竞争越激烈，技术扩散的激励越强，由此技术扩散效应越明显。

为了避免技术扩散削弱了其对全球价值链的掌控，领导厂商也会借助价值链治理限制技术扩散。技术所有权优势是跨国公司实现全球价值链治理并在分工利益分配中占据优势地位的最关键要素（Humphrey，2004）。在供应商嵌入 GVCs 之后，领导厂商为了避免技术扩散削弱了其对全球价值链的掌控力度，会通过一定的价值链治理模式实施“技术俘获”策略以使供应商形成路径依赖，从而将外包企业牢牢“锁定”在全球价值链的低端（Arthur，1989）。“低端锁定”可能性，意味着当企业全球价值链参与度超过一定阈值时，会变得十分甚至过度依赖外国中间产品与技术，自身难以继续增加产品增加值，导致处于全球价值链“微笑曲线”的低端，在国际分工的利益分配方面居于劣势地位，并且这种不利局面会因为路径依赖而加深。一旦企业在技术上被“低端锁定”，就掉进了“全球价值链陷阱”，被拥有技术优势而掌控全球价值链的跨国公司所“技术俘获”。两头在外的加工贸易企业比一般贸易企业更容易遭遇这种“悲惨”的境况，因为中间产品进口所蕴含的全球价值链“俘获”或“锁定”效应会抑制以加工贸易方式参与全球价值链分工的本土企业开展创新活动（张杰、郑文平，2017）。在这种情况下，供应商嵌入 GVCs 之后，随着嵌入 GVCs 程度加深，逐渐变化成为技术领先跨国公司的依附者，能享受到的国际分工利益不断被挤压。

实现价值链升级是企业摆脱“低端锁定”风险的唯一且有效途径，依赖于企业技术创新能力。提高技术创新能力的途径包括自主技术创新和价值链技术扩散（Ponte、Gibbon，2005）。企业技术创新能力越强，价值链分工利益越大。然而，不同企业面临的“低端锁定”风险不同。如果供应商自身具有较高的技术水平和较强的技术学习、吸收能力，能够有效吸收全球价值链正向技术溢出效应，降低对外部技术的依赖度，就有助于降低“技术锁定”的风险。随着技术水平提升，企业价值增值能力增强，推动价值链升级并提升其价值链地位，甚至实现身份逆转，从全球价值链的嵌入者转变为价值链重构的缔造者和主导者。

综上，对于低技术水平的追赶型企业来说，深度融入全球价值链的结局有两种可能性。一种可能性是持续依赖外部企业提供的先进产品和技术，自主创新能力和国际竞争力不断下降，陷入被“低端锁定”的局面。此种情形下，在企业嵌入全球价值链过程中，技术创新能力会出现先上升后下降即倒U 型轨迹。相应地，企业国内增加值率也会被不断挤压，企业在微笑曲线上的位置下降或者微笑曲线的形状加深。另一种可能性是企业在融入全球价值链过程中注重提升自身创新力和价值创造能力，对外部技术的依赖经历了先增加后减弱的过程。此种情形下，企业技术创新能力随着价值链嵌入度的增加而上升，企业在微笑曲线上的位置上升或者微笑曲线的形状变浅，甚至翻转为武藏曲线。

放眼国际，大部分后发国家发生的是第一种情形，而日本和德国发生的是第二种情形。1970 年和 2017 年，世界全球价值链均呈微笑曲线形状。然而，较 1970 年相比，2017 年微笑曲线的程度明显加深（见图 3. 5）。

世界全球价值链微笑曲线加深的演化趋势表明，生产技术、组织技术等无形资本在全球价值链生产中变得更为重要，而劳动力要素的重要性下降。因此，在全球价值链分工深化的过程中，集中在加工制造环节的发展中国家及企业在整体上滑向了“低端锁定”，意味着大部分国家和企业对发达国家及企业的技术依赖性更强或者已被“技术俘获”，而日本和德国除外。有研究指出，我国企业参与全球价值链的分工利益也表现出类似的倒 U 型轨迹（张少军、刘志彪，2013；王玉燕等，2014；吕越等，2017）。因此，我国企业全球价值链嵌入度对技术创新力的影响很可能呈现为先上升后下降的倒 U 型曲线轨迹。这种推测建立在现有文献关于分工利益的结论基础上，有待借助于定量分析进一步确认。

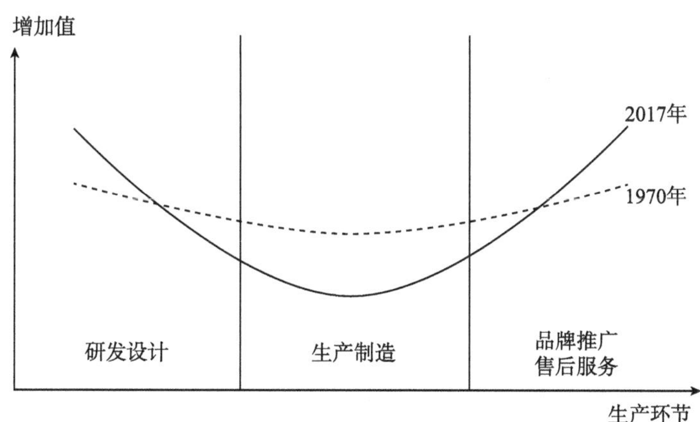

图 3.5 1970 年和 2017 年的世界微笑曲线①

3.2.2 对企业产能利用率的效应与机制

直觉上，由于技术创新能力的中间作用，嵌入全球价值链对企业产能利用率具有与前面类似的倒 U 型效应。但是，这一直觉并不清晰。具体来看，嵌入 GVCs 对企业产能利用率影响有三个中间效应，净效应取决于它们的综合结果。

一、市场拓展效应

俘获广阔的国际市场是嵌入全球价值链给技术后进企业带来的直接效应，有利于化解产能过剩和提高产能利用率。从这个意义上看，嵌入全球价值链与对外直接投资和出口等化解产能过剩的作用相似。然而，全球价值链的市场拓展效应要大于传统分工模式引发的产业间贸易和产业内贸易。原因如下。

①出口贸易是全球价值链分工的重要组成部分，但并非所有的贸易活动都由嵌入全球价值链引发。国际贸易中依然有一部分传统分工模式中的出口活动，但大部分贸易活动是全球价值链引发的。2019 年，我国的中间品贸易占全部贸易的份额达到 76%。

②一部分企业因技术水平低下而陷入低端竞争进而部分产能无法得到有效利用，这些企业嵌入全球价值链获得了广阔的国际市场，有助于能够摆脱

① 世界知识产权组织，《2017 年世界知识产权组织报告》第 10 页。

国内竞争压力，进而有利于提高产能利用率。

③嵌入全球价值链可以使企业在更广阔的范围内调整自己的生产与销售。例如，参与全球价值链分工，企业有机会选择嵌入一个或多个生产环节，生产多种中间产品，这些中间产品又可以被用于生产不同最终产品的生产链。

④嵌入全球价值链后，零部件等中间品在最终产品生产完成之前会经过若干次跨境运输，而且最终产品也常常会再次出口。因此，世界贸易的增长远远大于世界产出的增长。

二、中间品进口效应

在嵌入全球价值链过程中，中间产品进口依赖可能先促进后抑制产能利用率。在嵌入早期阶段，企业产能利用率较低的原因如果是由于落后的技术水平导致产品种类无法更新或者质量欠佳，那么中间产品进口往往有助于成为企业提高产能利用率，其原因如下。

①中间品进口关税下降有助于提高企业研发水平（田巍、余淼杰，2014）。②进口中间品种类多元化推动最终品多元化，降低对个别国家依赖度（魏浩等，2017），有助于扩大出口市场。③中间品进口高质量能够提高最终产品质量，淘汰旧的落后产能，使企业得以规避暂时无法克服的技术障碍并赢得调整资源配置和加强自主研发的时间，关键性、瓶颈性中间产品的进口可以打破技术障碍，解放企业潜在生产能力，从而与生产能力升级形成“互补效应”（洪俊杰等，2021；张先锋等，2019；许家云、毛其淋，2016；黄先海等，2016）。然而，随着嵌入程度加深，企业中间产品或资本货物的进口将诱导企业不断扩大生产规模（He、Huang，2022），一旦市场发生波动，就会造成或者加剧产能过剩。当领导厂商将中间品的质量和种类作为技术锁定手段时，上述情况就更有可能会发生。这是因为差异化的中间投入往往以定制生产方式来满足目标市场需求，并诱发供应商—购买者之间形成紧密的特定关系投资（Nunn，2007）。因此，过度进口中间品可能加剧产能过剩。

三、资本品进口效应

资本品在本质上是中间品，因此资本品进口效应及其原因与中间产品进口效应是相似的。与中间品一样，资本品进口效应取决于企业是否能够克服进口依赖，并能有效吸收、转化甚至升级其中的技术。当企业大量进口机器设备等以改进生产流程、效率和扩大规模时，可能出现两种相反的后果。一方面，企业淘汰落后技术和产能，优化生产资源配置，有助于提高产能利用率；另一方面，当企业的全球价值链嵌入度过高时，由于高度依赖于进口设备而忽视了自身技术水平的升级改造。此时，在资本边际报酬递减规律的约束下，无论企业是否继续进口新的生产设备都会加剧产能过剩。

综上，嵌入全球价值链影响企业产能利用率的三个中间机制，它们的影响效果并不相同。其中，市场拓展效应有助于提高产能利用率；中间品进口可能促进也可能抑制产能利用率；资本品进口的效应与中间品进口类似，如图 3.6 所示。

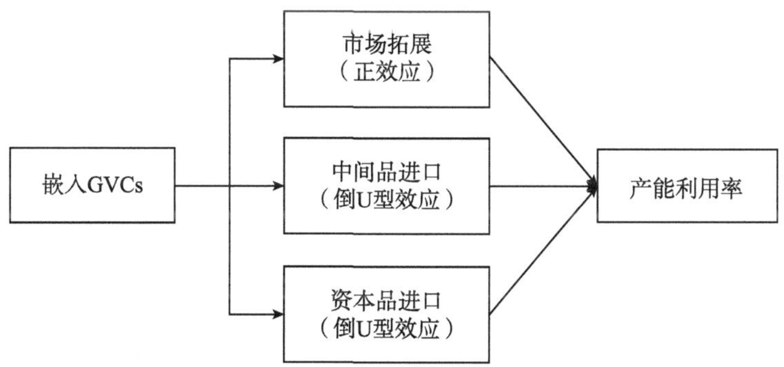

图 3.6 企业嵌入 GVCs 对产能利用率的作用机制

3.2.3 GVCs 嵌入度的倒 U 型效应假说

综合以上两节的分析结论，本章提出如下待检验假说。

假说 3.1：全球价值链引发技术扩散同时也会造成技术锁定，对我国企业产能利用率和技术创新能力的影响均呈现出“先上升后下降”的倒 U 型非线性轨迹。

假说 3.1a：全球价值链对我国企业技术扩散的渠道包括市场竞争、公司间技术授权、人员流动和公司内技术转移。

假说 3.1b：全球价值链对我国企业产能利用率的作用机制有三个：市场拓展（正效应）、中间品进口（倒 U 型效应）和资本品进口（倒 U 型效应）。

如图 3.7 所示，全球价值链参与度是指企业嵌入全球价值链的程度。在融入全球价值链的初期，企业 GVCs 嵌入度较低，嵌入 GVCs 有助于企业技术进步，产业升级，并提升产能利用率。随着企业嵌入全球价值链的程度加深，技术锁定的风险加大，一旦技术锁定效应超过价值链技术扩散效应，企业技术创新能力和产能利用率将会下降。

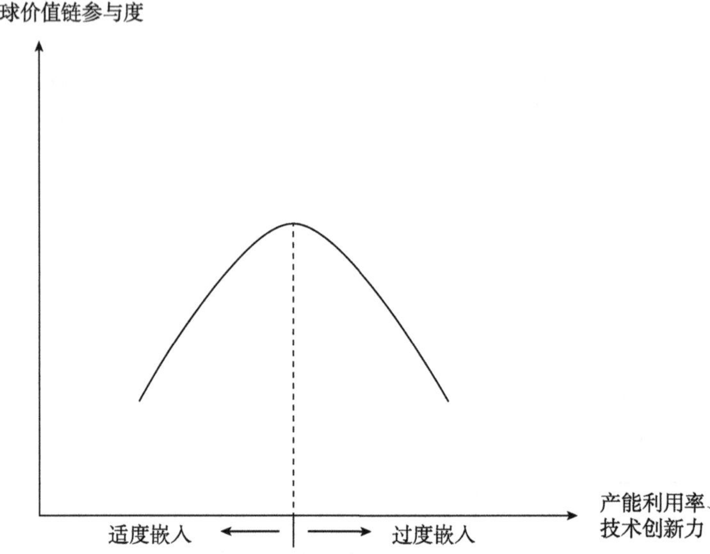

图 3.7 嵌入 GVCs 对企业技术创新力和产能利用率的倒 U 型效应

3.3 企业“走出去”的效应与作用机制

3.3.1 静态分析

企业“走出去”静态分析指的是忽略企业“走出去”是一个持续的时间进程，静态地考察对外直接投资逆向技术溢出效应。

第一，OFDI 逆向技术扩散。一方面，跨国公司全球化组织网络有助于汲取世界各地的知识信息。在组织意义上，跨国公司是一个去中心化的创新网络，遍布各地的分支机构方便其吸收、产生和整合世界各地的知识（Ambos 等，2006），开展内部交流和学习，并进一步促进创新（Massingham，2010）。另一方面，技术相对落后的企业到发达国家直接投资，由于相对技术位势较低，因此能够通过技术跟随模仿，吸收当地研发资源，开展联合研发，分享科技知识，密切产业关联等多种途径获取当地先进技术知识。这一现象被称为 OFDI 逆向技术溢出效应。技术寻求是包括中国在内的发展中国家企业“走出去”的一个重要动机（Zhang 等，2021）。在 OFDI 逆向技术溢出效应突出的发达国家，中国企业甚至会一定程度地降低制度风险的重要性（邵宇佳等，2020）。

第二，吸收能力是决定 OFDI 逆向技术扩散的关键因素。OFDI 逆向技术扩散同样受到了多方面因素的影响，包括企业海外子公司在当地的渗透度（Håkanson、Nobel，2000）、人力资本、研发投入、市场环境（Driffield 等，2007；Wang 等，2016）、东道国国家风险等。国家风险使 OFDI 及其逆向技术扩散变得非常不确定，是主要风险来源（王海军等，2023）。国家风险涉及东道国的政治、经济、社会、文化、自然以及国际关系等广泛内容（高连和，2020）。其中，国家主权、政治风险等都被视为阻碍企业对外直接投资的重要因素（Buckley 等，2018）。在逆全球化上扬态势下，投资壁垒与审查规制的风险不断增大。

第三，已有研究大多支持对外直接投资能够显著提升我国企业全球价值链地位（李超、张诚，2017），并且投资发达国家比发展中国家的价值链升级效应更大（郑丹青、于津平，2019），技术密集型制造业企业 OFDI 不仅价值链升级效应显著，而且随着投资次数增多而变大（聂飞、李磊，2022）。这些结论意味着，到发达国家直接投资被许多我国企业视为加快技术进步、打破技术封锁的有效策略。应当注意，我国企业“走出去”逆向技术扩散受到自身投资动机和区位选择的影响。我国对非洲国家直接投资主要集中于工业部门，兼有国家战略驱动型和效率寻求型；对亚洲国家侧重市场寻求型和效率寻求型，对南美洲国家、大洋洲国家侧重自然资源寻求型，对欧洲和北美洲的发达国家投资侧重技术寻求型。由于技术扩散方向是特定的，总是从高技术水平主体流向低技术水平主体，而发展中东道国（地区）处于低技术位势，因此进入这类国家（地区）的对外直接投资很难给我国企业带来逆向技术溢出效应。

3.3.2 动态分析的含义与刻画

动态分析是将时间因素纳入对 OFDI 逆向技术扩散效应的分析中，因此企业“走出去”表现为一个动态且持续的逐步国际化过程（Carlson，1975）。将时间作为核心因素来考量是近年来企业国际化领域的研究热点之一（王益民等，2017），不同的国际化进程会招致不同的绩效结果（陈伟宏等，2021）。参照（Vermeulen、Barkema，2002），系统地刻画企业“走出去”动态特征涉及三个时间维度：“走出去”速度、“走出去”节奏和“走出去”范围。它们分别体现了企业在一定时间内“走出去”的平均水平、变动节点以及地理范围，因而从不同维度刻画了跨国企业在国际化过程中的步伐特征和动态。

一、企业“走出去”速度

“走出去”速度（speed）指企业在一定时期内国际化扩张的规模或者国际化程度的改变。不同企业“走出去”的速度不同，如图 3.8 所示。

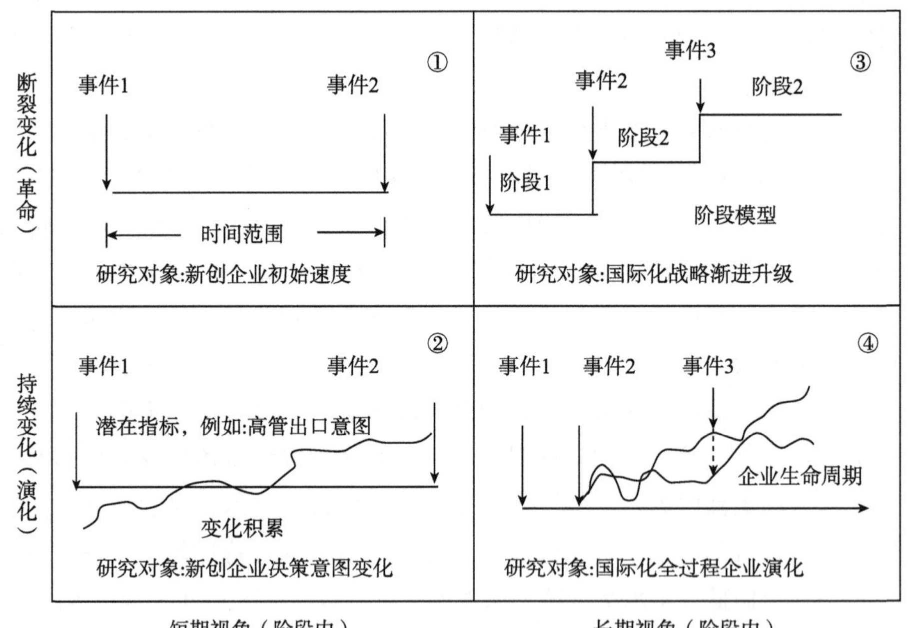

图 3.8 “走出去”速度的内涵①

① 王益民，梁枢，赵志彬：《国际化速度前沿研究述评：基于全过程视角的理论模型构建》，《外国经济与管理》2017 年第 39 期：98-112.

在图3.8中，图②中企业的“走出去”速度比图①中企业快。一些企业设立之后，在首次进入国际市场之前经历了一段很长的时间，以便可以做好充分的国际化准备。一些企业在成立之初或之后不久就开始国际化扩张，仿佛是天生全球化企业（born globalization）。一项针对挪威和法国中小出口企业的调查发现，其中50%的企业可以被称为天生全球化，即：建立时间短于10年且海外销售收入占比超过25%（Bengtsson、Powell，2004）。

“走出去”速度又分为初始速度和进入后速度（Welch、Luostarinen，1988）。初始速度是指企业进行第一次对外直接投资的时间与其成立之日的时间差距（Autio、Sapienza，2000；Zhou、Wu，2014）。进入后速度反映的是对外直接投资开始后企业国际化扩张过程的变化状态（Meschi等，2017）。

二、企业“走出去”节奏

“走出去”节奏（rhythm）即设立境外新分（子）公司的节奏，反映的是企业国际化扩张过程中建立境外分（子）公司的连贯性和规律性（Lin、Cheng，2013），即稳定性。与“走出去”速度相比，“走出去”节奏刻画出企业“走出去”过程中更加复杂的时间波动性。

不同的企业“走出去”节奏表现有很大的不同。“走出去”节奏不规律，说明企业设立境外新公司的行为表现有较大的波动性并存在峰值，“走出去”节奏有规律则反映出企业以稳健的速度设立境外新企业，扩张步伐平稳。图3.9反映两个企业以不同节奏在相同时间内达到相同的国际化水平。

在图3.9中，上面两个图显示企业A和B都在相同的时间内达到了相同的国际化水平，即都在同等的时间内建立了相同数量的海外子公司或者取得了相同的海外营业收入。下面两个图表明的是两个企业的国际化扩张节奏差异。企业A每年以相同的节奏新建海外公司，表明其“走出去”进程是平稳的有规律的节奏（图3.9左上和左下图）。企业B代表（图3.9右上和右下图）的“走出去”时而快速扩张，时而沉寂不活跃，两种状态交替出现，例如在“走出去”初始时即达到扩张的高峰期，海外子公司扩张数量飞速增加，此后便进入扩张的低谷期并在较长一段时间内停止或者放缓了国际化扩张脚步。与企业A相比，企业B的“走出去”节奏是不稳定的、无规律的，与企业A的“走出去”节奏完全不同。

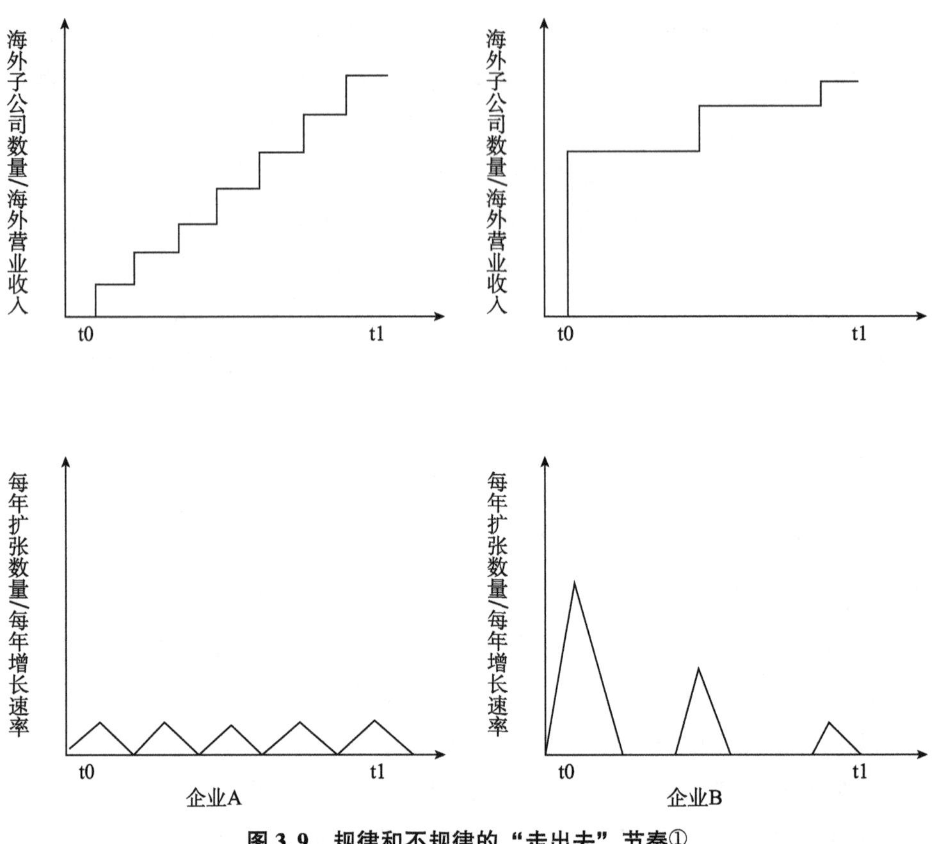

图 3.9 规律和不规律的“走出去”节奏①

三、企业“走出去”范围

“走出去”范围（scope）指的是企业“走出去”国际化扩张所覆盖的地理范围（Welch 等，2016）。“走出去”范围是从地理空间范围的角度描绘企业国际化扩张的地理情况，能够反映企业在世界范围内搜寻技术资源的空间大小。通常认为，企业“走出去”范围越大，覆盖东道国国家或者地区越多，就能够接触到更大的潜在知识库，也就能够获得更多的逆向技术溢出；同时，由于较大的“走出去”范围使企业面临的国别政治风险多样化，这会进一步对企业“走出去”范围产生积极的影响（Jiménez 等，2014）。值得注意的是，

① F. Vermeulen and H. Barkema, “Pace, rhythm and scope: Process dependence in building a profitable multinational corporation”, *Strategic Management Journal*, 2002, 23 (7): 637-653.

与"走出去"速度和"走出去"节奏不同,"走出去"范围的大小并不反映企业的国际化速度快慢或节奏是否规律（Prashantham、Young，2011）。可见，需要对"走出去"速度、"走出去"节奏、"走出去"范围进行逐一考察才能比较全面掌握企业"走出去"的动态效应。

3.3.3 企业"走出去"动态对技术创新能力的作用

"走出去"的速度、节奏和范围，对 OFDI 逆向技术溢出效应进而企业产能利用率将产生不同的影响效果。

一、企业"走出去"速度的影响效果

随着国际直接投资的兴起和快速增长，跨国公司被区分为先行者（early-mover）、后来者（latecomer）和新来者（newcomer）。跨国公司先行者是指发达经济体中坚持长期国际化并在全球市场站稳脚跟的传统大型企业，后来者是指那些开始国际化很晚且相对于跨国公司先行者来说处于竞争劣势的发展中经济体跨国公司（Luo、Tung，2007）；新来者指那些来自发达经济体的"天生全球化"企业，它们在设立时或设立后不久即从事出口和外国直接投资（Knight、Cavusgil，2004）。跨国公司后来者和新来者都表现出加速国际化的特性（Mathews、Zander，2007）。但是，后来者希望尽快获取高端知识和技术，往往会采取比发达国家跨国公司更快的速度进行国际化。

时间压缩不经济（time compression diseconomies）是指在其他条件相同的情况下，由于时间压缩不经济，企业积累新知识边际效应递减（Dierickx、Cool，1989），而知识积累和吸收能力存在时间压缩的不经济性。因此，企业"走出去"速度越快，越不利于技术创新，具体原因如下：①"走出去"速度越快，越容易受限于吸收能力的时间压缩不经济。在企业面对大量当地知识涌入的情况下，较快的国际化速度增加了识别、判断和学习有利于自身创新知识的难度。②"走出去"速度越快，越容易受限于知识积累的时间压缩不经济。在快速国际化进程中，跨国公司内部学习时间被压缩，内部知识传播和扩散变得困难。③"走出去"速度越快，需要的运营成本越多，从而挤压创新资金。国际化速度快意味着后来企业需要迅速投入资金、设备等资源到海外市场以实现自身目的，而其维持则需要付出高昂的运营成本（贾慧英等，2018）。

二、企业“走出去”节奏的影响效果

企业“走出去”节奏欠缺规律性不利于技术创新。这是因为“走出去”节奏不规律增大了决策的不可预见性，使企业难以建立高效的组织惯例并利用之前的国际化经验，同时在扩张低谷期后再进入扩张高峰期会对大量涌入的知识响应不足，其原因在于破坏了企业决策预见性和产生了时间压缩不经济。具体说来：①从企业组织层面看，“扩张—收缩”反复交替的扩张节奏容易破坏企业已有的组织惯例，建立新的组织惯例又需要时间，寻找新的国际资源和知识还面临较大的复杂性和不确定性。这一系列后果导致时间压缩不经济性，不利于创新。

②从企业管理者个人层面看，过于跳跃的国际化节奏加大了外部环境和内部企业战略的波动性，前期积累的经验可能被突然而至的扩张活动所打乱（唐继凤等，2021），由此增大了决策的不可预见性，也对管理者提出了更高的要求。例如，从管理者需要不断做出决策调整，或者缩短了反思过往的经验并加以利用的时间看，对创新造成负向影响。

③在扩张低谷期，国际化节奏过快会严重妨碍技术创新。一是由于组织记忆有限和知识会随着时间贬值，即便是已经获取的国际化知识也会由于缺乏实践而丢失（Yang 等，2017）；二是低谷期意味着企业长时间未进行海外扩张活动，工作处于不活跃甚至停滞状态，导致组织长期陷入固定的行为模式和思维惯性（Lin，2014），降低了收集信息、识别和学习的灵活性（Klarner、Raisch，2013）。

相反，企业“走出去”节奏平稳有规律意味着两次扩张之间保持稳定的时间间隔，提高了决策可预见性，有利于企业对外部环境做出充分响应（Johanson、Vahlne，1977），并更好地识别、学习、吸收和改造所获新知识，提升技术创新能力（Lin、Cheng，2013）。

三、企业“走出去”范围的作用效果

企业“走出去”范围越大越有利于创新能力的提升。其原因在于：①国际化范围扩大有利于企业获取互补性和多样化的知识资源，降低创新成本。国际化范围扩大了企业知识来源的互补性和多样化，增加了创新知识库（Griliches，1979）。②国际化范围扩大有利于企业利用不同的东道国区位优势从而缩短研发周期，有利于创新（Carlsson，2006）。如果扩张至发达国家，可利用其先进的技术和高端的研发设备等，若扩张至落后国家，则可充分利用其较低的科研成本和劳动人才。③国际化范围扩大能够增加创新资金的来源和国际化经营的经验（Kim 等，1993），有助于降低研发风险，并因为竞争而间接刺激创新。综上所述，在此提出假说 3.2，如下。

假说 3.2：我国企业“走出去”三个时间维度，其中“走出去”速度越快，越不利于提升企业技术创新力；缺乏规律性的“走出去”节奏不利于提升企业技术创新力；“走出去”范围扩大有助于提升企业技术创新力。

四、吸收能力的调节机制

无论是 FDI 技术溢出效应还是 OFDI 逆向技术扩散效应，对技术追赶型企业来说，自身的技术吸收能力都是一个非常关键的影响因素。

1. 吸收能力的含义

企业的技术吸收能力指的是“企业认知新的外部知识的价值从而将其吸收并应用于商业目的的能力”（Cohen、Levinthal，1990）。吸收能力能够帮助企业消化、吸收所获得的先进技术，并实现对技术溢出的有效整合（尹东东、张建清，2016）。技术吸收能力有两种形式（Zahra、George，2002）。①潜在的吸收能力，即企业获取有用的知识并加以消化的能力；②已实现的吸收能力，即在吸收知识之后将其进一步转化为自己的知识并加以利用，实现商业价值的能力。

吸收能力对技术溢出能起到两个方面的作用。其一，有助于扩大企业的知识池（Savino 等，2017）。每一个企业犹如一个知识池，在国际生产合作过程中，企业会不断向外溢出自身技术知识也能够不断从外部学习、吸收别的企业外溢的知识信息。吸收能力的作用是将外部知识转化为自身内部的知识以及自身能够使用的新知识。其二，有助于增强企业对新知识的获取、消化、转换和应用能力（Lewin 等，2011）。从企业内部来看，吸收能力影响到组织对知识的选择机制，即组织通过分享知识和实践实现对知识的回顾和更新的机制。从企业外部来看，吸收能力强有利于提高组织对外部知识价值的识别、学习和改进，进而使知识转移扩散。以对外直接投资为例，吸收能力越强的公司，其境外子公司获取东道国新知识的能力越强，向国内母公司转移新知识的能力也越强，相应地，母公司将获取到的先进知识内容转化为自身创新的能力也越强。

2. 吸收能力对企业“走出去”时间维度的调节效应

企业“走出去”进程三个时间维度的逆向技术溢出效应都会受到自身吸收能力的影响。首先，吸收能力强的企业往往其自有知识储备也较丰富，因而在辨别知识价值的时候有更强的嗅觉和敏感性，其对知识的进一步学习和整合能力也更强（魏凡等，2017）。因此，当国际化速度较快、国际化节奏不规律以及国际化范围广时，吸收能力强的企业相对能够更好地获取、判断、识别和转化利用新知识新技术，并将其运用到自身生产和创新实践活动中。

其次，吸收能力强的企业对外界环境的变化更灵敏，对市场的把控能力也更强。当企业进入东道国市场，采用较快的国际化速度、不规律的国际化节奏以及较大的国际化范围时，可能会面临由于地理距离较远从而文化差异较大或存在政治制度方面的差异。此时，吸收能力强的企业则更容易适应这种差异，适应当地市场，配合相关制度并加以利用，以更好适应不断变化的新环境。因此，相对于吸收能力弱的企业，吸收能力强的企业能够较快地适应和融入当地市场环境，与新环境相适应，并对环境中有利于创新的机会加以利用。

最后，吸收能力强的企业往往具有较丰富的无形资产等优势，如专利、产权、营销渠道等。当因为“走出去”速度快、“走出去”节奏不规律和“走出去”范围广而投资风险加大时，吸收能力较强的企业其抗风险能力也较强。这是因为，无形资产一方面在创新资本稀缺时可充当缓冲器，另一方面其代表的高技术水平本身面临的风险也会较小。据此，本章提出假说3.3，如下。

假说3.3：技术吸收能力对企业“走出去”的进程三个时间维度均具有调节作用，其影响方向各不相同。具体说来，吸收能力会增强“走出去”范围对技术创新能力的正效应，减轻“走出去”快速度和无规律节奏对技术创新能力的负效应。

3.3.4 企业“走出去”动态对产能利用率的作用

一、对产能利用率的效应与机制

企业“走出去”可以通过双重途径作用于产能过剩或者产能利用率。一方面，企业“走出去”促进企业技术进步进而有助于化解产能过剩，此时技术创新能力扮演了中间机制，通过其三个时间维度对产能利用率产生类似的影响。另一方面，企业“走出去”直接地能够带动产品、机械设备等的出口从而化解过剩产能和提高产能利用率，此时是通过出口提高产能利用率。因此，对于企业产能利用率而言，企业“走出去”动态效应也是不确定的，并且存在两个调节机制，一是技术创新能力的中间机制；二是吸收能力的调节机制。据此，提出假说3.4，如下。

假说3.4：在企业“走出去”持续进程中，三个时间维度通过对技术创新能力的影响作用于产能利用率，其净效应是不确定的，并且同样受到企业吸收能力的调节；企业“走出去”还能够因为促进出口而化解产能过剩，提高产能利用率。

二、企业“走出去”动态效应的综合

将假说3.1、假说3.2和假说3.3的含义综合起来，从动态视角分析企业“走出去”对技术创新能力及产能利用率的影响如图3.10所示。

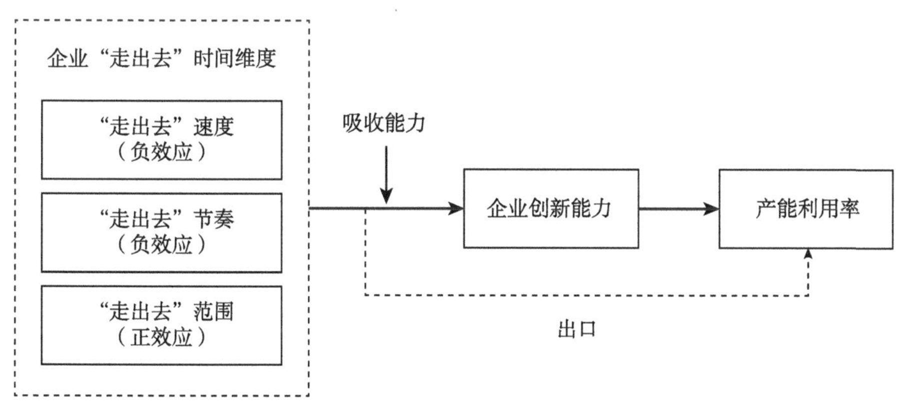

图3.10 企业“走出去”动态效应与机制

企业“走出去”三个时间维度对新能力进而提高产能利用率，如图3.9中粗线箭头所示。此外，企业“走出去”还直接地能够带动产品、机械设备等的出口从而化解过剩产能和提高产能利用率，如图3.9中虚线箭头所示，这一视角已得到较多文献的研究，故不是本书的关注重点。

3.3.5 对两种国际产能合作途径的比较

综合以上分析，在第五次国际产业转移之际，我国企业参与国际生产合作的途径有两种，一是通过嵌入发达国家跨国公司主导的全球价值链参与国际生产合作，二是通过“走出去”推进国际产能合作。两种途径的效应和机制不同。如表3.2所示，企业嵌入全球价值链和“走出去”推进国际产能合作是当前我国企业参与国际生产合作和第五次国际产业转移的两个主要途径，它们对化解产能过剩和提高技术创新能力的机制各不相同，净效应也不同。其中，嵌入价值链的效应为倒U型，而“走出去”不同时间维度对推进国际产能合作的净效应不同。

表3.2 我国企业推进国际生产合作的途径与机制

<table>
<tr><td colspan="2" rowspan="2">项目</td><td>嵌入发达国家跨国公司GVCs</td><td colspan="3">“走出去”推进国际产能合作</td></tr>
<tr><td>技术扩散与技术俘获</td><td>“走出去”速度</td><td>“走出去”节奏</td><td>“走出去”范围</td></tr>
<tr><td rowspan="2">效应</td><td>技术创新能力</td><td>倒U型</td><td>负效应</td><td>负效应</td><td>正效应</td></tr>
<tr><td>产能利用率</td><td>倒U型</td><td>负效应</td><td>负效应</td><td>正效应</td></tr>
<tr><td rowspan="2">机制</td><td>技术创新能力</td><td>竞争、技术授权、技术转移和人员流动等四个中间机制</td><td colspan="3">吸收能力调节机制</td></tr>
<tr><td>产能利用率</td><td>市场拓展、中间品进口和资本品进口等三个中间机制</td><td colspan="3">技术创新能力中间机制和吸收能力调节机制</td></tr>
</table>

3.4 本章小结

本章基于国际直接投资理论和国际产业转移理论构建了企业“走出去”推进国际产能合作的包容性分析框架，剖析了作用效果和机制。从技术创新能力角度看，嵌入全球价值链同时存在技术扩散与技术锁定的可能性，“走出去”逆向技术溢出受到企业“走出去”行为动态特征的影响。总之，两者都与企业自身技术吸收能力密切相关。提出如下假说：

第一，全球价值链引发技术扩散同时也会引发技术锁定，对我国企业产能利用率和技术创新能力的影响呈现出“先上升后下降”的倒U型非线性轨迹。

第二，全球价值链对我国企业技术创新能力的作用机制包括：竞争、技术授权、人员流动和技术转移。

第三，全球价值链对我国企业产能利用率的作用机制有三个：市场拓展（正效应）、中间品进口（倒U型）和资本品进口（倒U型）。

第四，从企业“走出去”三个时间维度看，企业“走出去”速度快不利于提升技术创新能力以及化解产能过剩，“走出去”节奏缺乏规律性不利于提升技术创新力以及化解产能过剩，“走出去”范围扩大有利于提升企业技术创新力以及化解产能过剩。

第五，技术吸收能力对企业“走出去”进程三个时间维度均具有调节效应，影响方向各不相同。具体说来，吸收能力会增强“走出去”范围对技术创新力的正效应，减轻“走出去”快速度和无节奏对技术创新力的负效应。

实 证 篇

第 4 章　国际产能合作视角下企业嵌入 GVCs 实证研究

我国企业全球价值链嵌入度对产能利用率和技术创新能力的影响是非线性的倒 U 型，即关系曲线存在一个拐点。在此拐点之前，GVCs 嵌入度会促进我国企业提高产能利用率和提升技术创新能力；在此拐点之后，GVCs 嵌入度会不利于我国企业提高产能利用率和提升技术创新能力。本章使用微观数据对上述假说进行定量检验，推断此拐点，检验机制并扩展分析。按照对数据库处理顺序，实证分析从产能利用率开始。

4.1　研究目标与方法

本章实证分析有两个研究目标。

第一个目标是实证检验企业嵌入全球价值链对产能利用率的非线性效应与机制，具体思路如下。

①将我国工业企业数据库与海关进出口数据库进行匹配，用所得企业样本数据采用最小二乘法（OLS）检验 GVCs 嵌入度对我国企业产能利用率的倒 U 型曲线假说，在该假说得到初步验证基础上进一步计算倒 U 型的拐点并运用 utest 方法加以确认。稳健性分析采用广义倾向得分匹配法（CPSM）、变换解释变量测算方法、调整样本等三种办法。

②实证检验第 3 章所指出的嵌入全球价值链对产能利用率的三个影响机制：市场拓展效应、中间品进口效应和资本品进口效应。本章获取机制变量方法如下：采用行业层面出口/总产值比值为国际市场规模的代理——这样处理的好处是单个企业的出口贸易不足以影响行业整体水平，而行业层面上的

出口强度变化足以反映企业所面对的国外市场需求变化；借鉴已有文献测算企业进口产品质量，进而得到企业总进口质量与进口中间品质量、进口资本品质量等机制变量。

③进一步从企业贸易方式、产权性质、行业特征等多个异质性角度对非线性假说加以扩展分析。

第二个目标是检验企业嵌入全球价值链对技术创新能力的非线性效应与机制，具体如下。

①使用前述两个大型企业数据库的优势是能够确保样本足够大，缺点是缺少企业技术创新能力指标，因此先对我国上市公司数据库数据进行整理和清洗，然后将其与工业企业数据库和海关进出口数据库进行匹配，从而得到实证分析所需要样本及数据。

②由于技术创新能力指标是离散的计数数据且零值较多，故采用零膨胀泊松回归模型，并通过变换被解释变量度量指标以及调整样本等方法进行稳健性检验，以确认倒 U 型假说是否成立。

③根据 3.2 节对全球价值链技术扩散机制的剖析并考虑到数据的可得性检验市场竞争机制，用反映市场集中度的赫芬达尔-赫希曼指数（Herfindahl-Hirschman Index，HHI）表达市场竞争强度。

④与产能利用率类似，此处的扩展分析思路亦侧重考察企业贸易方式、产权性质、行业特征等异质性。

4.2 嵌入 GVCs 对企业产能利用率的效应检验①

4.2.1 实证设计

一、模型构建

根据倒 U 型假说，建立如下二次项回归模型。

$$CU_{it} = \beta_1 GVC_{it} + \beta_2 GVC_{it}^2 + \beta_3 X + \lambda_i + \mu_t + \varepsilon_{it} \tag{4-1}$$

其中，CU_{it} 为企业产能利用率，GVC_{it} 为企业全球价值链嵌入度，X 为一系

① 数据处理由黄思聪在本书作者指导下完成。

列企业层面控制变量。经 Hausman 检验确定采用固定效应模型，引入个体固定效应和时间固定效应。λ_i、μ_t 分别代表企业个体固定效应、时间固定效应，以控制不可观测的企业因素、时间因素。ε_{it} 是随机扰动项。如果倒 U 型假说成立，则预期 GVC_{it} 解释变量的一次项系数 β_1 显著大于零，二次项系数 β_2 显著小于零，并且 β_2 的系数值越大，倒 U 型曲线的开口越小，意味着倒 U 型曲线的拐点到来得越快。

二、变量说明

1. 被解释变量

企业产能利用率（CU）是被解释变量。参考余淼杰等（2018）测算产能利用率。该文献清晰界定了产能利用率的概念，借助于大样本的微观数据测算企业产能利用率，符合本书需要。在测算产能利用率过程中，该方法考虑到了“过度投资”导致的产能过剩可能性，加入了资本折旧率考量，被学界较多研究借鉴和使用。产能利用率 CU_{it} 等于企业实际使用资本存量 K_{it}（即实际生产能力）与生产配置资本存量 K_{it}^*（即潜在生产能力）的比，即

$$CU_{it} = K_{it}/ K_{it}^*$$

在现实中，人们只能够观察企业可以投入生产的潜在资本存量水平 K_{it}^*，但无法观测到实际被使用的资本存量水平 K_{it}。资本使用水平与资本折旧率密切相关，产能利用率越高，当期的资本折旧率就越高，因此可以将资本折旧率 δ_{it} 写成产能利用率的函数形式：

$$\delta_{it} = \delta(cu_{it})$$

或者变换成如下形式

$$cu_{it} = \delta^{-1}(\delta_{it}) \equiv g(\delta_{it})$$

其中，cu_{it} 为 CU_{it} 的对数形式。这样，无法观测的产能利用率就被转换为可以观测的资本折旧率。企业生产函数对数形式如下：

$$y_{it} = \beta_0 + \beta_k k_{it} + \beta_l k_{it} + \omega_{it} + \varepsilon_{it}$$

继续遵照依照 Ackerberg 等（2015）的企业生产决策机制，则得到全要素生产率的函数表达式为

$$\omega_{it} = f_t^{-1}(k_{it}^* + g(\delta_{it}),\ l_{it},\ m_{it}) \tag{4-2}$$

其中，l_{it}、m_{it} 分别为劳动投入量和中间品投入量的对数形式。给定 $g(\delta_{it})$

和 $\omega_{it} = \omega_{i(t-1)}$ 的函数形式，并将上述生产率表达式代入前面的企业生产函数表达式，借助非参数方法最终估计出企业生产率与产能利用率。设定 $g(\delta_{it})$ 函数的形式为

$$\delta_{it} = \delta(h_{it}) = \bar{\delta} H_{it}^{\eta}$$

其中，$\eta > 0$，$\bar{\delta}$ 是行业层面产能利用率为 1 时的折旧率。在实际测算时，以行业 95 分位数为基准，以排除工业企业数据库中异常数据的影响。利用该文献所提供的方法，在实际测算企业产能利用率时，还需要用到我国 2002 年、2007 年和 2012 年的投入产出表。

2. 核心解释变量

企业全球价值链参与度是核心解释变量。使用企业国外增加值率反映全球价值链参与度，在企业层面的测算形成了逐步完善的四种测算方法（文娟、张叶娟，2019）。①未经过任何修正直接测算企业出口中的国外增加值率；②在第一种方法的基础上根据 BEC 编码区分了初级产品、中间品与资本品，并在计算时剔除了初级产品与资本品；③进一步识别贸易中间商的份额，并以行业层面的中间商贸易占比对企业的贸易额进行调整，防止中间商间接进口使指标测算产生偏误；④进一步考虑到本国投入中所包含返回增加值的影响，用 GVC_{it} 表示。基准回归使用第四种方法的测算结果，前三种测度方法用于稳健性检验。第四种方法考虑到了我国对外贸易中所占比重较大的加工贸易和大量贸易中间商，并将中间品区分为用于生产国内销售部分和用于生产出口品部分，则我国企业 i 在 t 年份的全球价值链融入度（GVC_{it}）的计算公式如下：

$$GVC_{it} = \frac{V_f}{X} = \frac{\{M_A^P + M_{AM}^O[X^O/(D + X^O)]\} + 0.05\{M - M_A^P - M_{AM}^O\}}{X}$$

其中，X 是企业出口，M 表示进口，上标 P，O 分别表示加工贸易和一般贸易，D 表示国内销售值，下标 A，M 则分别表示实际进口（去除中间商影响）与中间品进口。依据此公式在计算企业的全球价值链参与度时，进行了如下系列处理。①去除非 GVCs 嵌入企业（包括只从事进口企业、只从事出口企业和完全不参与进出口的企业）；②剔除国内销售数据缺失的企业；③区分企业进口中间品进口，剔除资本品和原材料；④根据中间商进口比例调整企业实际进口（吕越等，2017、2015）；⑤将进口中包含的返回增加值设定

为0.05。

3. 控制变量

选取企业层面控制变量，以控制相关企业特征对被解释变量可能造成的影响。借鉴现有文献普遍做法，此处包括了如下企业控制变量。

①企业年龄（age）及其二次项。一方面企业年龄代表着一家企业参与生产与市场竞争的时间长短，企业年龄越大，企业越容易获取足够的市场信息，建立相对稳固的生产结构，尤其对于产能利用率来说，参与生产时间越长的企业相对更容易完成资本的累积并建立相对成熟的生产体系。另一方面，持续存活时间更长的企业也可能会因为生产技术相对固化而减少对新技术的采纳和资本结构的调整（白让让，2017；张国胜、刘政，2016；周瑞辉，2015），并导致产能利用率无法得到进一步提升，因此同时加入企业年龄的二次项。

②生产规模（scale）。不同生产规模的企业在生产要素投入决策上可能存在差异，也可能会对企业是否最终嵌入全球价值链产生影响。选用企业工业总产值的对数作为企业生产规模的测度。

③企业资本密集度的自然对数（percap）。采用企业人均真实资本存量的对数形式表示企业资本密集度，反映企业内不同生产要素的投入比例。

④全要素生产率增长率（tfp）。生产率同样影响企业进行要素投入的决策，并且同时影响价值链嵌入度。在测算过程中将生产率与产能利用率分离，使用经过产能利用率调整的全要素生产率增长率作为控制变量（马红旗、申广军，2020）。

⑤政府补贴（sub）虚拟变量。许多文献在讨论我国产能过剩问题成因时，都认为政府补贴是引致过度投资与产能过剩的重要成因（程俊杰，2015；耿强等，2011）。采用是否收到政府补贴的虚拟变量来控制企业受到政府支持的情况。

⑥企业当年投资（reinv）。过度投资是影响企业产能利用率的重要因素，采用永续盘存法得到的当年真实投资作为企业当年投资的测度变量。

⑦企业所有制虚拟变量（国有、民营、港澳台和外资）。一般来说，国有企业具有更低的要素调整成本，而外资企业则可能具有更加充裕的资本和更先进的技术，因此企业产能利用率可能在不同所有制企业间表现出异质性。由于工企库内登记的企业类型并不准确，采用企业实收资本份额对企业所有

制做进一步调整（聂辉华等，2012）。

⑧技术水平虚拟变量。企业技术水平既影响生产要素的配置与有效利用，也会影响企业在嵌入价值链过程中对外来技术和正向溢出的吸收。参照丁一兵、刘紫薇（2018）和钱学锋等（2011）将制造业分为高技术行业和中低技术行业两个部分，生成虚拟变量，其中高技术行业的二位行业代码为26-30，35-41。

三、数据来源与处理

实证分析采用的数据主要来自我国工业企业数据库与海关数据库（2000—2013）。工业企业数据库提供税收和其他企业特征变量信息。海关数据库提供企业加工贸易进口额、一般贸易进出口额以及出口总额等数据。这两个大型数据库的优势在于数据量大，指标丰富，可以较好地满足本书研究需求；不足之处在于数据缺失较多、统计错误较多等问题，学界对此也已经进行了广泛的探讨（陈林，2018），提供了较好的完善和匹配方法。目前，学界使用较为广泛且认可度较高的数据版本为2000—2007年的匹配数据，但考虑到样本量与研究问题在更长时间跨度上的有效性，选择了2000—2013年间进行基准回归，以质量较好的2000—2007年间样本用作稳健性检验。这两大数据库的数据清理和匹配分三步完成。

第一步，保留工业企业数据库的制造业数据（行业代码为13-43），对异常值进行了清理。①剔除了中间投入、工业生产总值、工业增加值等关键变量缺失的样本；②剔除当年从业人员小于8人的样本；③借鉴杨汝岱、朱诗娥（2013）与张天华、张少华（2016）方法，使用企业开业年份的众数等方式调整了异常企业开业年份后，剔除开业年份大于企业进入数据库年份的异常值；④由于贸易中间商不进行生产，可能会影响后续对产能利用率的估算和价值链的测度，也进行剔除。对于2007年后数据库存在部分关键指标缺失问题，借鉴现有学术研究进行了补充，具体操作如下：①对于中间投入指标的缺失，结合韩国高等（2011）、余淼杰等（2018）与陈林（2018）的方法[①]进行了

---

① 韩国高等（2011）方法为：中间投入=工业总产值-工业增加值+应交增值税；

余淼杰（2018）方法为：中间投入=产出×（销售成本/销售收入）-工资支付-折旧值；

陈林（2018）方法为：中间投入=存货-产成品+主营业务成本-主营业务应付工资-主营业务应付福利费。

补充；②借鉴盖庆恩等（2015）的方法补充了缺失的工业增加值[①]；③使用移动平均法补充了缺失的工业销售产值。对于仍然缺失的样本，予以剔除。

第二步，对我国海关数据库进行以下处理。①剔除目的国为我国的异常观测值；②剔除贸易数量、贸易额、目的国缺失或者为0的异常值；③统一了海关数据库中的贸易方式名称，只保留了一般贸易和加工贸易（来料加工与进料加工）。

第三步，将我国工业企业数据库与海关数据库进行匹配并得到实证分析所需样本数据。为尽可能减少“过度匹配”问题的影响，采用杨汝岱、李艳（2013）的方式将工业企业数据库各年样本匹配成面板数据，再根据企业名称与海关数据库对应年份的数据进行匹配。

经过以上步骤的处理，最终得到146 814家企业，共588 173个观测值，各年样本量分布特征如表4.1所示。

表4.1 工业企业海关数据样本分布

年份	频数	占比（%）	累计（%）	年份	频数	占比（%）	累计（%）
2000	14 570	2.48	2.48	2007	53 906	9.16	45.88
2001	18 907	3.21	5.69	2008	53 731	9.14	55.02
2002	21 781	3.7	9.39	2009	48 395	8.23	63.25
2003	26 276	4.47	13.86	2010	48 085	8.18	71.42
2004	40 151	6.83	20.69	2011	60 443	10.28	81.7
2005	43 543	7.4	28.09	2012	56 070	9.53	91.23
2006	50 745	8.63	36.72	2013	51 570	8.77	100
合计				合计	588 173	100	

描述性统计如表4.2所示。变量描述性统计显示，企业产能利用率的最小值接近于零，因此在样本期间存在僵尸企业，表明存在极端的产能过剩情形。

表4.2 主要变量的描述性统计

变量	（1）	（2）	（3）	（4）	（5）
	样本数	均值	标准误	最小值	最大值
产能利用率（CU）	519 519	0.667	0.211	7.08e-05	1

① 盖庆恩等（2015）：工业增加值=工业总产值-中间投入+增值税。

续表

变量	(1)	(2)	(3)	(4)	(5)
	样本数	均值	标准误	最小值	最大值
价值链嵌入度（GVCs）	519 519	0. 112	0. 222	0	1
价值链嵌入度二次项（GVCs_2）	519 519	0. 061 9	0. 168	0	1
企业当年投资（reinv）	519 382	11 877	129 421	0	3. 717e+07
企业年龄（age）	519 519	10. 36	7. 255	1	65
全要素生产率增长率（tfp）	519 519	5. 444	1. 109	-4. 400	11. 20
企业规模（scale）	519 112	11. 03	1. 376	0	19. 55
是否有政府补贴（sub）	519 317	0. 423	0. 494	0	1
企业资本密集度取对数（percap）	519 519	3. 876	1. 330	-4. 432	13. 31
是否是国有企业（stat）	519 519	0. 018	0. 131	0	1
是否是港澳台企业（H_M_T）	519 519	0. 248	0. 432	0	1
是否是外资企业（foreign）	519 519	0. 327	0. 469	0	1
是否是高技术企业（hightech）	519 519	0. 472	0. 499	0	1
行业集中度（四位码分类）	514 018	0. 259	0. 084	0. 200	0. 904

4. 2. 2　倒 U 型假说检验

该检验分四个步骤进行。第一步，利用式（4-1）进行基准检验；第二步，如果基准检验通过假说，则找出倒 U 型曲线的拐点；第三步，运用 utest 方法确认倒 U 型假说成立；第四步，稳健性检验。

①基准回归分析。表 4. 3 是基准检验结果。该结果表明不能排除倒 U 型关系的可能性。

表 4. 3　参与全球价值链对企业产能利用率的影响-倒 U 型检验

变量	产能利用率			
	(1)	(2)	(3)	(4)
全球价值链参与度	**0. 008***** **(0. 001)**	**0. 005***** **(0. 002)**	**0. 032***** **(0. 004)**	**0. 029***** **(0. 005)**
全球价值链参与度二次项			**-0. 043***** **(0. 005)**	**-0. 029***** **(0. 005)**

续表

变量	产能利用率			
	(1)	(2)	(3)	(4)
控制变量	Yes	Yes	Yes	Yes
常数项	0.423*** (0.0034)	0.404*** (0.005)	0.604*** (0.004)	0.406*** (0.005)
年份固定效应	Yes	Yes	Yes	Yes
行业固定效应	Yes	No	Yes	No
省份固定效应	Yes	No	Yes	No
企业固定效应	No	Yes	No	Yes
N	513 291	513 291	513 291	513 291
R-squared		0.134		0.134

注：①括号内是标准误；②***、**和*分别表示显著性水平为1%、5%和10%。

表 4.3 中，除了考虑到时间和个体固定效应，还使用行业固定效应或者省份固定效应替代了个体固定效应（列 2 和列 3），所得结果并未发生实质性改变。结果表明，一方面，我国企业参与全球价值链的深度对其产能利用率产生显著的正向效应（列 1 和列 2）。另一方面，列 3 和列 4 显示在加入了全球价值链参与程度的二次项之后，该二次项的符号为负，并且参与全球价值链深度的系数显著地大幅度地下降，这些表明不能排除倒 U 型关系的假说，因而验证了假说 3.1 关于嵌入全球价值链对企业产能利用率的影响。

②寻找倒 U 型的拐点。经过计算，倒 U 型关系的拐点是 0.503，即在企业价值链参与深度达到该水平之前，随着企业参与 GVCs 深度的提高，产能利用率也会提高。此后，继续深入全球价值链可能加强对产能利用率的抑制程度，换言之出现了过度融入。

③确认倒 U 型关系。下面使用的 utest 方法进一步确认了倒 U 型关系的有效性，结果如表 4.4 所示。

表 4.4 utest 的检验结果

	Lower bound	Upper bound
Interval	0	1
Slope	0.028 8	-0.028 3

续表

	Lower bound	Upper bound
t-value	6.359 3	-4.619 9
P>t	1.01e-10	1.92e-06

表 4.4 显示，utest 检验结果上界 Slope 的系数显著为负，说明在模型内存在倒 U 型关系。

④稳健性分析与检验。理论上，在本回归模型中，内生性问题难以避免，例如逆向因果关系等。部分企业产能利用率高可能是因为拥有较高的生产率、规模经济或者先进的技术水平，因而企业资源配置能力或者在国际市场上具有较大竞争力，从而更有可能自选择深度融入全球价值链。实证研究也表明，由于产能利用率高企业会倾向于国际产能合作（陶长琪、杨雨晴，2019）。经过对两类差别化企业特征变量的比较，其结果表明不能排除潜在的逆向因果关系，如表 4.5 所示。例如，就均值而言，嵌入全球价值链的企业具有更加充裕的投资、更高的资本密集度以及更大的企业规模；相对的，非嵌入企业具有相对更多的政府补贴。因此，不能排除内生性的可能性。

表 4.5　嵌入价值链企业与非嵌入价值链企业特征变量对比

变量	非嵌入价值链企业			嵌入价值链企业		
	观测数	均值	标准差	观测数	均值	标准差
企业当年投资	285 847	9 407	87 602	233 535	14 901	166 859
企业年龄	285 934	10.25	7.591	233 585	10.51	6.819
全要素生产率	285 934	5.454	1.102	233 585	5.432	1.116
企业规模	285 711	10.91	1.308	233 401	11.17	1.442
政府补贴	285 832	0.456	0.498	233 485	0.382	0.486
企业资本密集度	285 934	3.859	1.346	233 585	3.897	1.309

为了减轻内生性问题的影响，采用了如下两种方法进行稳健性检验。

①选择广义倾向得分匹配法（GPSM）来匹配处理组与对照组，以消除"自选择"带来的估计偏误①。该方法有助于克服 PSM 方法只能应用于二值型

① 倾向得分匹配（PSM）方法广泛被用来处理潜在的内生性问题（吕越等，2017；余娟娟，2017；等）。

处理变量模型的缺陷，还能够处理被解释变量位于［0，1］区间内点的一般情况以及位于［0，1］区间两端角点的特殊情况，即被解释变量存在极值 0 和 1。首先进行一阶段 Fractional Logit 回归，然后构造剂量反应函数。

在一阶段 Fractional Logit 回归中，协变量需要同时影响到价值链嵌入与企业产能利用率。结合相关文献，选取的协变量有如下三类。其一，企业自身生产特征，包括企业年龄、生产率和规模等；如上文所述，企业存续时间越长，生产效率越高，规模越大，资本越充足，则企业可以承担的投资支出和调整成本也更多，也更容易承担嵌入价值链带来的成本和风险，并从全球化分工中获益。除企业年龄及二次项可能由于生产结构和投资固化产生负向影响外，企业特征变量预计符号为正。其二，外部条件变量，包括企业是否收到补贴，是否从事高技术行业，行业集中度，等等。在能够获得政府补贴的情况下，企业通过嵌入价值链改进自身生产工艺，参与国际竞争的激励可能受到削弱，而激烈的行业竞争可能迫使企业主动嵌入价值链寻求突破。其三，贸易方式，以企业是否为纯加工贸易企业衡量。加工贸易具有"大进大出"以及所涉及生产环节技术水平较低等特征，显著区别于一般贸易和混合贸易。对于产能利用率而言，加工贸易一方面在不涉及高技术加工环节的情况下可能产生的过剩产能较少，嵌入价值链后可能带来产能利用率的显著提高，但另一方面也可能由于被锁定在低端环节，参与大量的同质竞争而导致剩余产能无法得到进一步转化。此外，从价值链嵌入模式来看，加工贸易的嵌入门槛相对较低，导致从事加工贸易的企业可能更倾向于嵌入价值链。

估计结果显示一阶段 Fractional Logit 模型各项系数与基准回归基本一致，并且在选取的协变量中，行业集中度可能由于控制了其他企业特征，其影响被其他变量吸收而不再显著，而其余变量均为有效（见表 4.6）。

表 4.6 Fractional Logit 回归结果展示

T	系数	稳健标准误	z 值	P>z
企业年龄	0.046***	0.001	37.22	0.00
企业年龄二次项	−0.001***	3.13E−05	−24.44	0.00
企业规模	0.116***	0.004	30.5	0.00
企业资本密集度取对数	0.145***	0.003	50.79	0.00

续表

T	系数	稳健标准误	z 值	P>z
生产率增长率	0.022 ***	0.005	4.59	0.00
政府补贴	-0.067 ***	0.009	-7.83	0.00
国有企业	0.237 ***	0.031	7.57	0.00
港澳台企业	1.064 ***	0.011	101.54	0.00
外资企业	1.321 ***	0.001	135.54	0.00
高技术企业	1.287 ***	0.031	41.33	0.00
企业当年投资	9.75E-08 ***	1.81E-08	5.4	0.00
行业集中度（四位码分类）	0.053	0.043	1.23	0.217
加工贸易	0.587 ***	0.010	57.09	0.00
行业、地区固定效应	Yes			

注：①括号内是标准误；②*** 、** 和 * 分别表示显著性水平为 1%、5%和 10%。

在剥离了同时影响产能利用率和价值链嵌入的协变量的干扰后，将价值链嵌入度（处理强度）按照 0.2、0.4、0.7 为节点分为四个强度区间①，并在其内部根据均值分为 5 组，构造价值链嵌入度与一阶段所估计倾向得分（GPSM）的多项式进行回归，得到了企业全球价值链参与度的剂量反应函数，如图 4.1 所示。

如图 4.1 所示，剂量反应函数显示，经 GPSM 匹配后，企业全球价值链参与度与产能利用率之间倒 U 型关系依然显著，随着价值链嵌入度（处理强度）的逐渐增加，产能利用率一开始会相应得到改善，但在嵌入度达到 0.46 后，进一步嵌入反而对产能利用率产生了负向影响，嵌入红利逐渐消失。当价值链嵌入度达到 0.75 左右时，嵌入价值链带来的正向影响完全消失，更深的嵌入将严重损害企业配置资源的能力。因此，嵌入价值链虽然可以成为企业优化资源配置能力，转化过剩产能的有效途径，但过深嵌入价值链可能反而不利于企业提高自身的产能利用水平。

① 企业价值链参与度呈偏态分布，考虑到每个区间内的样本数量，参照了康志勇等（2018）的方法在样本密度较大的区间内取更多的节点，在样本相对稀疏的区间内取较少的节点，也尝试了均等分割，以及进行更细的分割。各种办法所得最终结果是一致的。

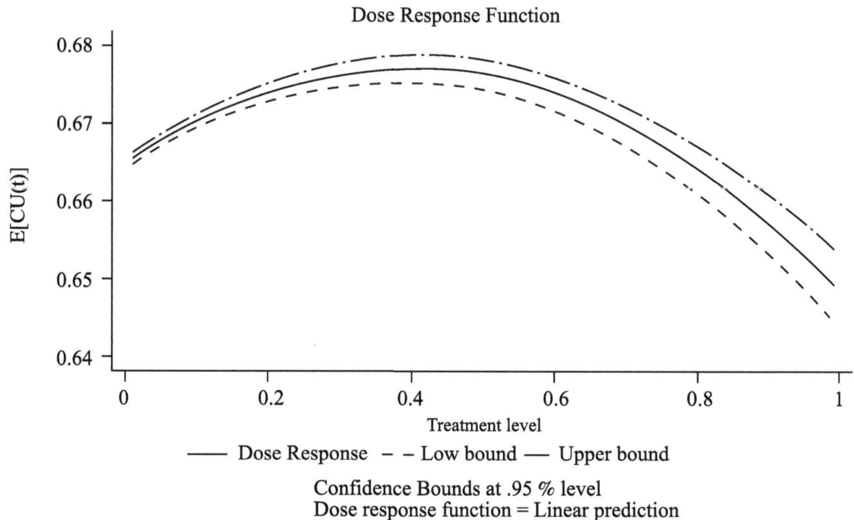

图 4.1 价值链嵌入强度对产能利用率影响剂量反应函数

②2000—2007 年间的工业企业数据库数据质量较高，其他年份数据存在较多缺失值与异常值，为此我们重新估算了企业产能利用率，并就这段时间内样本重新进行检验。结果如表 4.7 所示，核心变量以及控制变量和系数方向和显著性均无显著变化。

表 4.7 使用 2003—2007 年数据的回归结果

变量	产能利用率			
	(1)	(2)	(3)	(4)
GVCs1	0.013*** (0.001)	0.021*** (0.004)		
GVCs1_2		-0.012** (0.005)		
GVCs2			0.013*** (0.001)	0.023*** (0.0040)
GVCs2_2				-0.013**
GVCs3	0.012*** (0.001)	0.019*** (0.005)		

续表

变量	产能利用率			
	(1)	(2)	(3)	(4)
GVCs3_2		-0.009** (0.004)		
GVCs4			0.012*** (0.001)	0.018*** (0.004)
GVCs4_2				-0.008*
R-squared	0.049	0.049	0.049	0.049
控制变量	YES	YES	YES	YES
年份、企业固定效应	YES	YES	YES	YES

注：①括号内是标准误；②***、**和*分别表示显著性水平为1%、5%和10%。

以不同区间样本数据所得检验结果均支持企业参与全球价值链与其产能利用率之间呈现倒U型关系，说明在基础回归中得到的结论是相对稳健的，可以认为第三章机制分析中所指出的倒U型非线性假说成立。下面继续就三种影响机制进行检验。

4.2.3 三个中间机制检验

一、检验方法和数据

根据第3章的研究结论，存在三种机制Z：市场拓展机制、中间品进口机制、资本品进口机制。此处借鉴陈旭等（2019）与马述忠等（2017）的方法，先验证处理变量全球价值链参与度与中间机制变量间的关系，并得到Z的拟合值，再用拟合值对被解释变量产能利用率进行估计。具体模型如下。

$$Z_{it} = \beta_1 GVC_{it} + \beta_2 X_{it} + \lambda_i + \varepsilon_{it} \tag{4-3}$$

$$CU_{it} = \beta_3 \widehat{Z_{it}} + \beta_4 X_{it} + \lambda_i + \varepsilon_{it} \tag{4-4}$$

在中间品数据测算方面，借鉴现有研究使用行业层面的出口与总产值占比作为出口贸易的测度（刘磊等，2018），其优势在于单个企业的出口贸易不足以影响行业整体水平，而行业层面上的出口强度变化足以反映企业所面对的国外市场需求变化，有助于解决企业自身出口与价值链嵌入相关而导致的内生性问题。为了更清晰检验进口中间品的效果，参考施炳展（2015）将中间品及资本品进口总规模分解出质量边际和种类边际，对进口中间品总规模、质量和种类分别进行回归。其意义在于，例如总效应为正而质量边际如果效应为负，可以说明数量效应为正。

二、回归结果与分析

1. 回归结果

机制检验的实证结果见表 4.8（下一页）。表中，模型（1）和模型（2）反映国际市场拓展机制，其中，GVCs 嵌入度一次项和二次项的系数均显著大于零，验证市场拓展正效应。模型（3）—（8）反映进口中间品机制。在列（3）中，GVCs 嵌入度二次项系数显著大于零，说明从规模上，进口中间品有助于化解产能过剩。列（5）和（8）中，GVCs 嵌入度二次项系数显著小于零，表明中间品进口质量和种类产生倒 U 型效应。模型（9）—（11）表明，GVCs 嵌入度二次项系数同样显著小于零。

2. 结果分析

回归结果反映的主要结论如下。

其一，企业参与价值链显著扩大了出口市场，说明拓展市场规模效应存在。其二，中间品总额对企业产能利用率的影响不显著，种类与质量的影响显著大于零。资本品的情况与中间品相似（由于表格大小所限，进口资本品总额作为被解释变量的结果未展示在表 4.8 中）。其三，价值链使企业得以进口更大规模中间品和资本品，但是全球价值链参与度对中间品进口种类和质量的影响呈倒 U 型，即 GVCs 嵌入度二次项系数显著小于零。因此，得出如下结论。就嵌入全球价值链影响产能利用率的三个中间机制来说，表 4.8 确认了出口拓展机制正效应，而中间品进口和资本品进口净效应大于零，但是由于进口中间品和资本品质量和种类的效应为倒 U 型，因此净效应存在倒 U 型的可能性。但是，就我国企业来说，中间品进口总额和资本品进口总额尚未表现出倒 U 型效应，只是它们的种类和质量已经现出了倒 U 型。这种结果证实价值链领导厂商（价值链购买者）是通过控制中间品及资本品种类和质量对我国企业实施“技术锁定”。这意味着，供应商提高自主创新能力，实现

表 4.8 机制检验结果

变量	出口占比	产能利用率	中间品进口额	产能利用率	中间品种类	产能利用率	进口中间品质量	产能利用率	进口资本品种类	产能利用率	进口资本品质量	产能利用率
出口占比拟合值		0.000 1 ** (4.61e-05)										
中间品进口额拟合值				7.06e-10 (4.51e-10)								
进口中间品种类拟合值						0.001 *** (0.000 1)						
进口中间品质量拟合值								0.106 *** (0.022)				
进口资本品种类拟合值										0.003 *** (0.001)		
进口资本品质量拟合值												0.155 *** (0.037)
价值链嵌入度	39.28 *** (0.300)		1.867e+06 ** (773852)		26.60 *** (0.956)		0.181 *** (0.004)		4.001 *** (0.304)		0.093 *** (0.008)	
价值链嵌入度二次项	2.227 *** (0.375)		2.761e+06 ** (1.166e+06)		-14.45 *** (1.129)		-0.131 *** (0.004)		-2.206 *** (0.303)		-0.055 *** (0.007)	
常数项	YES	YES	YES	YES	YES	YES	YES	YES	YES	YES	YES	
N	513 291	513 291	245 405	513 291	245 405	513 291	245 405	513 291	94 992	513 291	94 992	513 291
R-squared	0.723	0.134	0.009	0.134	0.156	0.134	0.062	0.134	0.084	0.134	0.047	0.134
固定效应	YES	YES	YES	YES	YES	YES	YES	YES	YES	YES	YES	

注：①括号内是标准误；②***、** 和 * 分别表示显著性水平为 1%、5%和 10%。

自我提升中间品和资本品的质量和种类，有助于打破价值链领导厂商的技术锁定。这一发现与沈国兵、黄铄珺（2020）的发现一致。此外，在中间品进口渠道下，企业年龄与其二次项系数显著为负，这说明了企业在嵌入价值链过程中，越成熟的企业可能越不倾向于大幅度采用进口中间品来替代原有的生产技术和生产方式。这可以解释为什么产能过剩相对较少出现在新兴行业。

4.2.4 企业异质性分析

一、企业异质性考量

工业企业异质性体现在诸多方面，通常被纳入研究范畴的有：产权属性、技术水平、贸易方式等。参与全球价值链对产能利用率的影响也会表现出明显的企业异质性，进而导致总体上呈现出企业间存在适度嵌入和过度嵌入的差别。

①国有企业相较于其他企业，具有更多的政策与资源支持，且由于“政企合谋”等因素的存在，市场竞争很可能无法淘汰低效率国有企业（夏飞龙，2018；徐朝阳、周念利，2015）。相较于其他类型的企业，国有企业创新能力低（吴延兵，2012），外资企业则具有更高的技术水平。

②技术水平相对较低的企业无法有效吸收参与国际分工带来的正向溢出（李磊等，2017），从而更加容易遭遇“技术锁定”。

③加工贸易是我国对外贸易不可忽视的贸易方式。与一般贸易相比，加工贸易以劳动投入为主，增值环节短，增值率低，缺少自主品牌和技术等特征决定了加工贸易类企业可能更易遭遇“价值链陷阱”。融入全球价值链能为企业快速带来消化过剩产能的市场机遇，但是也会可能导致企业盲目扩张产能，在国际市场竞争激烈的时候，企业欠缺非价格竞争实力，出口受阻，产能利用率会因此下降。

二、实证结果与分析

按照企业异质性进行分样本回归，结果见附录一表 1：企业异质性检验。检验所得主要结论如下。

①只有民营企业和外资企业在嵌入全球价值链后获得了正向效应[①]，且四种类型的企业中只有国有企业当年投资的系数显著为负。进一步地，对于国有企业，是否从事高技术行业这一变量前的系数不显著，而其他三种所有制企业在高技术行业和低技术行业的样本上具有显著差异。

②高技术企业在参与全球价值链过程中通过吸收转化价值链带来的正向溢出，从而实现对产能利用率的提高，但过度参与全球价值链对企业产能利用率产生负向影响；低技术企业未能直接地利用价值链嵌入红利以实现自身的发展，但在过度嵌入时出现产能利用率随价值链过度嵌入而提高的现象。这与低技术企业生产发展方式有关：由于低技术企业生产技术含量不高，进入门槛低，因此制约其进一步提高产能利用率的瓶颈在于引入更先进的生产要素以优化要素配置，以及是否可以突破过度竞争有效输出产能。当低技术企业过度嵌入进入“俘获型”价值链时，其生产高度依赖于更先进的上游公司，若企业在资源配置过程中减少对设备与研发的配置，专业化加工等环节，则中间品替代与“俘获型”生产网络提供的产能输出渠道所产生的正效应就可能超过企业无法吸收新技术、提高自身资源配置能力产生的负效应，从而在整体上表现出过度嵌入时价值链嵌入对产能利用率产生正效应。相对地，高技术企业技术水平高，生产过程伴随着技术更新与研发，也易受到先进上游企业设置的技术壁垒影响，因此过度嵌入时，“俘获型”价值链关系反而会使其丧失竞争力，不利于产能利用水平的提高以及产能输出，从而在整体上表现出价值链嵌入对产能利用率的负向影响。此外，实证结果还表明，高技术企业该变量的系数均显著为正而低技术企业当年投资的系数不显著。

③一般贸易和混合贸易企业通过价值链嵌入改善了产能利用率，而加工贸易企业的产能利用率则未能有效提高。此外，加工贸易企业的企业规模系数显著为负，这进一步说明在配置资源过程中，由于其配置资源能力低，扩张规模虽然提高了产量，但同时引致了新的过剩产能，不利于产能利用率的提高。加工贸易企业需要在嵌入的同时需要发挥自身的主观能动性，通过主动嵌入价值链以及“干中学”来实现价值链地位的攀升。

④只有东部地区在嵌入价值链的过程中获得了产能利用率的提升。进一

① 除了参照数据库的企业分类之外，还根据实收资本调整并重新识别了企业真实类型，重新检验结果未发生显著变化。

步发现，相较于东中部地区企业，西部地区的企业所获补贴系数在10%的水平上显著，但对比不同地区企业补贴获得情况来看，西部地区企业获得补贴的企业比例更高。这从侧面说明了单纯使用补贴等手段可能不是解决西部产能过剩问题的最有效方法。皮建才、张鹏清（2020）、皮建才、卜京（2019）对补贴的研究更进一步，他们发现当面临需求不确定性时在政府补贴会引起体制性产能过剩。然而，这种情况设可能是由于研究期间内西部地区基础设施建设相对落后、高技术行业水平相对较低以及营商环境这样的制度性因素相对不完善等原因所致。

4.3 嵌入GVCs对企业技术创新能力的效应检验

4.3.1 实证设计

一、实证模型

选择如下实证分析模型检验企业嵌入全球价值链对其技术创新力的倒U型效应。

$$Inno_{it} = \beta_1 GVC_{it} + \beta_2 GVC_{it}^{2} + \beta_3 X + \lambda_i + \mu_t + \varepsilon_{it} \tag{4-5}$$

式（4-5）中，被解释变量为企业创新能力，用 $Inno_{it}$ 表示；其他变量含义同模型（4-1）。现有文献从不同角度衡量创新，例如创新投入（R&D）和创新产出。由于受到公司战略、政府政策等不确定因素的影响较多，企业创新投入存在较大的随机性，创新产出则是对创新能力有效性的考量。因此，采用创新产出进行衡量。创新产出的衡量方法包括：新产品绩效法和专利数据法。新产品绩效能够直观地体现创新活动的商业价值，但对新产品的划分标准并不统一，不同的划分方法会带来回归分析结果的偏误。本书强调企业创新能力，故使用创新产出来衡量，并使用企业专利授权数量（Grant）作为创新产出的基准衡量指标，使用企业专利申请数量（Apply）用于稳健性分析。

二、回归方法选择

由于企业专利授权量以及专利申请数均为计数数据，因此应采用计数模型进行估计。计数模型包括泊松回归、负二项回归和零膨胀泊松回归。其中，零膨胀泊松回归适用于被解释变量存在较多零值的情形。样本中专利授权数量含有较多数量的零值，适合采用零膨胀泊松回归模型（ZIP）。

三、数据来源与整理

企业专利数据来自国泰安上市公司数据库（CSMAR），缺失数据通过万德（Wind）数据库补齐。其他变量原始数据依旧来源于前述匹配所得的工业企业样本。在实证分析之前，首先对沪深 A 股上市公司数据库进行清洗和匹配，具体处理过程如下。①剔除其中被标识为 ST、* ST 和 PT 的企业、已退市企业以及银行、保险等金融类企业；②剔除注册地为香港、澳门、英国维尔京群岛、开曼群岛等国际“避税天堂”的海外子公司；③将经过上述处理所得上市公司样本与前一节实证分析使用的大型数据库（经工业企业数据库和海关企业进出口数据库匹配所得）进行匹配，于是得到了本节进行实证分析所需样本，时间跨度为 2000—2013 年。数据描述性统计如表 4.9 所示。

表 4.9　主要变量的描述性统计

变量	样本数	均值	标准误	最小值	最大值
企业专利授权数量（Grant）	41 738	58.834	165.327	0	492
价值链嵌入度（GVCs）	41 738	0.262	0.284	0	1
价值链嵌入度二次项（GVCs_2）	41 738	0.052	0.184	0	1
企业当年投资（reinv）	41 738	11 626	96 365	0	3.214e+07
企业年龄（age）	41 738	10.190	6.930	1	62
全要素生产率（tfp）	41 738	5.471	1.012	-4.309	10.30
企业规模（scale）	41 738	10.930	1.706	0	19.171
是否有政府补贴（sub）	41 738	0.580	0.446	0	1
企业资本密集度（percap）	41 738	3.076	1.371	-5.001	12.180
是否是国有企业（stat）	41 738	0.018	0.115	0	1
是否是港澳台企业（H_M_T）	41 738	0.282	0.324	0	1
是否是外资企业（foreign）	41 738	0.381	0.409	0	1
是否是高技术企业（hightech）	41 738	0.472	0.390	0	1
被解释变量零值数量	1 009				

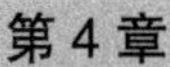

4.3.2 倒 U 型假说检验

1. 基准回归

使用四种方法测算的全球价值链参与度作为解释变量以及专利授权数量为被解释变量，基准回归结果见表 4.10 模型（1）—（4）。

表 4.10 嵌入全球价值链对企业技术创新能力的影响

变量	专利授权数量（Grant）				专利申请数量（Apply）			
	（1）	（2）	（3）	（4）	（5）	（6）	（7）	（8）
GVCs	**0.011***** （**0.004**）	**0.011***** （**0.003**）	**0.041***** （**0.004**）	**0.042***** （**0.004**）	**0.011***** （**0.001**）	**0.012***** （**0.002**）	**0.058***** （**0.005**）	**0.0591***** （**0.005**）
GVCs_2	**−0.006***** （**0.002**）	**−0.011***** （**0.004**）	**−0.036***** （**0.020**）	**−0.031***** （**0.015**）	**−0.006**** （**0.004**）	**−0.026***** （**0.010**）	**−0.035**** （**0.019**）	**−0.025*** （**0.015**）
控制变量	Yes	Yes	Yes	Yes	Yes	Yes	Yes	Yes
常数项	7.738*** （0.009）	7.814*** （0.005）	7.402*** （0.013）	7.581*** （0.007）	7.938*** （0.013）	7.309*** （0.006）	7.004*** （0.031）	1.081*** （0.030）
N	41 738	41 738	41 738	41 738	41 738	41 738	41 738	41 738
R-2	0.519	0.501	0.619	0.608	0.781	0.711	0.625	0.617
固定效应	Yes	Yes	Yes	Yes	Yes	Yes	Yes	Yes
Vuong 检验	4.172***	6.514***	9.320***	6.182***	5.701***	3.241***	8.301***	6.892***
专利零值个数	1 009	1 009	1 009	1 009	1 009	1 009	1 009	1 009

注：①括号内是标准误；②***、** 和 * 分别表示显著性水平为 1%、5%和 10%。

使用企业所获得的专利授权数回归的结果见表 4.10 模型（5）—（8）。结果表明，Vuong 检验 Z 值显著大于 0，说明选择零膨胀泊松回归模型是最优的。在所有模型中，无论采用哪一种方法来测算 GVCs 参与度，其一次项系数均显著大于零，二次项系数显著小于零。因此，可以认为使用企业获得专利授权数来度量创新能力时，企业全球价值链参与度与企业创新能力呈倒 U 型关系。

2. 稳健性检验

根据两种情况进行了稳健性检验。①使用专利申请数量替换前面的专利授权数，作为被解释变量。②考虑到我国于 2007 年 1 月 1 日开始实施新的会计准则，这段时间我国工业企业数据库数据质量也较为可靠，故选择 2000—2006 年子样本重新检验分析。第一类稳健性检验结果见表 4.10 模型（5）—（8）。第二类稳健性所得检验结果见表 4.11。

表 4.11　参与全球价值链对企业技术创新能力的影响（2000—2006 年）

变量	专利授权数量（Grant）				专利申请数量（Apply）			
	(1)	(2)	(3)	(4)	(5)	(6)	(7)	(8)
GVCs	**0.011***** **(0.002)**	**0.012***** **(0.002)**	**0.037**** **(0.019)**	**0.034***** **(0.003)**	**0.021***** **(0.002)**	**0.022***** **(0.002)**	**0.047**** **(0.026)**	**0.042***** **(0.003)**
GVCs_2	**-0.005***** **(0.002)**	**-0.004***** **(0.002)**	**-0.006***** **(0.003)**	**-0.034***** **(0.005)**	**-0.004***** **(0.003)**	**-0.005***** **(0.005)**	**-0.007*** **(0.005)**	**-0.049***** **(0.008)**
控制变量	Yes	Yes	Yes	Yes	Yes	Yes	Yes	Yes
常数项	41.238*** (0.018)	52.014*** (0.018)	47.022*** (0.0213)	47.803*** (0.017)	22.080*** (0.230)	22.900*** (0.301)	21.004*** (0.215)	26.208*** (0.371)
N	20 126	20 126	20 126	20 126	20 126	20 126	20 126	20 126
R-2	0.411	0.449	0.553	0.581	0.415	0.610	0.605	0.572
固定效应	Yes	Yes	Yes	Yes	Yes	Yes	Yes	Yes
Vuong 检验	7.702***	4.105***	2.100***	3.802***	6.090***	4.451***	9.441***	5.672***
专利零值数量	531	531	531	531	531	531	531	531

注：①括号内是标准误；②***、**和*分别表示显著性水平为 1%、5%和 10%。

表 4.11 模型（5）—（8）以及表 4.11 结果表明，基准回归结果是稳健的。因此，可以认为第 3 章假说 3.1 关于嵌入全球价值链对企业创新能力的影响成立。

4.3.3　竞争机制检验

领导厂商对供应商的技术扩散渠道包括：竞争、技术（或者技术信息如产品定义等）授权转让、内部技术转移、人员流动等。然而，跨国公司与供应商之间的技术授权、内部技术转移、人员流动这些相关数据可得性差，无法进行机制检验。下面利用行业集中度指数（HHI）检验竞争机制。理论预期是市场竞争越激烈，即市场集中度越小，企业更有可能实现技术进步，也就越难以被技术锁定。因此，按照前面计算的行业集中度指数 HHI（4 位码）

值从高到低按照四分位数，分成高垄断度、中垄断度、低竞争度、高竞争度四个组别进行回归，结果如表 4. 12 所示。

表 4. 12 嵌入 GVCs 影响企业技术创新能力的竞争机制

变量	专利授权数量（Grant）			
	(1)	(2)	(3)	(4)
	高垄断组	中垄断组	低竞争组	高竞争组
GVCs	**0. 006** **(0. 005)**	**0. 004** ** **(0. 021)**	**0. 037** *** **(0. 01)**	**0. 042** *** **(0. 01)**
GVCs_2	**-0. 007** *** **(0. 003)**	**-0. 007** *** **(0. 001)**	**-0. 004** ** **(0. 003)**	**-0. 006** **(0. 005)**
控制变量	Yes	Yes	Yes	Yes
常数项	35. 836 *** (0. 106)	10. 814 *** (2. 205)	20. 209 *** (2. 201)	39. 177 *** (2. 706)
N	3231	3231	3231	3231
R-2	0. 309	0. 301	0. 719	0. 706
固定效应	Yes	Yes	Yes	Yes
Vuong 检验	3. 429 ***	4. 005 ***	6. 070 ***	5. 201 ***
专利零值数量	233	251	205	154

注：①括号内是标准误；② *** 、** 和 * 分别表示显著性水平为 1%、5%和 10%；③GVCs 指数为第四种方法测算所得。

表 4. 12 结果表明，两个垄断组均显著呈现倒 U 型曲线，低竞争组在 10%的显著性水平上呈现倒 U 型，高竞争组不显著支持倒 U 型。前两个垄断度较高竞争度较低的部门，二次项系数均在 1%显著性水平显著。垄断程度小的低竞争组中，二次项系数只在 10%的显著性水平显著，而高竞争度行业的二次项系数不显著。并且，高垄断组、中垄断组的系数绝对值较竞争组更大，表明倒 U 型曲线开口更小，意味着这类行业企业会更快被领导厂商技术锁定。因此，市场垄断程度越高，价值链技术扩散越少，对嵌入 GVCs 企业的技术创新能力的贡献微弱。反之，市场竞争度高，有利于价值链技术扩散和创新，不易于被技术俘获。

4.3.4 进一步分析

从产权属性、行业和贸易方式角度进行异质性检验所得结果与对嵌入全球全价值链影响产能利用率的检验结果相似。①分企业性质看，只有民营企业和外资企业在嵌入全球价值链后获得了正向效应。②分行业技术密集度看，高技术企业嵌入全球价值链提高了自身技术创新能力，低技术企业表现得更容易被“俘获”。③分加工贸易方式看，加工贸易更容易被“俘获”。④东部企业参与全球价值链技术创新的有效途径，但是这个结论对中西部地区企业不成立。这可能由于在本次研究期间内西部地区基础设施建设相对落后、高技术行业水平相对较低以及营商环境这样的制度性因素相对不完善等原因所致。

4.4 本章小结

本章利用我国海关数据库、工业企业数据库和上市公司数据库实证检验了企业参与全球价值链深度对产能利用率和技术创新能力的效应，所得结论是稳健的。在此基础上，进一步验证了可能的影响机制和异质性效果，主要结论如下。

第一，基准检验结果及稳健性分析表明企业参与全球价值链深度对产能利用率和技术创新能力的影响均为非线性倒 U 型关系，证明了第 3 章提出的假说 3.1。因此，在我国企业嵌入全球价值链分工的初期，随着参与度的加深，发达国家跨国公司对作为供应商的我国企业能够带来先进技术，提升企业产能利用率和技术创新能力。但是，随着企业嵌入度加深，就会陷入全球价值链分工的陷阱，被价值链领导厂商以技术俘获，并导致产能利用率下降。本章以产能利用率为例，计算出了总体的企业平均嵌入度拐点值。

第二，对嵌入全球价值链影响产能利用率的三个机制的检验验证了假说 3.1a。①参与全球价值链深度通过市场拓展效应和中间品效应影响企业产能利用水平提升，而过度嵌入企业会由于无法克服参与国际分工引致的竞争和新增产能对产能利用率造成的负向影响，而导致需求收缩和中间品正向溢出的减弱，从而将倒 U 型关系传递到产能利用率。同时中间品数量不属于影响渠道，说明企业提升产能利用率最终仍需落实到技术进步上。进一步检验发现，②参与价值链深度对企业产能利用率的影响在不同类别企业之间表现为异质性，从而导致总体上呈倒 U 型关系。技术水平高的企业更容易捕获、吸收并转化参与全球价值链分工潜在正向溢出效应；国有企业相较于其他所有制企业来说，参与全球价值链分工难以成为其解决产能过剩问题的有效渠道；对非国有的所有制企业，参与全球价值链分工为企业提供了化解产能过剩并改善产能利用率的新思路。此外，加工贸易企业以及西部地区的企业，其产能利用状况目前没有因为价值链嵌入而得到显著改善。相对而言，其他贸易类型的企业和东部地区企业则能够借由参与全球价值链优化产能利用率。

第三，关于假说 3. 1b，使用赫芬达尔-赫希曼指数对行业进行分组，以检验竞争机制是否存在。结论证实行业竞争度越高，越能够激励领导厂商向本地供应商扩散先进技术；垄断程度高的行业，二次项系数绝对值偏高，即倒 U 型曲线的开口较小，意味着供应商嵌入之后，会较快滑入技术锁定陷阱。

第5章　国际产能合作视角下企业“走出去”实证研究

企业“走出去”潜在有助于企业技术创新和化解产能过剩，但取决于一些关键因素，例如企业自身的技术学习吸收能力、“走出去”进程的维度特征、企业所处生命周期和行业等。许多文献已经从静态角度证实了企业“走出去”对技术创新能力积极效应，即逆向技术溢出效应，学术界就 OFDI 逆向技术溢出渠道和企业技术学习吸收能力的重要性等问题取得了基本的共识。对此，本书不打算重复类似的研究。本章的创新之处是检验我国企业“走出去”与技术创新能力及产能利用率之间的动态关系，即 3.3 节的相关理论判断。

5.1　研究目标与方法

技术外部性意味着我国企业“走出去”有利于提升企业技术创新力即产生 OFDI 逆向技术溢出效应，其中技术吸收能力起到了至关重要的调节作用；动态地看，企业国际化进程是一个持续的时间过程，在此过程中，“走出去”的速度快慢、节奏稳定与否以及范围大小都会影响逆向技术溢出效应是否显著。进一步看，企业“走出去”时间维度能够提高产能利用率也依赖于其动态技术效应。因此，本章主要目标是，全面检验企业“走出去”时间维度对技术创新能力的效应以及机制有效性，即验证第 3 章所提出理论假说 3.2 和假说 3.3。技术创新能力是企业“走出去”影响产能利用率的中间变量，故先检验企业“走出去”对技术创新能力的效应，然后再检验其对产能利用率的效应。

检验企业“走出去”动态特征影响技术创新能力的思路如下。首先，对上市公司数据库进行必要的清洗，考虑到 2007 年我国开始实施新的会计制度以及公司会计调整可能性，选取2008—2017年“走出去”企业为研究样本。国泰安和万德等上市公司数据库提供了充分的企业“走出去”的时间和去向、技术创新等信息，可据此测算出企业“走出去”三个时间维度指标。继续使用企业专利授权数作为技术创新能力指标，该指标为离散型计数数据且零值个数已达到不能忽视的程度，故使用零膨胀泊松回归实证研究企业“走出去”进程与创新能力的动态关系，并进行Vuong检验。然而，零膨胀泊松回归有助于解决零膨胀问题，却可能受到被解释变量过度分散的影响。对此，稳健性分析分别使用专利申请数量为创新能力指标和负二项回归方法。其次，使用企业研发投入占总资产的比重来衡量企业的吸收能力，引入交互项检验吸收能力的调节作用。最后，从企业生命周期和行业异质性两个方面进行扩展分析。

根据第3章分析结论，企业“走出去”通过影响技术创新能力进而影响产能利用率，故检验企业“走出去”影响产能利用率的思路与上述有所不同，具体如下。首先，检验“走出去”三个时间维度对企业产能利用率的效果，稳健性分析则使用解释变量滞后项来替换原解释变量。其次，检验机制。一是将技术创新能力作为解释变量，产能利用率作为被解释变量，检验技术创新能力作为中间机制的有效性。二是检验企业技术吸收能力的调节机制。最后，扩展分析与前面思路相同，主要使用最小二乘法OLS。

需要指出，本章对企业“走出去”三个时间维度的测算方法为：国际化速度是根据企业每年新增平均外国子公司的数量；企业国际化节奏等于企业境外企业数量随时间推移的一阶导数的峰度；国际化范围是企业在给定年份设立子公司的国家数量。

5.2 “走出去”的技术创新能力动态效应与机制检验①

5.2.1 实证设计

一、实证模型与方法

1. 实证模型

本章继续使用企业技术产出作为技术创新力的度量指标，在基准回归分

① 数据处理由陈若晨在本书作者指导下完成。

析中使用企业专利授权数量，在稳健性分析中使用企业的专利申请数量指标。基准回归模型见公式（5-1）。

$$Grant_{it} = \alpha_0 + \alpha_1 Process_{it} + \beta X_{it} + \gamma_{ind} + \theta_t + \varepsilon_{it} \tag{5-1}$$

其中，i 表示企业 i，t 表示第 t 时期。$Grant_{it}$ 为专利授权数量，表示企业创新能力。$Process_{it}$ 为本核心解释变量，包括企业“走出去”进程的三个时间维度变量：“走出去”速度（Speed）、“走出去”节奏（Rhythm）和“走出去”范围（Scope）。X 为控制企业层面变量向量，以控制企业其他特征的影响，包括企业规模、资产负债率、董事会规模、盈利能力、多元化水平以及产权性质等。此外，引入行业固定效应 γ_{ind} 以及年份固定效应 θ_t 。ε_{it} 为随机扰动项。

根据3.3节的理论假说，“走出去”速度、“走出去”节奏（下文指标测算值越大，表示越不规律）不利于企业创新，预期所得回归系数 α_1 显著小于零；“走出去”范围有助于企业创新，预期所得回归系数 α_1 显著大于零。

2. 回归方法

企业专利授权数量和专利申请数量是离散变量，且包含了较多零值的。零取值频次较高情况下，无法使用普通泊松分布回归，故继续采用零膨胀泊松回归模型。这是一种适合于样本存在较多零值的计数回归方法。

二、数据来源与处理

就本节研究而言，上市公司数据库提供了充分的企业信息，故所需数据主要来自 CSMAR 和 Wind 两大权威数据库。对于缺失值和异常信息，经过手动查找企业年报予以确认、补充和完善相关资料。借鉴相关研究并考虑到数据可得性以及指标规则一致性，选取我国沪深两市 A 股上市公司为研究样本，并对样本进行如下筛选和处理，具体处理与4.3节略有不同，具体过程如下。

①剔除其中被标识为 ST、*ST 和 PT 的企业、已退市企业以及银行、保险等金融类企业；②剔除注册地为中国香港、中国澳门、英国维尔京群岛、开曼群岛等国际“避税天堂”的海外子公司；③剔除没有对外直接投资的企业，这些企业在海外的子公司、联营公司、合营公司的合计数量为 0。财政部于 2007 年 1 月 1 日起实施新的会计准则。新会计准则在会计确认、计量和研究要求等方面与以往相比发生了很大的变化。为了避免当年财务调整的影响，

并保证数据统计口径的一致性，本章选取2007年之后的时间段：2008—2017年。

经过上述严格筛选之后，最终在样本基期（2008—2017年）内获取了3 740个非平衡面板数据，可以用于检验企业“走出去”速度和企业“走上去”范围的效果。至于“走出去”节奏，对构建和测算这一指标时需要从基期 t 年开始向前顺延4年的数据才能得到，这需要筛选掉海外投资年限 n 小于4的企业，故共得到1 297个国际化节奏样本。

三、变量选取与测算

1. 解释变量

解释变量即企业“走出去”进程，包括时间维度的三个动态变量，分别是“走出去”速度、“走出去”节奏和“走出去”范围。它们的测算方法如下。

(1)“走出去”速度

对该指标测算采用的是企业海外子公司数目除以“走出去”年限。其中，“走出去”年限为企业首次进行对外直接投资至研究期的时间间隔。“走出去”年限数值随研究期的时间而变化，包含在变量测试方式里。在其他条件相同情况下，该年限数值越大，则反映“走出去”速度越快。企业海外子公司数目来源CSMAR海外直接投资数据库，“走出去”年限通过对公司年报的手动收集和整理得到。

(2)“走出去”节奏

其测量办法是企业在一定窗口期 $[t, t+4]$ 内拥有海外子公司数目的一阶导数的峰值，具体计算公式如下：

$$Rhythm = \left\{\frac{n(n+1)}{(n-1)(n-2)(n-3)}\sum\left(\frac{x_i-\bar{x}}{s}\right)^4\right\} - \frac{3(n-1)^2}{(n-2)(n-3)} \tag{5-2}$$

式（5-1）中，n 为企业“走出去”年限。x_i 是第 i 年扩张子公司的数目。$\bar{x}$ 为企业从基期 t 年开始顺延4年的海外子公司数量的平均值。s 为海外子公司数量的标准差，较低的峰值代表企业规律或者稳定的“走出去”节奏；较高的峰值代表企业无规律或者不稳定的“走出去”节奏。海外子公司数目及国际化年限来源于 CSMAR 海外直接投资数据库和公司年报手动收集，并对数据进行初步计算处理。

(3)“走出去”范围

其测量办法为企业当年拥有海外子公司所在国家或地区的数目除以国际化年限。该值越大，表示企业“走出去”的范围越广。数据来源于 CSMAR 海外直接投资数据库，对少数不清晰的情况则结合查阅公司年报以明确。

2. 被解释变量

被解释变量是企业技术创新力，采用创新产出来衡量。如第 4 章，基准回归使用专利授权数量（Grant）来衡量企业创新产出，在稳健性检验中更换为企业专利申请数量（Apply）来进行衡量。数据来源于 CSMAR 数据库。

3. 控制变量

控制变量包括：企业年龄（age）、企业规模（Size）、资产负债率（Lev）、董事会规模（BDS）、总资产收益率（ROA）、多元化经营水平（Divsf）、产权性质（SOE）。企业年龄为企业自创立以来至研究期年限。企业规模使用企业总资产并进行对数处理，根据熊彼特的创新假说，企业规模越大，其创新能力也越强。资产负债率的测算方式采用企业负债总额与资产总额的比值。总资产收益率采用企业净利润与总资产的比值，反映了企业的盈利能力。业务多元化数据根据万德数据库所提供的主营业务收入行业构成数据进行整理所得，业务多元化程度同样会影响企业的创新。产权性质采取虚拟变量，根据上市公司的最终实际控制人进行衡量，若最终实际控制人为国资委等国有产权，则赋值为 1，否则为 0。变量描述性统计如表 5.1 所示。

表 5.1　描述性统计

变量	样本	均值	标准误	最小值	最大值	偏度	峰度
Grant	3 740	62. 906	120. 505	0	553	3. 062	11. 941
Speed	3 740	2. 425	2. 566	0. 6	17	3. 323	16. 332
Rhythm	1 297	−1. 723	9. 327	−13. 5	46. 5	2. 681	12. 338
Scope	3 740	0. 849	1. 107	0. 063	7	3. 158	14. 909
RDS	3 740	0. 027	0. 038	0	0. 196	2. 138	8. 735

续表

变量	样本	均值	标准误	最小值	最大值	偏度	峰度
Size	3 740	22.51	1.345	20.16	25.954	0.685	3.038
Lev	3 740	0.44	0.199	0.062	0.862	0.045	2.161
BDS	3 740	2.14	0.196	1.609	2.708	-0.238	3.875
ROA	3 740	0.052	0.052	-0.117	0.216	0.317	4.825
Divsf	3 740	2.251	1.446	1	7	1.161	3.721
SOE	3 740	0.334	0.472	0	1	0.705	1.496

注：表中各变量均经过了1%和99%的缩尾处理。

数据描述性统计是从微观层面显出我国企业“走出去”相关特征。①样本对外直接投资企业的专利授权指标均值为62.906，此即样本企业平均专利授权数量。②企业“走出去”速度Speed均值为2.425，最小值为0.6，最大值为17，最大值与最小值差异较大，说明样本企业“走出去”速度呈现明显较大的差异。③企业“走出去”节奏Rhythm的系数为-1.723，标准差为9.327大于3，说明样本企业“走出去”节奏也存在较大的差异。④企业“走出去”范围即空间分布Scope的均值为0.849，最大值与最小值也呈现一定的差异，因此企业“走出去”地理布局也存在较大的差异。⑤业务多元化数据（Divsf）的均值为2.251，说明平均每个样本企业有2个业务，最多的企业有7个业务。⑥企业产权属性SOE的均值为0.334，即国有企业在样本中的占比为33.4%，非国有企业样本数占比近77%。⑦RDS的均值为0.027，即样本企业吸收能力均值为2.7%。此外，其他变量的描述性统计说明企业规模、负债水平、盈利能力均表现出不同水平的异质性特征。

在回归分析之前，首先对以上所有变量进行初步的相关性分析，所得系数矩阵见表5.2。该表中系数矩阵显示，在5%显著性水平，“走出去”速度、“走出去”节奏与技术创新力负相关，但是不显著；“走出去”范围与技术创新显著正相关。这些相关系数与前述理论预期相符。控制变量方面，大部分变量与技术创新力呈现显著的相关关系，因而这些控制变量的选取是合理的。相关性分析无法反映“走出去”进程与技术创新能力的因果关系，因此需要进一步回归分析。

表 5.2 相关系数矩阵

变量	(1)	(2)	(3)	(4)	(5)	(6)	(7)	(8)	(9)	(10)	(11)
Grant	1.000										
Speed	**-0.001**	1.000									
Rhythm	**-0.016**	0.071*	1.000								
Scope	**0.227***	-0.046*	0.052	1.000							
RDS	0.001	0.030	-0.015	-0.021	1.000						
Size	0.499*	-0.008	0.046	0.226*	-0.262*	1.000					
Lev	0.223*	-0.011	0.051	0.095*	-0.325*	0.542*	1.000				
BDS	0.097*	-0.037*	-0.002	-0.004	-0.050*	0.207*	0.166*	1.000			
ROA	0.021	0.000	-0.013	0.032	0.064	-0.080*	-0.393*	-0.025	1.000		
Divsf	0.032*	-0.013	0.002	0.013	-0.178*	0.255*	0.202*	0.046*	-0.108*	1.000	
SOE	0.235*	0.039*	-0.000	0.034*	-0.186*	0.436*	0.338*	0.229*	-0.135*	0.199*	1.000

注：*代表5%的显著性水平。

此外，根据表5.2披露的控制变量与解释变量间的相关系数，最高相关系数小于0.5，可以认为这些变量之间不存在严重的多重共线性问题。

5.2.2 三个时间维度对技术创新能力的效应检验

一、基准回归

对式（5-1）采用零膨胀泊松回归模型进行估计所得结果如表5.3所示。该表中，列（1）（3）和方程（2）中零观察值的个数分别为472、472和174，达到样本总量的12.62%、12.62%和13.42%，因而使用零膨胀泊松回归模型是恰当的。

在表5.3中，Vuong检验Z值显著大于0，说明选择零膨胀泊松回归模型是最优的。主要结论如下。①“走出去”速度系数在1%的显著性水平上显著为负（-0.012），即较快的“走出去”速度不利于企业技术创新。②“走出去”节奏的系数在1%的显著性水平上显著为负（-0.005），说明“走出去”节奏不规律对企业提升技术创新力具有显著负效应。③“走出去”范围的系数在1%的显著性水平上显著为正0.048，意味着企业“走出去”地理范围越大，目的国越多，越有利于企业技术创新。以上三点结论与第3.3节的理论分析结论一致。

表5.3 基准检验结果

变量	被解释变量：企业专利授权数量（Grant）		
	(1)	(2)	(3)
Speed	**−0.012***** **(−12.626)**		
Rhythm		**−0.005***** **(−11.259)**	
Scope			**0.048***** **(33.514)**
控制变量	Yes	Yes	Yes
常数项	−12.829*** (−131.602)	−12.061*** (−131.602)	−12.531*** (−127.757)
固定效应	Yes	Yes	Yes
Vuong 检验	8.311***	5.571***	8.390***
被解释变量零值个数	472	174	472
N	3 740	1 297	3 740

注：①括号中是 t 值；②***、**和*分别表示显著性水平为1%、5%和10%。

二、稳健性分析

下面采用多种方式检验前述实证分析结论的稳健性，包括考虑潜在的内生性影响、更换核心变量测算方法和改变回归技术等。

1. 减轻内生性的影响

前述回归控制了行业、年度的影响，并且从多个角度选取了控制变量，但是仍然可能存在遗漏变量、反向因果等问题引起内生性，导致模型估计有偏。因此，有必要对内生性问题进行讨论。实践中，我国企业“走出去”进程与技术创新能力互为因果关系。例如，“走出去”可能旨在寻求提升技术创新力，也可能旨在利用已有技术创新能力优势走向世界。创新能力越强的企业，规避风险能力越强，会实施更加稳健的“走出去”步伐，也有能力向更多东道国开展投资。下面使用不同方法来减轻内生性的影响。

（1）使用解释变量滞后项替换当前解释变量

在无法根据理论和实践得到有效的工具变量情况下，这种方法有助于减轻内生性偏误，并被许多文献所采用。参考吴先明（2017）的做法，采用滞后一期变量作为解释变量，回归结果见表 5.4。表中，L. Speed、L. Rhythm、L. Scope 分别代表企业“走出去”进程三个不同维度的一期滞后项，它们的回归系数分别为-0.011、-0.003 和 0.039，且均通过了 1%显著性水平的检验，与基准回归所得结论一致。

表 5.4　滞后效应回归结果

变量	被解释变量：企业专利授权数量（Grant）		
	（1）	（2）	（3）
L. Speed	**-0.011***** **（-11.606）**		
L. Rhythm		**-0.003***** **（-6.720）**	
L. Scope			**0.039***** **（23.255）**
控制变量	Yes	Yes	Yes
常数项	-12.423*** （-110.932）	-12.033*** （-110.932）	-12.175*** （-108.039）
固定效应	Yes	Yes	Yes
Vuong 检验	7.400***	4.460***	7.520***
被解释变量零值个数	325	121	325
N	2 748	980	2 748

注：①括号中是 t 值；②***、**和*分别表示显著性水平为 1%、5%和 10%。

（2）使用系统广义矩估计（GMM）

与前面的滞后项方法类似，广义矩估计也经常被用于稳健性检验。由于技术创新及其影响的连续性，因此有必要考虑前期技术创新力水平的持续影响。相对于静态回归，动态面板回归考虑了被解释变量滞后期的影响。由于被解释变量专利授权存在零值，因此处理办法是统一将该变量值加 1 后取自然对数，以此作为技术创新力（patl）的代理，并构建动态面板模型采用系统广义矩法重新回归，回归结果见表5.5。

表5.5 系统GMM回归结果

变量	被解释变量：企业专利授权数量（Grant）		
	patl		
	（1）	（2）	（3）
L. patl	**0.519***** **（15.358）**	**0.527***** **（13.413）**	**0.433***** **（13.587）**
Speed	**-0.017**** **（-2.095）**		
Rhythm		**-0.006**** **（-2.163）**	
Scope			**0.045***** **（3.704）**
控制变量	Yes	Yes	Yes
常数项	-3.234** （-2.372）	-1.797 （-1.091）	-7.177*** （-4.914）
AR（1）	0.000	0.000	0.000
AR（2）	0.085	0.102	0.095
Sargan检验	0.50	0.213	0.208
N	2 692	987	2 692

注：①括号中是 t 值；②***、**和*分别表示显著性水平为1%、5%和10%；③AR（1）的 P 值小于0.05，AR（2）的 P 值大于0.05，说明模型仅存在扰动项一阶自相关，不存在二阶自相关；④Sargan检验的 P 值大于0.1，说明工具变量有效。

2. 采用新的办法测算核心变量

一是使用专利申请数量（Apply）作为技术创新力的代理变量，并使用新的方法测算“走出去”速度和“走出去”节奏。二是改用估算法测算企业

“走出去”动态特征。借鉴 Chen 等（2016）、钟熙等（2018）的做法，此处对企业海外销售收入取自然对数与时间窗口期在［t，$t+4$］内年度时间变量 t 的一元线性回归，设定的估算模型如下。

$$LnOI_t = b_1 + b_2 t + \delta \tag{5-3}$$

式（5-3）中，OI 是企业海外销售收入，系数 b_1 的反自然对数可以反映企业“走出去”速度（Speed_a），此值较大代表企业“走出去”速度越快。“走出去”节奏（Rhythm_a）用海外销售收入在一定时期内的波动情况进行度量，即 b_2 系数标准差的反自然对数，此值较大表明“走出去”节奏规律性越差。“走出去”范围的测算方法依旧。经过如上处理后，所得回归结果见表 5. 6。

表 5. 6　替换核心变量的回归结果

变量	企业专利申请数量（Apply）		
	（1）	（2）	（3）
Speed_a	**−0. 053 ***** **（−14. 855）**		
Rhythm_a		**−1. 001 6 ***** **（−40. 223）**	
Scope			**0. 036 3 ***** **（29. 844）**
控制变量	Yes	Yes	Yes
常数项	−13. 767 *** （−68. 763）	−12. 076 *** （−56. 883）	−11. 484 *** （−163. 040）
固定效应	Yes	Yes	Yes
Vuong 检验	5. 000 ***	3. 640 ***	8. 590 ***
零值个数	472	174	472
N	3 740	1 297	3 740

注：①括号中是 t 值；② *** 、** 和 * 分别表示显著性水平为 1%、5%和 10%。

所得回归结果显示，Speed_a 的系数显著为负，Rhythm_a 的系数显著为负，Scope 的系数显著为正。可见，采用新的办法测算核心变量后，企业“走出去”进程与技术创新力的关系不变，再次验证了模型的稳健性。

3. 采用负二项回归方法

零膨胀泊松回归有助于解决零膨胀问题，却可能受到被解释变量过度分散的影响。从描述性统计看，专利授权数的标准差 120.505 远远大于 62.906，说明该变量存在过度离散现象；表 5.7 中，负二项回归的 LR 检验 P 值均小于 0.01，同样拒绝不存在过度分散的原假设。因此，针对专利数据分布过度分散问题，下面使用负二项回归方法进行参数估计以作为弥补。表 5.7 披露了负二项回归的结果。

表 5.7　负二项回归结果

变量	企业专利授权数量（Apply）		
	(1)	(2)	(3)
Speed	**-0.019***** **(-2.825)**		
Rhythm		**-0.005**** **(-2.043)**	
Scope			**0.051***** **(5.316)**
控制变量	Yes	Yes	Yes
常数项	-13.702*** (-23.627)	-11.098*** (-18.384)	-10.386*** (-27.195)
固定效应	Yes	Yes	Yes
LR 检验	0.000	0.000	0.000
N	3 740	1 297	3 740
Pseudo R^2	0.076	0.094	0.083

注：①括号中是 t 值；②***、** 和 * 分别表示显著性水平为 1%、5% 和 10%。

表 5.7 中，在 1%显著性水平下，“走出去”速度、“走出去”节奏的系数分别为-0.019 和-0.005，“走出去”范围系数为 0.051。以上所得结论与零膨胀泊松回归所得结论一致。

综合以上检验结果，可以认为 3.2 节关于企业“走出去”对技术创新力的影响假说 3.2 的内容成立，即“走出去”速度越快，越难以提升技术创新力；企业“走出去”节奏越缺乏规律性，越难以提升技术创新力；企业“走出去”范围越广大，目的国越多，有利于提升技术创新力。

5.2.3 吸收能力调节机制检验

下面检验技术吸收能力对企业“走出去”三个时间维度假说的调节效应。

一、吸收能力指标

吸收能力是创新文献中最有影响力的概念之一。所谓吸收能力指的是企业“认识到新信息的价值，吸收它并将其应用于商业目的”的能力（Wesley、Levinthal，1989）。企业吸收能力指标测度方法不止一种，例如企业技术研发费用（R&D）、研发费用占销售收入的比重和研发费用占资产总额的比重等。直觉上，技术研发投入与技术的学习、消化与创新能力密切相关。与绝对投入相比，研发费用相对投入能够更好体现企业规模差异的影响，因而成为主要的测度指标。由于公司资产具有相对稳定性，而销售收入因为受季度、折扣、地理差别等多种因素影响而表现出较高的不稳定性。因此，以企业研发投入占总资产的比重衡量企业的吸收能力（何爱、钟景雯，2018）。理论预期是该指标值数值越大，企业技术吸收能力越强大。

二、实证结果分析

检验吸收能力的调节作用使用模型（5-4），模型中引入核心解释变量与吸收能力的交互项，用以考察后者的调节效应。

$$Grant_{it} = \alpha_0 + \alpha_1 Process_{it} + \alpha_2 RDS_{it} + \alpha_3 Process_{it} \times RDS_{it} + \beta X_{it} + \gamma_{ind} + \theta_t + \varepsilon_{it} \tag{5-4}$$

式（5-4）中，吸收能力变量记为 RDS_{it}，其他变量的含义同式（5-1）。它与核心变量企业“走出去”进程三个时间维度的交互项系数 α_3，其符号如显著为正，意味着吸收能力对“走出去”进程的技术创新力效应产生了积极的调节作用，反之亦然。根据 3.3 节的相关假说，预期对企业“走出去”及企业“走出去”节奏速度而言，α_3 应显著小于零；对企业“走出去”范围而言，α_3 应显著大于零。回归结果见表 5.8。

表 5.8 吸收能力的调节效应检验结果

变量	被解释变量：企业授权申请数量（Grant）		
	(1)	(2)	(3)
	Speed	Rhythm	Scope
“走出去”时间维度	-0.010*** (-8.542)	-0.012*** (-20.667)	0.059*** (32.342)
吸收能力	3.315*** (33.399)	1.843*** (13.466)	3.487*** (37.166)
“走出去”时间维度×吸收能力	**-0.030** **(-1.305)**	**0.256***** **(20.246)**	**0.451***** **(9.919)**
控制变量	Yes	Yes	Yes
常数项	-12.829*** (-131.610)	-12.063*** (-76.525)	-12.564*** (-127.990)
固定效应	Yes	Yes	Yes
Vuong 检验	8.310***	5.450	8.340***
零值个数	472	174	472
N	3 740	1 297	3 740

注：①括号中是 t 值；②***、**和*分别表示显著性水平为1%、5%和10%；③在检验调节效应之前已对数据中心化处理以消除量纲的影响。

根据表 5.8，有三个值得关注的结果。首先，引入企业吸收能力及其与解释变量的交互项并未影响解释变量企业“走出去”进程的系数符号和显著性，再次说明假说 3.2、假说 3.3 成立。其次，吸收能力变动自身系数符号均在1%的显著性水平下大于零，这反映了企业自主研发对技术创新力的重要性。最后，不同“走出去”动态维度与吸收能力交互项的系数都显著不为零，并且符号不同。在模型（1）中，“走出去”速度与吸收能力的交互项系数小于零但不显著，说明就“走出去”速度对企业技术创新力的负效应而言，吸收能力没有起到明显的调节作用。在模型（2）中，交互项系数在1%显著性水平下显著大于零，表明吸收能力的确削弱了国际化节奏不规律对企业创新力的负影响，与理论预期相符。在方程（3）中，交互项的系数在1%显著性水平下显著大于零，表明吸收能力增强了“走出去”范围对企业技术创新力的正向影响。因此，吸收能力并非显著调节所有企业“走出去”进程时间维度对技术创新力的影响，有效增强了“走出去”范围和减轻了“走出去”节奏的逆向技术溢出效应，但对“走出去”快速度没有起作用。因此，验证了第3章的假说3.2和假说3.3。

5.2.4 生命周期异质性和行业异质性检验

下面从企业生命周期和行业异质性两个方面扩展前面的实证分析。

一、企业生命周期异质性分析

1. 企业生命周期阶段划分

企业所处生命周期不同，其国际化实力和自身技术水平不同。为了考察企业“走出去”进程作用于企业创新的影响效果是否存在异质性表现，按照企业所处的生命周期分组检验并比较。完整的企业生命周期包括“新产品期—成长期—成熟期—退出期”四个阶段。在实践中，譬如在样本期间（2008—2013年）内，在我国公开发行并上市股票需遵循核准制，并且科创板尚未设立的企业。因此，可以认为上市公司能够通过证监会上市审核基本已度过了初创期，衰退期的企业较少会选择国际化扩张行动，因此将企业初创期和成长期合并为成长期，将成熟期和表现出衰退期特征企业合并视为成熟期企业。具体操作则借鉴Dickinson（2011）的方法，根据企业三种现金流活动判断企业所处的生命周期阶段①，如表5.9所示。

表5.9 企业生命周期划分标准

活动类型 生命周期	导入期	成长期	成熟期	淘汰期	退出期
经营活动现金流	-	+	+	-	+
投资活动现金流	-	-	-	-	+
融资活动现金流	+	+	-	-	+

在确定生命周期阶段时，如果当期样本企业进行了“走出去”扩张，则拉取该年度公司现金流量表，将其与表5.9情况对照以确定其所处的生命周期阶段。

① Dickinson指出在生命周期的五个阶段中，现金流活动有八种组合模式。本文将其缩减为五种模式，并在实证分析中根据样本企业的实际情况进一步缩减为成长期和成熟期。

2. 分样本回归结果分析

依然使用零膨胀泊松回归模型，回归结果见表 5.10。

表 5.10 不同生命周期的检验结果

变量	被解释变量：企业授权申请数量（Grant）					
	（1）	（2）	（3）	（4）	（5）	（6）
	成熟期	成长期	成熟期	成长期	成熟期	成长期
Speed	**0.005***** **（5.406）**	**−0.041***** **（−23.444）**				
Rhythm			**−0.011***** **（−18.473）**	**0.002***** **（3.103）**		
Scope					**0.066***** **（33.552）**	**0.012***** **（5.230）**
控制变量	Yes	Yes	Yes	Yes	Yes	Yes
常数项	−12.931*** （−62.192）	−14.102*** （−115.537）	−12.218*** （−57.990）	−13.556*** （−49.023）	−12.509*** （−60.163）	−14.395*** （−117.693）
固定效应	Yes	Yes	Yes	Yes	Yes	Yes
Vuong 检验	6.820***	6.120***	4.437***	2.661***	6.901***	6.235***
零值个数	288	184	136	38	288	184
N	1 806	1 934	855	442	1 806	1 934

注：①括号中是 t 值；②***、**和*分别表示显著性水平为1%、5%和10%。

表 5.10 中共有 6 个模型，所有 V 检验均显示出模型有效性。分别给出了三个“走出去”时间维度对处于两个不同生命周期阶段企业的技术创新力的影响。模型（1）和模型（2）表明，在成长期，“走出去”速度的系数显著为负，在成熟期系数显著为正，与基准回归中的全样本回归表现出差异，说明“走出去”速度对创新的影响具有明显的时期差异，“走出去”速度对成熟期企业创新呈现显著的积极影响，对成长期企业创新呈现显著的消极影响。同理，“走出去”节奏不规律对成熟期的企业创新呈现显著的消极影响，与基准回归中全样本的回归结果表现一致，对成长期的企业创新则呈现显著的积极影响，同样表现出明显的时期差异，如模型（3）和模型（4）所示。“走出去”范围无论是在成长期还是成熟期均有利于企业创新的提高，但是“走出

去”范围对成熟期企业创新的影响相较于对成长期企业创新的影响更加明显，见表5.10模型（5）和模型（6）。

二、行业异质性分析

企业对外直接投资的逆向技术溢出表现出较大的行业差异（谷克鉴等，2020）。一方面，高科技行业企业由于自身行业属性，相对更加重视自身技术研发和新知识获取，因而技术吸收能力也更强，在国家政策引导支持下，其进行海外扩张的高科技行业企业会更加注重利用对外直接投资获取国际先进技术知识，以及更注重对知识和技术的学习、吸收并加以转化和转移回母公司。随着国际化进程的加深，其自身的创新特性和竞争压力使其更容易加快国际化速度、拓宽国际化范围等，从而对创新产生影响。另一方面，一般性的非高科技公司其核心竞争力可能主要体现在其他对创新要求较低的方面，因而根据彭红星、毛新述（2017）的研究方法，参照OCED对高科技行业的划分标准，将计算机相关行业、电子行业、信息技术行业、生物制药行业、通信行业等行业企业归为高科技组，其余行业企业归为非高科技组。回归结果见表5.11。

表5.11 按是否是高科技行业标准的分样本检验结果

变量	被解释变量：企业授权申请数量（Grant）					
	（1）	（2）	（3）	（4）	（5）	（6）
	高科技	非高科技	高科技	非高科技	高科技	非高科技
Speed	**−0.006*** （−6.189）**	**−0.012*** （−5.976）**				
Rhythm			**−0.002*** （−4.156）**	**−0.009*** （−9.682）**		
Scope					**0.045*** （27.835）**	**0.026*** （8.193）**
常数项	−14.375*** （−104.035）	−10.201*** （−72.577）	−29.321 （−72.577）	−6.701*** （−72.577）	−13.989*** （−72.577）	−10.245*** （−72.928）
固定效应	Yes	Yes	Yes	Yes	Yes	Yes
Vuong检验	5.281***	7.875***	3.824***	4.953***	5.377***	7.880***
零值个数	108	364	40	132	108	364

续表

变量	被解释变量：企业授权申请数量（Grant）					
	（1）	（2）	（3）	（4）	（5）	（6）
	高科技	非高科技	高科技	非高科技	高科技	非高科技
N	2 319	1 421	795	502	2 319	1 421

注：①括号中是 t 值；②***、** 和 * 分别表示显著性水平为1%、5%和10%。

表5.11的回归结果表明，高科技行业和非高科技行业的“走出去”进程均对企业创新力产生了显著影响，但是存在差异。“走出去”速度越快，越会对高科技行业和非高科技行业呈现显著的负向影响；“走出去”节奏越不规律，越会对高科技行业和非高科技行业呈现显著的负向影响；“走出去”范围越广，越会对高科技行业和非高科技行业都呈现显著的正向影响。此外，“走出去”速度快和“走出去”节奏不规律对高科技行业企业创新的负向影响要小于对非高科技行业的负向影响，其可能的原因是高科技行业天生自带的创新基因让其有更强的创新能力和吸收能力低于“走出去”速度快和节奏不规律带来的负向影响，也加强了“走出去”范围广对创新的正向影响。

5.3 “走出去”的产能利用率动态效应与机制检验

5.3.1 实证设计

一、实证模型与方法

$$CU_{it} = \alpha_0 + \alpha_1 Process_{it} + \beta X_{it} + \gamma_{ind} + \theta_t + \varepsilon_{it} \tag{5-5}$$

式（5-5）为实证分析基本模型。其中，CU 即企业产能利用率，其他变量或符号与式（5-1）中的相同。特别说明如下三点。

第一，关于产能利用率的测算。出于以下考量，样本期间设定在2008—2013年。原因如下。一是我国实施“走出去”战略始于2000年，在最初两年“走出去”的企业数量较少；二是考虑到2007年我国开始实施新会计制度。故如第5.2节那样将样本设定在2008—2013年间。然而，工业企业数据库在这段时间的数据质量并不高，所以放弃使用这一数据库来测算企业产能利用率。综合以上考虑，本节使用与第4章相同的生产函数和相似的思路，但是全部使用上市公司数据库进行测算。上市公司数据库提供了充分信息，包括企业劳动投入量、资本投入量、行业分类等，据此即可测算出样本企业的产能利用率。

第二，关于实证方法。本节主要使用最小二乘法 OLS；所需稳健性分析使用解释变量滞后期，不再重复阐述。

第三，机制检验有两个，一是检验技术创新能力作为中间机制；二是企业技术吸收能力的调节机制。

二、数据描述

所需数据全部来自上市公司数据库。同样由于 2007 年开始实施新会计制度，故依然将样本期间设定为 2008—2013 年。实际使用样本与第 5. 2 节相同，相关数据的描述性统计如表 5. 12 所示。

表 5. 12　数据描述性统计

变量	样本	均值	标准误	最小值	最大值
产能利用率	3 740	0. 782	0. 397	0. 002 4	1
专利授权数	3 740	62. 906	120. 505	0	553
Speed	3 740	2. 425	2. 566	0. 6	17
Rhythm	1 297	−1. 723	9. 327	−13. 5	46. 5
Scope	3 740	0. 849	1. 107	0. 063	7
吸收能力	3 740	0. 027	0. 038	0	0. 196
规模	3 740	22. 51	1. 345	20. 16	25. 954
资产负债率	3 740	0. 44	0. 199	0. 062	0. 862
董事会规模	3 740	2. 14	0. 196	1. 609	2. 708
资产收益率	3 740	0. 052	0. 052	−0. 117	0. 216
多元化经营	3 740	2. 251	1. 446	1	7
企业性质	3 740	0. 334	0. 472	0	1

注：①表中除了产能利用率是新增变量，其他各变量与表 5. 1 相同；②所有变量进行了 1%和 99%的缩尾处理。

5. 3. 2　三个时间维度对产能利用率的效应检验

一、基准回归

对式（5-5）的回归估计所得结果如表 5. 13 所示。

表 5.13 基准检验结果

变量	被解释变量：企业产能利用率		
	(1)	(2)	(3)
Speed	**-0.002** **(-1.826)** [**]		
Rhythm		**-0.003** **(-13.401)** [***]	
Scope			**0.001** **(27.104)** [***]
控制变量	Yes	Yes	Yes
常数项	-62.212 [***] (-11.020)	-59.074 [***] (-26.367)	-102.190 [***] (-7.673)
固定效应	Yes	Yes	Yes
N	3 740	1 297	3 740

注：①括号中是 t 值；②***、**和*分别表示显著性水平为1%、5%和10%。

根据表5.13，所得主要结论如下。①"走出去"速度系数在5%的显著性水平上显著为负（-0.002），即较快的"走出去"速度不利于企业提高产能利用率。②"走出去"节奏的系数在1%的显著性水平显著小于零，说明"走出去"节奏不规律对企业产能利用率产生了显著负效应。③"走出去"范围的系数在1%的显著性水平显著为正，意味着"走出去"地理范围越广即目的国越多，越有利于企业提高产能利用率。以上三点结论与第5.2节企业"走出去"进程的三个时间维度对技术创新力的影响结论一致。

二、稳健性检验

此处稳健性检验使用解释变量一期滞后项替换原解释变量，回归结果如表5.14所示。

表 5.14 自变量滞后效应

变量	被解释变量：企业产能利用率		
	(1)	(2)	(3)
L. Speed	**-0.001** [***] **(-6.971)**		

续表

变量	被解释变量：企业产能利用率		
	(1)	(2)	(3)
L. Rhythm		**−0. 002***** **(−3. 200)**	
Scope			**0. 027***** **(12. 058)**
控制变量	Yes	Yes	Yes
常数项	−57. 203*** (−30. 329)	−3. 333*** (−6. 005)	−21. 050*** (−10. 301)
行业、年份固定效应	Yes	Yes	Yes
N	2 748	980	2 748

注：①括号中是 t 值；②***、**和*分别表示显著性水平为 1%、5%和 10%。

表 5. 14 中，关键系数符号与基准回归一致，说明基准回归结论是稳健的。

以上结论验证了 3. 2 节关于企业“走出去”对产能利用率的影响假说均成立，即“走出去”速度越快以及“走出去”节奏缺乏规律性都不利于企业提高产能利用率；企业“走出去”范围越广大，目的国越多，有利于提高产能利用率。

5. 3. 3　中间机制和调节机制检验

一、技术创新能力作为中间机制

如第 3. 1 节以及第 3. 3 节的理论分析所指出，技术寻求型对外直接投资通过提高企业技术创新力进而提高产能利用率。在此，继续使用企业专利授权数量表达技术创新力，该变量为离散变量，继续使用 OLS，回归结果见表 5. 16 是对技术创新力作为中介渠道的检验。

表 5. 15 显示，企业技术创新力对产能利用率有显著促进效果，将此结论结合表 5. 3 一起看，说明企业技术创新力是“走出去”不同维度影响产能利用率的中间机制。

表 5.15　技术创新力的中间机制

变量	被解释变量：企业产能利用率
企业授权申请数量（Grant）	**-0.021***** **(-10.721)**
控制变量	Yes
常数项	-109.300*** (-12.594)
固定效应	Yes
N	3 740

注：①括号中是 t 值；②***、**和*分别表示显著性水平为1%、5%和10%。

二、技术吸收能力的调节效应

检验吸收能力的调节作用使用模型（5-6），模型中引入核心解释变量与吸收能力的交互项，用来考察后者的调节效应。

$$CU_{it} = \alpha_0 + \alpha_1 Process_{it} + \alpha_2 RDS_{it} + \alpha_3 Process_{it} \times RDS_{it} + \beta X_{it} + \gamma_{ind} + \theta_t + \varepsilon_{it} \quad (5-6)$$

回归结果如表5.16所示。

表 5.16　吸收能力的调节效应

变量	被解释变量：企业产能利用率		
	(1)	(2)	(3)
	“走出去”速度	“走出去”节奏	“走出去”范围
“走出去”时间维度	-0.002*** (-8.475)	-0.012*** (-28.263)	0.050*** (30.859)
吸收能力	3.957*** (32.900)	3.579*** (13.012)	3.090*** (33.401)
“走出去”时间维度×吸收能力	**0.041**** **(-1.785)**	**0.009***** **(12.414)**	**1.511***** **(21.780)**
控制变量	Yes	Yes	Yes
常数项	-212.209*** (-31.110)	-9.113*** (-31.578)	-26.400*** (-27.001)

续表

变量	被解释变量：企业产能利用率		
	（1）	（2）	（3）
	“走出去”速度	“走出去”节奏	“走出去”范围
固定效应	控制	控制	控制
N	3 740	1 297	3 740

注：①括号中是 t 值；②***、** 和 * 分别表示显著性水平为 1%、5%和 10%；③在检验调节效应之前已对数据中心化处理以消除量纲的影响。

从表 5. 16 看，企业“走出去”三个时间维度与吸收能力的交互项系数均在 1%显著性水平上显著，且符号均大于零。这些结果表明，吸收能力能够显著减轻企业“走出去”速度过快对产能利用率的负面影响，显著减轻“走出去”节奏不规律对产能利用率的不利影响，并显著增强“走出去”范围对产能利用率的促进效应。

5. 3. 4　异质性分析

一、企业生命周期异质性分析

依然使用最小二乘法进行检验，所得回归结果如表 5. 17 所示。表中共有 6 个模型，分别给出了三个“走出去”时间维度对处于两个不同生命周期阶段企业的产能利用率的影响。模型（1）和（2）表明，在成长期，“走出去”速度的系数显著为负，在成熟期系数显著为正，与基准回归中的全样本回归表现出差异，说明“走出去”速度对产能利用率的影响具有明显的时期差异，“走出去”速度对成熟期企业产能利用率呈现显著的积极影响，对成长期企业呈现显著的消极影响。同理，“走出去”节奏不规律对成熟期的企业产能利用率呈现显著的负向影响，与基准回归中全样本的回归结果表现一致，对成长期的企业产能利用率则呈现显著的积极影响，同样表现出明显的时期差异，如模型（3）和（4）所示。“走出去”范围无论是在成长期还是成熟期均有利于企业产能利用率的提高，但是“走出去”范围对成熟期的企业产能利用率的影响大于对成长期企业产能利用率的影响，见模型（5）和（6）。需要说明，此处回归系数的符号特征与在检验“走出去”对技术创新力的动态效应是相同的。

表 5.17 不同生命周期的检验结果

变量	被解释变量：企业产能利用率					
	(1)	(2)	(3)	(4)	(5)	(6)
	成熟期	成长期	成熟期	成长期	成熟期	成长期
Speed	**0.012***** **(15.721)**	**-0.034***** **(-9.001)**				
Rhythm			**-0.061*** **(-1.613)**	**0.009***** **(5.313)**		
Scope					**1.621***** **(73.902)**	**0.701***** **(15.300)**
控制变量	Yes	Yes	Yes	Yes	Yes	Yes
常数项	-112.311*** (-92.692)	-108.201*** (-35.307)	-91.124*** (-7.105)	-53.507*** (-92.423)	-42.944*** (-29.612)	-44.214*** (-71.303)
固定效应	Yes	Yes	Yes	Yes	Yes	Yes
N	1 806	1 934	855	442	1 806	1 934

注：①括号中是 t 值；②***、** 和 * 分别表示显著性水平为 1%、5%和 10%。

二、行业异质性分析

回归结果如表 5.18 所示。表中结果表明，高科技行业和非高科技行业的“走出去”进程均对企业产能利用率产生了显著影响，并表现出差异性。“走出去”速度越快，在高科技行业和非高科技行业，企业产能利用率均受到显著的负效应；“走出去”节奏越不规律，在高科技行业和非高科技行业，企业均受到显著的负效应；“走出去”范围越广，两个行业组别的企业都受到显著的正效应。此外，“走出去”速度快和“走出去”节奏不规律对高科技行业企业产能利用率的负效应大于对非高科技行业的负向影响；而“走出去”范围对高科技组企业产能利用率的正效应大于非高科技组企业受到的正效应。

表 5.18 按是否是高科技类企业分组检验

变量	被解释变量：企业产能利用率					
	(1)	(2)	(3)	(4)	(5)	(6)
	高科技	非高科技	高科技	非高科技	高科技	非高科技
Speed	**-0.001***** **(-5.901)**	**-0.010***** **(-6.116)**				

续表

变量	被解释变量：企业产能利用率					
	(1)	(2)	(3)	(4)	(5)	(6)
	高科技	非高科技	高科技	非高科技	高科技	非高科技
Rhythm			**-0.002***** **(-10.022)**	**-0.005***** **(-2.008)**		
Scope					**0.075***** **(7.153)**	**0.061***** **(4.011)**
常数项	-9.001 (-1.387)	-34.321*** (-9.111)	-46.611*** (-4.325)	-6.283*** (-4.511)	-13.400*** (-10.094)	-10.026*** (-2.203)
固定效应	Yes	Yes	Yes	Yes	Yes	Yes
N	2 319	1421	795	502	2 319	1 421

注：①括号中是 t 值；② *** 、** 和 * 分别表示显著性水平为 1%、5%和 10%。

5.4 本章小结

本章使用 2008—2017 年我国沪深 A 股上市公司的经验数据，运用计量方法检验了我国企业“走出去”进程的三个时间维度特征对国内母公司技术创新力进而产能利用率的影响以及机制，并进一步检验吸收能力的调节作用，扩展分析从企业生命周期和所处行业类别角度进行了异质性分析，主要结论如下。

第一，企业“走出去”速度、范围和节奏均显著影响我国“走出去”企业技术创新能力，方向各异。具体而言：①企业“走出去”速度对跨国企业母公司的创新力和产能利用率起到负向影响，即企业“走出去”速度越快，对跨国企业的创新能力和产能利用率越不利。②企业“走出去”节奏对跨国企业的创新力和产能利用率起到负向影响，即企业国际化节奏越不规律、越跳跃，对跨国企业的创新力和产能利用率越不利。③企业“走出去”范围对跨国企业的创新力和产能利用率起到正向影响，即企业“走出去”范围越广，地理多样性越丰富，对跨国企业的创新越有利。

第二，企业“走出去”三个时间维度对产能利用率影响结果与技术创新相似，但是后者扮演了中间机制。

第三，技术吸收能力对企业“走出去”影响技术创新以及产能利用率起到了重要的调节作用，具体表现是吸收能力减轻了“走出去”速度和节奏对“走出去”企业创新力和产能利用率的负效应，并增强了“走出去”范围对创新力和产能利用率的正效应。

第四，企业“走出去”进程对企业创新力进而产能利用率的影响因企业所处生命周期和行业而不同。①在企业成长期，“走出去”速度越快，对企业创新力进而产能利用率越不利；在企业成熟期，“走出去”速度对企业创新力和产能利用率起到正向影响。②在企业成长期，“走出去”节奏规律对企业创新力和产能利用率起到正向影响；在企业成熟期，其对企业创新力和产能利用率起到负向影响。③在不同生命周期阶段，“走出去”范围都对企业创新力和产能利用率起到正向影响，在成熟期系数更大。高科技行业和非高科技行业的“走出去”进程均对企业创新力产生了显著影响，但是存在差异。

第 6 章　国际产能合作视角下企业“走出去”区位研究

区位和设立模式是企业“走出去”推进国际产能合作面临的两个基本问题。本章讨论第一个问题即“去哪儿”，设立模式问题留到第 7 章讨论。随着我国自由贸易区战略升级，我国对外签订的自贸协定数量增多，内容不断深化，无疑深刻影响到企业“走出去”区位战略。自贸协定投资规则采用条款、专章或附属协定等形式，旨在降低区域内外国投资者准入壁垒，提供可预测的经营环境；在自贸协定项下的义务遭到违反时，这些条款会规定相应的保护标准和追索手段，有助于企业“走出去”推进国际产能合作。本章聚焦于自贸协定研究企业“走出去”推进国际产能合作的区位决策问题，重点考察自贸协定投资及投资关联条款对企业“走出去”区位决策行为的影响，这在现有文献中较少受到关注，旨在为我国自由贸易区战略和企业国际化扩张提供决策参考。

6.1　全球范围区域自贸协定扩散及原因

6.1.1　全球范围内区域自贸协定扩散趋势

区域主义和多边主义并行发展是自 20 世纪 90 年代以来世界经济的两大鲜明特征。区域贸易协定（RTAs，以下统称为自贸协定）是多边贸易体系即 WTO 的合规例外情形之一。协定伙伴成员之间的贸易规模已经涵盖了全球贸易的一半以上，在一定程度上映射出世界各国对比 WTO 规则更深入一体化的需求。[①] 1958

① OECD，https://www.oecd.org/trade/topics/regional-trade-agreements，访问日期：2023 年 7 月 8 日。

年,《罗马条约》生效。这是世界贸易组织下第一个自贸协定，也是今天欧洲联盟的前身。该条约旨在使法国、意大利、德国和比荷卢经济联盟国家之间的商品和服务流动更加容易。从20世纪90年代开始，自贸协定的数量快速增长，性质发生深刻演化，发展成为各国推动外部经济、协调贸易政策的重要工具。

一、自贸协定数量激增

从1990年开始，全球范围内有效自贸协定的数量呈指数级快速扩散。到1998年，76%世界贸易组织成员至少签订了一个自贸协定（Crawford、Laird，2001），而目前所有世贸组织成员都至少签订了一个自贸协定。2008年金融危机发生后，自贸协定增速一度下降，主要是源于货物类自贸协定增速下降。自2018年开始，中美两国之间的贸易摩擦事件不断升级，然而自贸协定的数量却重拾大幅度增长态势。在新冠疫情暴发刺激下，2021年，自贸协定再一次出现激增，如图6.1所示。

根据WTO区域贸易协定追踪器，2021年新增生效的货物贸易协定为42个（图6.1中空白柱状部分），新增生效的服务贸易协定为22个（斜线柱状部分），累计生效协定的数量达到585个。

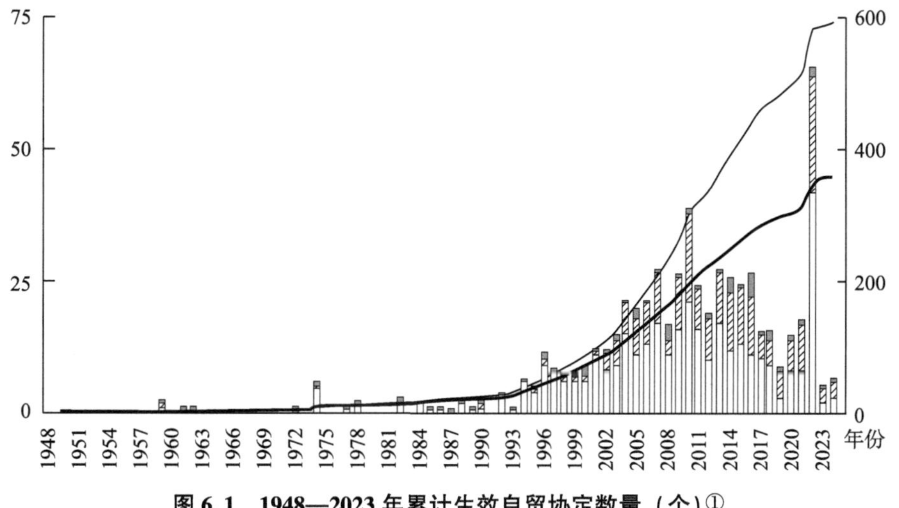

图6.1 1948—2023年累计生效自贸协定数量（个）①

① 图表来源于WTO-Regional trade agreements。其中，数据截至2023年4月。

2021年自贸协定数量剧烈增长，反映出对突发疫情和贸易保护主义面对全球化的冲击，各国更加重视区域内生产合作，以增强产业链和供应链的稳定性。

二、超大型跨区域趋势

超大型自贸协定（Mega-RTAs）和跨区域自贸协定（Cross-region RTAs）成为自贸协定扩散新特征。一方面，诸边协定越来越多。双边协定比例从2006年的90%下降到2022年的69%。在全部自贸协定中，有94个的签约方一方或者双方本身是自由贸易区，表明各国致力于扩张一体化经贸联系的范围。另一方面，Mega-RTAs突破了传统区域自贸协定的地理邻近条件①，成为跨区域自贸协定，由此，RTAs被视为在WTO困境时期促进全球化的替代战略（Breuss，2022）。

大区域化和跨地区化的趋势意味着同一个国家重叠参加了多个自贸协定，不仅导致更加复杂的意大利面碗效应，而且形成了类似“轮轴—辐条”结构的全球自贸区网络，但只有极少数国家成为该网络的“中心节点”。表6.1给出了具有代表性的9个Mega-RTAs。在表6.1中，大部分国家有2次重叠，日本和欧盟27国有4次重叠。就该表中的情况而言，日本和欧美国家是自贸协定扩散的最大赢家。

表6.1　部分大区域自贸协定②

自贸协定	生效日期	人口		GDP		对外贸易	
		数量（百万）	占比（%）	金额（十亿美元）	占比（%）	金额（十亿美元）	占比（%）
CETA	2017.09.21	478.35	6.60	17 326.23	22.15	6 869.54	19.89
CPTPP	2018.12.31	491.29	6.78	10 642.12	13.60	6 016.42	17.42
EUJPEPA	2019.02.01	569.94	7.86	20 138.61	25.74	7 540.68	21.83
AfCFTA	2019.05.30	1 145.11	15.80	2 459.54	3.14	1 353.68	3.92

① 在传统意义上，经济体地理相近甚至相邻，越有可能缔结自贸协定。地理距离是FTA缔结的重要因素。

② 资料来源见Breuss（2022）。表中人口、GDP和贸易等为2014年数据。

续表

自贸协定	生效日期	人口		GDP		对外贸易	
		数量（百万）	占比（%）	金额（十亿美元）	占比（%）	金额（十亿美元）	占比（%）
USAJPFTA	2020. 01. 01	446. 04	6. 15	21 944. 27	28. 05	6 220. 13	18. 01
RCEP	2022. 01. 01	2 194. 31	30. 27	20 537. 24	26. 25	10 700. 02	30. 98
EU-Mercosur	待生效	701. 84	9. 68	18 595. 66	23. 77	6 569. 42	19. 02
EFTA-Mercosur	待生效	272. 72	3. 76	4 283. 97	5. 48	1 790. 61	5. 18
TTIP	未签订	761. 72	10. 51	32 890. 56	42. 05	10 280. 53	29. 77

就 GDP 而言，极为重要的是跨大西洋贸易和投资伙伴关系（TTIP），占世界 GDP 的 42. 1%；其次是美国—日本自由贸易协定（USAJPFTA），占比为 28. 1%；再次是 RCEP（26. 3%），欧盟—日本经济伙伴关系（EUJPEPA，25. 7%）和欧盟—南方共同市场（23. 8%）。从贸易覆盖率来看，RCEP 的规模最大（占世界贸易份额为 31%），其次是 TTIP（29. 8%）和 EUJPEPA（21. 8%）。从消费者潜力来看，RCEP 占世界人口的 30. 3%，是迄今为止最大的自贸协定。

三、深度一体化趋势

浅层一体化是指自贸协定只涉及消除贸易壁垒的贸易自由化（Lawrence，1996）。相比之下，深度一体化自贸协定（Deep RTAs）的内容条款超越了贸易自由化所需的边界壁垒消除——降低和取消关税和常规非关税壁垒，在更一般的意义上规范边界后的商业环境。后者包括成员国国内竞争政策、投资者权利、产品标准、公共采购、知识产权、环境、国有企业、劳动者保护等领域（Claar、Nölke，2013）。一些自贸协定还覆盖了数字贸易、性别平等、反腐、反洗钱和国家安全等前沿领域。

2000 年之后，区域自贸协定扩散不仅表现为数量激增和地理范围扩大，而且表现出是条款“深化”的特征，如表 6. 2 所示。该表显示，自 20 世纪 90 年代开始，自贸协定条款急剧加深，越来越多的协定伙伴国承诺了“WTO-X”条款。

表 6.2　自贸协定深度的演变趋势①

年代	协定数量	“WTO+”条款		“WTO-X”条款		核心深度条款	
		条款数量	平均深度	条款数量	平均深度	条款数量	平均深度
20 世纪 70 年代	11	106	9.64	81	7.36	126	11.45
20 世纪 80 年代	8	68	8.50	65	8.12	75	9.38
20 世纪 90 年代	59	400	6.78	270	4.58	490	8.31
21 世纪 00 年代	130	1 338	10.29	1 027	7.90	1 661	12.78
21 世纪 10 年代	68	773	11.37	737	10.84	968	14.24

6.1.2　区域自贸协定快速扩散的原因

一、跨国公司及其对外直接投资

跨国公司及其国际直接投资进而驱动全球价值链分工被认为是自贸协定跨国扩散的直接原因。20 世纪 90 年代，随着信息和通信技术（ICT）革命，贸易成本下降，世界经济发生了“第二次解绑”（Baldwin，2011），带来了商品生产过程碎片化和离岸外包。在跨国公司及其对外直接投资的推动下，各国资本、货物、服务以及知识产权等要素被共同卷入商品生产过程之中，使发达国家技术优势与发展中国家的劳动力禀赋优势相结合，形成了全球价值链，形成了“贸易—投资—服务—知识产权”的国际关联（Baldwin，2016）。与传统以货物贸易为主的国际经济关系不同，全球价值链分工要求协调贸易、投资等多方面领域的国际经贸规则，而只有深度自贸协定才能够使各国在这些领域实现规则的深度协同。其原因有三（Kim，2015）。①深度区域自贸协定能够提供对外国公司及其利益的保护；②深度区域自贸协定能够放宽“边境后”贸易壁垒；③深度区域自贸协定能够协调成员国国内市场规则，强化市场竞争，提高国际要素配置效率。

二、国际政治经济关系演变

跨国公司不断扩大的全球化经营活动以及全球价值链分工引致国际政治

① 岳文，韩剑：《中国高标准自由贸易区建设：动因、现状及路径》，《经济学家》2021 年第 271 期：92-100。

经济关系发生演变，进而促使自贸协定扩散（Grossman，2016）。首先，区域自贸协定可以为各成员方在提供相互妥协并各有获益的同时为各方留下了政策调整的余地。自贸协定并非经济联盟。一国出于任何目标或者动机签订自贸协定——即便出于某种特定动机，例如关注弱势群体利益或者是被竞选捐款驱动因而做出不利于外国进口商品的承诺和政策，其政府都能够留下政策回旋的足够空间。换言之，国际协议是政府将政策选择“外部性”内在化的手段。

其次，签署自贸协定能够产生政治承诺的作用，对实施某一经济发展战略的中低收入国家来说尤其如此。为了促进经济增长，这些国家往往会实施特定的经济发展战略，如出口导向、进口替代、产业政策等。然而，特定经济战略的弊端是优惠政策具有刚性，最终产生适得其反的结果。对此，自贸协定能够通过锁定改革政策和目标，起到放松甚至消除政策刚性的作用。在实践中，这一因素是推动墨西哥政府决定加入北美自由贸易协定（NAFTA）的原因之一。

再次，自贸协定扩散具有自我推动效果。自贸协定给予成员国商品、服务和企业优惠的市场准入政策甚至边境后优惠措施。非成员国企业、商品和投资面临比成员国企业、商品和投资更高的交易成本如关税、进入壁垒和风险。为了避免被排斥在区域市场之外，达成一份自贸协定就会促使更多国家加入或者签订新的自贸协定。

从次，大多数自贸协定引入了争端解决程序。显然，如果没有确保履行的机制，协议就毫无价值。因此，争端解决程序至关重要，也成为WTO和区域自贸协定谈判的焦点。争端解决程序为成员经济体提供温和的而非激烈的解决途径，能够有效缓解贸易摩擦。Grossman指出，美国一直是争端解决程序的巨大受益者，因为美国籍此赢得的案件比输掉的要多得多。

最后，自贸协定已经成为各国广泛外交政策的重要组成部分。经济问题与政治问题密不可分，长期以来一些国家将自贸协定用于协调地缘政治和外交政策的重要工具。例如，关贸总协定（GATT）对恢复第二次世界大战后的国际和平关系发挥了关键作用，而美国与欧洲国家之间紧密的贸易投资关联巩固了彼此之间的政治联盟。甚至，美国国际贸易管理局（Intentional Trade Administration）在其官方网站宣称：对美国来说，贸易协定的主要目标是

“并加强自由贸易协定伙伴国的法治”①。

综上所述，自贸协定对我国企业对外直接投资可能产生如下影响。自贸协定有助于降低协定伙伴国家和地区内部经济不确定性进而促进投资。特别地，一体化协定如果包含投资及关联条款预期能最大限度减轻签约东道国对我国企业投资的审查，降低准入门槛，给予更加优惠的贸易投资政策，做出保障投资安全的政策承诺等，这些制度性安排能够显著提高我国企业在签约国的市场准入、经营、运行等的便利化水平进而投资成功率。

投资及关联条款包括直接针对投资的显性条款以及与国际直接投资相关的隐性条款，这些在协定其他条款中没有得到明确的体现。前者如投资便利化措施、最惠国待遇等条款，后者如竞争条款、国内税收条款等。这些条款均旨在为自贸协定成员之间的相互直接投资清扫进入障碍、降低进入壁垒、提供便利化措施、减少当地投资经营成本、降低投资风险，因而与贸易条款相比能够更加显著促进企业对签约伙伴的投资选择。

6.2 企业“走出去”区位决策概率模型与检验②

6.2.1 纳入自贸协定的区位决策概率模型

当一国政府达成并生效一份自贸协定时，该国企业对外直接投资首先面临的问题是否向协定伙伴经济体进行投资，这是一个概率问题。下文分三步构造了一个包含自贸协定的企业“走出去”投资区位决策概率模型，将企业“走出去”区位决策转化为企业对外直接投资行为的利润最大化求解问题。

一、企业“走出去”预期利润函数

基于经济学的理性经济人基本前提，我国企业对外直接投资的目的是追求利润最大化。企业利润包含正常市场条件下的经济利润以及其他政治、文化等非经济因素对实现利润目标的影响，于是我国企业对外直接投资的区位

① 美国国际贸易管理局：https://www.trade.gov/free-trade-agreement-overview，访问日期：2023年7月5日。

② 第6.2—6.4节的数据处理由滕子丰在本书作者指导下完成。

选择问题可以转化为企业“走出去”利润最大化目标下的对外直接投资选择问题。綦建红和刘慧（2015）在考察过往投资经验对企业“走出去”序贯投资行为的影响时，将投资成功概率和预期成本等因素纳入企业利润函数的设定。参考他们的做法，将第 t 年我国企业 i 对国家 j 进行直接投资的利润函数表达式设定成如下形式。

$$\pi_{ijt} = q_{ijt}(R_{iqt} - f_{ijt}) \tag{6-1}$$

其中，π_{ijt} 为 t 年我国企业 i 到 j 国直接投资的预期总投资利润；q_{ijt} 衡量企业到 j 国进行直接投资的概率；R_{iqt} 表示在其他条件相同时正常市场条件下企业“走出去”的预期投资收益，f_{ijt} 为企业“走出去”的预期总投资成本。

如果第 t 年企业 i 选择到国家 j 而非别的国家如 k 国进行直接投资，根据机会成本理论，则有：

$$\pi_{ijt} > \pi_{ikt}, \ \forall k \neq j \tag{6-2}$$

如果企业“走出去”区位决策有 m 个备选方案，则意味着企业每次进行出海直接投资都会有 m 个可选的观测数据。式（6-2）的经济学含义是，在 m 个可供选择投资的区位方案中，企业 i 到国家 j 直接投资可获得的预期利润比到其他（m-1）个国家直接投资的预期利润都大。需要说明，考虑到出于国际市场寡占动机，企业“走出去”不一定能够马上实现净盈利，所以式（6-2）不要求 $\pi_{ijt} > 0$。

二、区域自贸协定对企业“走出去”投资概率的影响

当一国与国家 j 国签订自贸协定会影响对企业 i 到 j 国直接投资行为概率和投资成本的影响。用 FTA_{ijt} 表示自贸协定变量，依据第 6.1 节的分析，区域自贸协定对企业直接投资概率的预期影响如下。对签订了自贸协定伙伴关系东道国，我国企业投资进入的概率高于没有签订自贸协定伙伴关系的东道国，即：

$$\frac{\partial q_{ijt}}{\partial FTA_{ijt}} > 0 \tag{6-3}$$

区域自贸协定投资企业投资成本的预期影响是，自贸协定给予成员国企业优惠的投资规则和边境后政策，可以直接降低中资企业在东道国的投资成本；当自贸协定覆盖了投资领域条款时，其影响更显著。因此，企业进入协定东道国投的预期投资成本要低于非自贸协定东道国，从而有：

$$\frac{\partial f_{ijt}}{\partial FTA_{ijt}} < 0 \quad (6\text{-}4)$$

式（6-3）和式（6-4）表明，给定其他条件相同，企业 i “走出去”的区位选择行为和投资成本是自贸协定的函数，分别记为：$q_{ijt} = q_{ijt}(FTA_{ijt})$ 及 $f_{ijt} = f_{ijt}(FTA_{ijt})$ 。

接着，求解区域自贸协定对企业“走出去”预期利润的效应。将 $q_{ijt} = q_{ijt}(FTA_{ijt})$ 及 $f_{ijt} = f_{ijt}(FTA_{ijt})$ 代入式（6-1）中，于是得到包含自贸协定企业“走出去”预期利润表达式（6-5）：

$$\pi_{ijt} = q_{ijt}(FTA_{ijt})[R_{iqt} - f_{ijt}(FTA_{ijt})] \quad (6\text{-}5)$$

将企业海外投资预期利润的式（6-5）对自贸协定求导，于是得到：

$$\frac{\partial \pi_{ijt}}{\partial FTA_{ijt}} > 0 \quad (6\text{-}6)$$

式（6-6）的经济学含义是区域自贸协定会提高企业 i 到 j 国的直接投资利润，因此，我国与 j 国之间达成区域自贸协定会促进我国企业“走出去”到 j 国的投资行为。因此，提出假说 6.1，如下。

假说 6.1：我国签订自贸协定会提高我国企业对协定伙伴国家和地区的直接投资区位选择的可能性；如果该自贸协定包括有投资关联条款，会进一步提高协定伙伴的投资吸引力。

6.2.2 企业“走出去”区位决策概率模型检验

一、模型设定与变量选取

回归模型（6-7）、模型（6-8）用来检验假说 6.1，即区域自贸协定、其投资及相关条款对我国企业“走出去”区位选择的影响。

$$OFDI_{ijt} = \alpha FTA_{jt} + \beta X + \mu_i + \gamma_j + \delta_t + \varepsilon_{ijt} \quad (6\text{-}7)$$

$$OFDI_{ijt} = \alpha Invest_{jt} + \beta X + \mu_i + \gamma_j + \delta_t + \varepsilon_{ijt} \quad (6\text{-}8)$$

其中，$OFDI_{ijt}$ 是被解释变量，反映企业 i “走出去”区位决策，依据母公司是否当年新建海外关联企业，如是赋值为 1，反之赋值为 0。FTA_{jt} 是解释变量，表示自贸协定，在基准回归中它是一个二值虚拟变量，定义为如果第 t 年我国与国家 j 签订的自由贸易协定开始实施，则将该年及之后的观测值取值为 1，之前的年份均赋值为 0。$Invest_{jt}$ 表示自贸协定的投资关联条款，也是二值虚拟变量，定义为如果第 t 年我国与国家 j 签订并实施的自由贸易协定中包含投资条款，则将该年及之后的观测值取值为1，之前的年份均赋值为0。X 为控制变量向量，包括企业层面和东道国国家层面的控制变量，分为企业层面和东道国国家层面的控制变量。其中，企业层面的控制变量包括：①企业规模；②企业绩效；③投资经验。东道国国家层面的控制变量包括：①东道国市场规模；②市场吸引力；③市场潜力；④外商投资流入；⑤贸易开放度；⑥东道国制度；⑦自然资源禀赋；⑧地理距离；⑨语言文化距离。μ_i 表示企业固定效应，γ_j 表示东道国国家和地区固定效应，δ_t 表示时间固定效应。ε_{ijt} 为误差项，反映不可观测因素的影响。根据假说6.1，预期两个模型中的系数 $\alpha > 0$。

二、数据

“走出去”企业样本主要来我国上市公司数据库（国泰安CSMAR），少数缺失由万德（Wind）数据库补充。上市公司数据库提供了所有企业的海外关联公司的情况，本章海外关联公司包括海外有子公司、联营公司或者合营公司，并将这些公司认定为企业发生了对外直接投资。在确定企业“走出去”决策时，依据是如果当年上市公司新设海外关联公司，则视为发生了对外直接投资。对上市公司数据库的清洗过程与前文类似，去除以下数据样本。①向避税地投资的动机与一般直接投资相差甚大，去除样本中向开曼群、岛英属维尔京群岛和百慕大群岛等国际“避税天堂”投资的企业样本，并在东道国集合中剔除这几个避税地；②剔除其中向中国香港、中国澳门和中国台湾投资的企业样本，同时将这几个地区排除在东道国和地区集合之外；③剔除其中被标识为ST、*ST和PT的企业、已退市企业以及银行、保险等金融类企业，仅保留正常经营的实业企业样本；④参考宗芳宇等（2012）的做法，剔除企业上市之前已有海外投资活动的样本。经过上述处理后，共得到2 908个上市公司—年份的样本组合，每个样本组合面临多个投资目的地选择。其中投资目的地由“上市公司—年份样本”组合所有投资过的130个海外国家和地区组成。样本期间跨度为2002—2018年。最终，全部样本数据是一个由“上市公司—年份—东道国”组成的三维面板，包含了378 040条观测数据。所有变量定义、测算及数据来源见表6.3。

表 6.3　变量含义与数据来源

变量类型	符号	定义	测算	数据来源
被解释变量	OFDI	对外直接投资	是否新建境外企业	CSMAR
解释变量	FTA	自由贸易协定	是否签订自贸协定	中国自由贸易区服务网
	Invest	投资条款	自贸协定是否包含投资条款	中国自由贸易区服务网
	Tdepth	总深度	52 个条款加总	深度贸易协定数据库
	Cdepth	核心深度	18 个投资条款加总	
企业控制变量	Lnpop	企业规模	企业员工数的对数	CSMAR
	ROE	企业绩效	净资产收益率	CSMAR
	Exp	企业投资经验	过往企业在东道国投资数量的总和	本次计算所得
	Expj	行业内投资经验	行业内过往企业在东道国投资数量的总和	本次计算所得
东道国控制变量	Lngdp	市场规模	东道国 GDP 对数	WDI-世界银行
	Growth	市场吸引力	东道国 GDP 增长率	
	Lngdpp	市场潜力	东道国人均 GDP 对数	
	FDI	外商投资流入	外商投资净流入	
	Trade	贸易开放度	进出口总额÷GDP	
	Res	自然资源禀赋	自然资源收入÷GDP	
	Lnwgi	东道国制度质量	WGI 的对数	WGI-世界银行
	Lndist	地理距离	东道国与中国的地理距离的对数	CEPII
	Lang	文化距离	是否东道国与中国至少9%的人口讲同一语言	
机制变量	WGI_gap	制度距离	东道国与中国的制度得分差的绝对值	WGI-世界银行
	Econ_gap			美国传统基金会
	Protect	投资者保护强度	投资者保护力度得分	全球竞争力研究

表 6.3 中，WDI 为世界银行的世界发展指标（World Development Index，WDI），用来获取东道国国家和地区的经济变量。全球治理指标（WGI）数据库研究了 200 多个国家和地区的治理指标，这些指标结合了大量全球企业与

公民的评价以及来自对各国专家的调查访问结果，用来获取各东道国国家和地区制度质量控制变量。对自贸协定以及投资条款变量所需数据，根据我国自由贸易区服务网以及 WTO 区域贸易协议数据库整理得到。Tdepth、Cdepth 这两个变量是用来反映自贸协定差异性以及自贸协定投资关联条款的差异性，它们以及机制变量将用于后面的扩展分析与机制检验，对这些变量的测算方法及具体含义留在后文介绍。变量描述性统计见表 6.4。

表 6.4 变量描述性统计

变量	N	均值	标准差	最小值	最大值
OFDI	378 040	0.014 9	0.121	0	1
FTA	378 040	0.117	0.322	0	1
Invest	378 040	0.110	0.313	0	1
Tdepth	378 040	2.045	6.967	0	47
Cdepth	378 040	1.732	5.554	0	30
ROE	376 740	0.017 5	2.144	-82.57	30.50
Exp	378 040	17.94	55.94	0	840
Expj	378 040	1.698	5.963	0	92
Lnpop	378 040	8.287	1.292	3.178	13.22
Lngdp	350 170	25.12	2.067	18.82	30.52
Lngdpp	350 170	8.887	1.453	5.272	11.63
Growth	350 332	3.379	3.538	-36.39	54.16
Trade	333 551	92.70	59.74	0.167	437.3
Res	349 713	6.849	9.861	0	64.15
FDI	347 404	5.185	16.31	-58.32	449.1
Lnwgi	357 684	0.870	0.404	-0.677	1.497
Lang	357 684	0.0163	0.126	0	1
Lndist	357 684	8.903	0.566	6.696	9.868

统计描述表明，我国自贸协定总深度最大值为 47，核心深度最大值为 30，最小均为 0。

三、回归结果分析

对模型（6-7）和模型（6-8）使用双固定效应 Logit 回归（Holburn、Zelner，2010），所得结果如表 6.5 的第（1）—（4）列所示。

表 6.5　自贸协定及投资条款对企业“走出去”区位决策的影响

变量	企业“走出去”区位决策			
	（1）	（2）	（3）	（4）
FTA	**0.753***** **（0.057）**		**0.513***** **（0.070）**	
Invest		**0.815***** **（0.057）**		**0.553***** **（0.070）**
N	378 040	378 040	329 403	329 403
控制变量	NO	NO	YES	YES
固定效应	YES	YES	YES	YES

注：①括号内数值为稳健标准误；②***、** 和 * 分别表示在 1%、5%和 10%水平上显著。

表 6.5 结果显示，①关键解释变量 FTA 的系数在 1%显著性水平上大于零，见列（1）和（3），说明我国达成的区域自贸协定亦显著推动了企业选择签约伙伴国家和地区进行直接投资；②invest 即投资及其关联条款变量系数显著大于零，且系数值大于区域自贸协定生效变量，见列（2）和（4）；③加入企业和国家/地区层面控制变量后，结论依然成立。这些结论表明自贸协定能够显著影响我国企业“走出去”的区位选择，而包含了投资条款的自贸协对企业对外直接投资区位决策的影响更大。这些结论验证了假说 6.1。

6.3　自贸协定深度对企业“走出去”区位决策的影响

6.3.1　自贸协定深度的含义与测算

自贸协定深度分为总深度和核心深度（Horn 等，2010）。前者以所有条款为参照，故被称为自贸协定总深度。后者只涉及投资及投资关联条款，故称为核心深度。

首先，测算区域自贸协定总深度。总深度指标的测算方法很简单，即将自贸协定覆盖 52 个条款的具体情况将协定条款 $provisions_k$ 赋值加总得到，测算公式如下。

$$Tdepth = \sum_{k=1}^{52} provisions_k$$

该指标可以反映自贸协定异质性。上述公式中，条款赋值标准如下（Hofmann 等，2017）。如果该条款未在自贸协定中提及或者虽然提及了却不具备法律效力，取值为 0；如果提及该条款，且具有法律效力，但被争端解决条款明确排除，则取值为 1；如果提及该条款并且具有法律效力，同时包含在争端解决条款中，则取值为 2。根据公式的计算逻辑，*Tdepth* 数值越大，说明该自贸协定包含的条款内容越多，达成的规则和制度性安排越发完备。相应地，这样的自贸协定被视为拥有较高的完善程度。总深度指标包含了 52 个条款，其中有一些条款与国际直接投资领域无直接的显性关系或者间接的隐性关联，被视为非投资关联条款。图 6. 2 是对我国部分生效实施自贸协定总深度的测算结果。

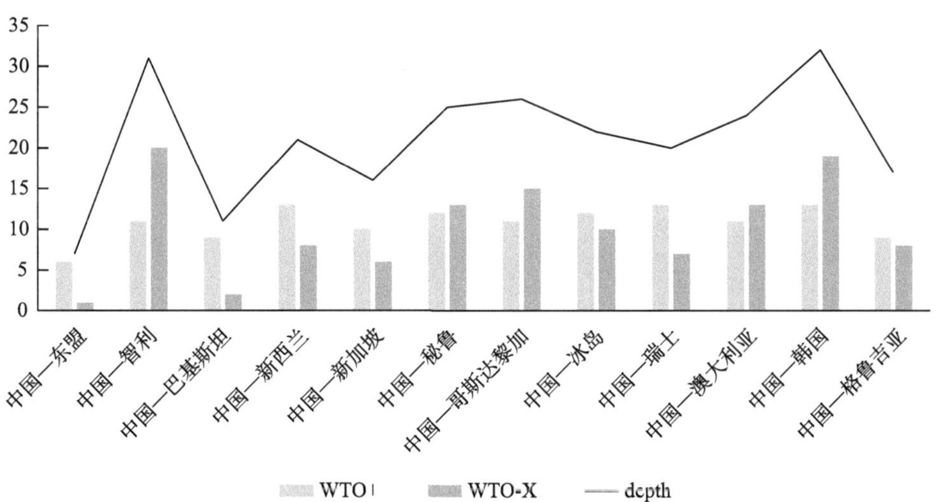

图 6. 2 我国生效自贸协定的总深度（2002—2018）

其次，测算区域自贸协定投资核心深度。参照 Damuri（2012）的做法，核心深度条款包括对贸易和投资具有重要影响的 14 项“WTO+”条款和 4 项“WTO-X”条款（分别为竞争政策、知识产权、投资和资本流动）。对这 18

项条款进行加总所得即是 FTA 投资及其关联条款指标，其表达公示如下：

$$Cdepth = \sum_{k=1}^{18} provisions_k$$

根据上式，投资关联条款指标越大，即自由贸易协定涉及与投资相关条款越多，表明自由贸易协定投资相关领域的完善程度越高。图 6.3 是对部分已生效实施自贸协定核心深度的测算结果。

如图 6.2 和图 6.3 所示，2005 年实行的中国—东盟自由贸易协定的总深度和核心深度得分均为 7，为所有自由贸易协定的最低。2015 年实行的中国—韩国自由贸易协定的总深度和核心深度得分均为最高，分别为 32 和 17。总体来看，我国的自由贸易协定总深度和核心深度均表现为上升趋势。

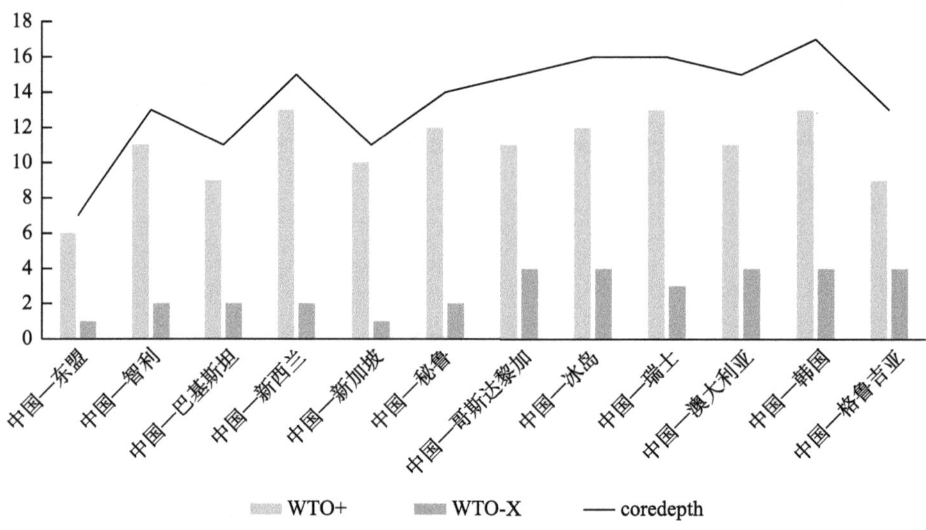

图 6.3　我国生效自贸协定的核心深度（2002—2018）

进一步使用核心深度进行检验的理由有两个。一是依据总深度所得检验结果反映的是全部条款的影响，无法看出投资条款的影响效果；二是与国际直接投资无直接联系或者相关性弱的条款大多不曾出现在我国签订的任何一个自贸协定中或者条款缺乏实质性规则，所得检验效果会产生向下的偏误。

6.3.2 检验结果与分析

一、基准回归

检验协定深度的动机有两个。一是依据总深度所得检验结果反映的是全部条款的影响，无法看出投资条款的影响效果；二是与国际直接投资无直接联系或者相关性弱的条款大多不曾出现在我国签订的任何一个自贸协定中或者条款缺乏实质性规则，所得检验效果会产生向下的偏误。使用计量模型如下所示。

$$OFDI_{ijt} = \alpha\, Tdepth_{jt} + X\beta + \mu_i + \gamma_j + \delta_t + \varepsilon_{ijt} \tag{6-9}$$

$$OFDI_{ijt} = \alpha\, Cdepth_{jt} + X\beta + \mu_i + \gamma_j + \delta_t + \varepsilon_{ijt} \tag{6-10}$$

理论预期是式（6-9）与式（6-10）中系数 α 显著大于零。结果如表 6.6 中第（1）—（4）列所示。

在表 6.6 中，①反映自贸协定条款异质性的总深度变量系数在 1%显著性水平上大于零，见列（1）和（3），说明我国自贸协定深度越大，企业选择签约伙伴国家和地区进行直接投资的概率越高；②反映投资关联条款异质性的核心深度变量系数显著也大于零，且系数值大于自贸协定条款总深度变量，见列（2）和（4）；③加入企业和国家（地区）层面控制变量后，结论依然成立。因此，自贸协定深度及自贸协定投资关联条款深度均会影响企业对外直接投资区位决策，系数显著大于零，表明随着自贸协定深度及其投资条款深度加大，企业选择区域内投资的可能性越大。

表 6.6 基准回归结果

变量	企业“走出去”区位决策			
	（1）	（2）	（3）	（4）
Tdepth	**0.030***** **（0.002）**		**0.010***** **（0.002）**	
Cdepth		**0.039***** **（0.002）**		**0.015***** **（0.003）**
N	378 040	378 040	329 403	329 403
控制变量	NO	NO	YES	YES

续表

变量	企业“走出去”区位决策			
	（1）	（2）	（3）	（4）
固定效应	YES	YES	YES	YES

注：①括号内数值为稳健标准误；②***、** 和 * 分别表示在 1%、5%和 10%水平上显著。

综上，可以认为，区域自贸协定投资关联条款能显著促进我国企业选择到签约伙伴国家和地区进行直接投资，这种促进作用要大于自贸协定本身；并且随着 FTA 条款完善度的提高以及投资条款深化，自贸协定对我国企业“走出去”区位决策的影响更显著。本书关注的重点是自贸协定投资条款，因此，后续的定量分析将使用模型（6-7）和模型（6-9）中的 FTA 投资条款及投资关联条款指标作为关键解释变量进行深入分析，它们是本章关注的两个核心解释变量。

二、稳健性检验

除了常见的可能存在遗漏变量问题，区域自贸协定与企业“走出去”区位决策之间难以避免反向因果关系。譬如，如果在某东道国国家或者地区已经存在较多的中资企业，这很可能会促使我国政府选择与该国或者地区达成自贸协定。为了减轻遗漏变量和潜在逆向因果导致的估计偏误，采用以下三种方法进行稳健性检验。第一，首次投资检验。排除企业序贯投资的影响，选取上市企业首次海外投资的观测样本，而剔除那些在当地持续追加投资的样本。第二，调整样本。考虑 2008 年金融危机的影响，剔除 2008 年的观测值样本。第三，工具变量法。使用是否承认我国完全市场经济地位作为自由贸易协定及投资条款签署的工具变量进行回归分析。回归结果见附录一表 2~表 4。

1. 企业首次投资检验

为了避免企业投资跟随可能给实证结果造成的可能偏误，此处剔除上市企业中有着后续海外投资的样本，只保留那些首次海外投资的观测样本，对上述模型（2）和模型（4）进行重新回归。结果表明，无论是基准模型还是扩展性模型的关键解释变量系数均显著性为正，且系数大小与上述全样本回归系数相差不大。随后在模型中加入控制变量后其回归结果仍稳健显著为正。

说明在上市企业首次海外投资的观测样本中，排除了企业序贯投资跟随效应的影响后，FTA 投资及关联条款都显著促进了企业对签约国的海外投资区位选择的可能性。

2. 剔除极端年份

2008 年美国华尔街金融海啸引发世界经济大萧条的背景下，美国以及欧盟等拥有派生货币信用的国家，利用量化宽松政策来缓解危机，结果是由于实体经济的不景气而导致发行的巨额资金去往投机领域。我国在面对危机“硬着陆”的风险下，提出了应对金融危机的“四万亿计划”。国内外这一系列的情形无疑使 2008 年成为国际经贸投资的极为特殊的年份，我国企业在 2008 年金融危机下的海外投资可能会因此去往投机兴旺的地区，其投资目的地选择与其他年份会出现目的不一致。基于此，剔除 2008 年的投资样本对上述模型（2）和模型（4）进一步做实证回归。回归结果表明在剔除 2008 年的投资样本对研究的结果没有造成明显影响，关键解释变量回归系数仍显著为正，且系数大小与上述全样本回归系数相差不大。基准回归结果是稳健可靠的。

3. 工具变量回归

上述的稳健性检验依然不能完全排除遗漏变量或逆向因果导致的估计偏误。为了更准确地估计自由贸易协定与企业对外直接投资之间的相关关系，采用工具变量法对其结论再次进行稳健性检验。考虑到非市场经济地位问题使我国企业在应诉部分国家反倾销调查中遭受到不公平待遇，而自贸协定投资条款及相关领域的完善能够促进双边或是多边形成更加公平的国际贸易投资规则。比如：新西兰是第一个承认我国完全市场经济地位的国家，又是第一个与我国签署自由贸易协定的发达国家。此外，承认我国完全市场经济地位并不直接影响我国企业对东道国的海外投资选择。因此，选用承认我国完全市场经济地位作为自贸协定及投资条款签署的工具变量。回归结果说明，①承认我国完全市场经济地位会显著促进国家间签订自贸协定投资条款，即是否承认我国完全市场经济地位是一个强工具变量；②自贸协定投资条款的签订与企业海外投资区位选择的相关关系还是极为显著的，即自贸协定投资条款的签订促进了企业到签约国进行投资。

6.4 自贸协定影响区位决策原因分析

假说6.1在一定程度上揭示自贸协定投资条款及相关领域完善的作用机制，但是这样的机制分析不够明了，需要进一步讨论自贸协定对企业“走出去”的影响机制。

6.4.1 强化了企业区位战略跟随

一、战略跟随效应

企业投资跟随，或者称为企业“走出去”的羊群效应或者从众效应，指的是潜在的“走出去”企业将观察到的其他先行企业的行为作为投资决策的参照。在国际投资领域，企业跟随先行者进入东道国或者地区是十分常见的区位策略。理论上，在决定是否进入某个潜在东道国或者地区时，企业可以选择做跟随者（follower），或者做先行者（leader）。相对于在母国投资和经营，企业对外直接投资的风险要大得多，风险在很大程度上源于关于外国的信息不充分和不对称，而获取这些信息的代价十分高昂。此时，先行者成功的投资行为无疑传递出了关于友好当地市场环境的信号，包括市场需求、政策、法律、资源等，因而吸引了跟随者加入。此外，先行者还能够向跟随者提供信息节约搜寻成本，降低海外投资风险，进一步提高投资成功概率。

企业投资跟随效应的本质其实是，先行企业成功投资经验给跟随企业带来良好的预期，预期投资风险低，市场机会多，投资收益高，从而增加了选择到该东道国或者地区投资的可能性。在企业进行海外投资区位选择时，通常都会关注甚至参照先行中资企业的投资经验，跟随先行者的脚步前往，其结果是我国企业“走出去”行为在整体上表现出对特定东道国国家和地区的青睐。对后来者而言，其他企业海外的投资经验能降低自身海外投资所需的信息搜索成本，而且我国企业经过多年在当地的投资打拼，不仅开阔了海外市场形成了一定的国产口碑，甚至向后进企业提供关于当地经济政治文化的相关信息，帮助缓解进入异国投资对周边环境的不适应，促进后进企业在当地的深耕发展。企业会选择跟随这些国内企业投资集聚的东道国来获取更高的投资收益。

二、自贸协定的作用分析

研究表明，许多我国企业“走出去”在区位决策问题上表现出明显的战略性跟随特征，并促成了境外中资企业产业集聚。①我国企业海外投资表现出路径依赖特征（刘慧、綦建红，2015）。初次进行海外投资的企业表现出较强的羊群跟随效应，多次进行海外投资的企业更依赖于自身海外过往投资经验。②上市公司“走出去”存在东道国或者地区选择和行业层面的羊群行为（刘海月等，2018）。东道国层面的羊群行为主要源于资源禀赋、劳动力成本等东道国特征的影响，行业羊群行为受到相关行业内公司治理特征要素的影响。③跟随战略促成我国“走出去”企业在特定东道国发生聚集（张会清、王剑，2011；Gross 等，2005；He，2003；Tuan、Ng，2004）。与外国直接投资在我国集聚现象相似，我国企业对外直接投资跟随和集聚也十分常见，例如我国境外经贸产业园。

由于东道国或者地区与我国之间的自贸协定增强了东道国或者地区的投资吸引力，因此提高了企业选择跟随先行者到当地投资的概率，自贸协定投资领域相关条款会进一步提高企业跟随的可能性。例如，我国与东盟自贸协定于 2005 年生效，此后东盟成为我国企业持续前往投资的主要地区。2008 年之后，在中国—东盟自贸协定叠加中国—新加坡自贸协定，与此相对照，新加坡连续多年是我国企业投资最多的亚洲国家。在投资集聚方面，我国企业在印尼、泰国、柬埔寨、越南、老挝等东盟成员国设立了多个境外经贸园区。2015 年中国—韩国自贸协定签署后，两国之间企业双向直接投资均倾向于集聚在对方基础设施完善的地区（司传宁，2014）。

后进企业有两种跟随策略。一是跟随任意先行企业。先行公司在东道国国家和地区投资的成功经验会降低自身海外投资的预期成本，获得较高的预期收益，这会增加其他企业对东道国海外投资区位选择的可能性。二是仅跟随同行业先行企业，这些同行过往的成功投资经验能够提供更多关于东道国和地区行业相关的信息，降低企业的信息检索成本，同行业企业的集聚也有利于形成产业规模效益。

为了检验自贸协定是否强化了企业战略跟随，在模型（6-7）和模型（6-9）中，分别引入任意先行企业经验（Exp）和引入仅同行业先行者经验（Expj）以及各自与自贸协定投资条款及核心深度的交互项，然后进行检验。

如果跟随战略显著存在，则 Exp 和 Expj 的系数符号应显著大于零；如果两个交互项的系数也显著大于零，则说明自贸协定增强了投资跟随战略。回归结果见表 6. 7。

表 6. 7　强化投资跟随策略检验

变量	企业“走出去”区位决策			
	(1)	(2)	(3)	(4)
Invest	0. 419 *** (0. 080)	0. 461 *** (0. 079)		
Cdepth			0. 008 ** (0. 004)	0. 009 ** (0. 003)
Exp	**0. 002 ***** **(0. 000 2)**		**0. 002 ***** **(0. 000 2)**	
Invest×Exp	**0. 002 ***** **(0. 001)**			
Cdepth×Exp			**0. 000 2 ***** **(0. 000 03)**	
Expj		**0. 018 ***** **(0. 002)**		**0. 019 ***** **(0. 002)**
Invest×Expj		**0. 010 *** **(0. 006)**		
Cdepth×Expj				**0. 001 ***** **(0. 000 4)**
N	329 403	329 403	329 403	329403
控制变量	YES	YES	YES	YES
固定效应	YES	YES	YES	YES

注：①括号外数值为系数，括号内数值为稳健标准误；②***、** 和 * 分别表示在 1%、5%和 10%水平上显著。

发“观察表 6. 7 第（1）—（4）列，结论如下。①加入新的控制变量及其与核心解释变量的交互项之后，核心解释变量的系数依然显著，即假说 6. 1 依然成立。②Exp 和 Expj 的系数符号应显著大于零，与已有研究结论一致，证实我国企业“走出去”区位选择的跟随策略。③所有自贸协定投资条款与两类跟随策略变量的交互项系数均显著大于零，说明自贸协定包含了投资条款能够强化企业跟随策略行为。④自贸协定核心深度与两类跟随策略变量的交互项系数也均显著大于零，表明投资关联条款越完备越能够增强企业区位选择的跟随行为。因此，FTA投资条款及相关领域完善，加强了过往企业投资经验对企业在东道国投资预期成本降低的效果，从而提高了企业对签约国投资选择的可能性。

此外，比较表6.7中交互项系数大小，发现行业内跟随效应的系数较跟随任意企业的系数更大，例如第（2）列交互系数0.01比第（1）列的0.002大得多，第（3）列和第（4）列之间也存在相同情况，说明企业对外投资区位决策更加倾向于跟随行业内先行者的脚步。其可能原因有二。一方面，当企业面临多个海外投资目的地，且某些目的地有相同的过往企业投资经验时，FTA投资条款及相关领域完善能增加企业去往签约国进行投资的可能性；另一方面，FTA相当一部分内容上是对某些行业有限制性的，即FTA有行业异质性作用，所以其对同行业企业的示范作用要大于行业外企业。

以上结果证实，我国企业对外直接投资区位决策存在明显的路径跟随特征，即更可能选择进入过往其他企业海外投资目的地，且企业的这种投资跟随效应更依赖于同行业的企业。而FTA投资暨关联条款对我国企业OFDI区位选择的影响可以通过强化企业的投资跟随效应，从而促进企业对签约国投资区位选择的可能性，且这种促进作用同样在同行业企业中更为强劲。

6.4.2 弱化了制度距离的负效应

一、制度距离

制度距离对我国企业直接投资区位选择的影响呈现双向性，即我国企业不仅投资于制度上更发达的东道国——在那里公司可以降低交易成本，也积极扩展到制度上最不发达的一些国家和地区（Nielsen等，2017）。然而，制度距离是有方向的，对我国企业区位选择的影响因东道国特征而异。一方面，在制度环境好的东道国和地区，我国与东道国之间的制度距离会促使我国企业直接投资的区位决策（蒋冠宏、蒋殿春，2012）。尤其，如果双边政治关系良好，会对东道国与母国制度差异产生优化互补效应，能够显著地激励和促进我国进入和投资（王金波，2018）。另一方面，在制度环境较差的国家和地区，我国与东道国之间的制度距离会形成制度鸿沟，抑制我国企业前往投资（张瑞良，2018）。在这种情况下，我国企业倾向于进入制度环境接近的国家，顶层制度设计有助于削弱国家间的制度距离的负面影响（杨亚平、高玥，2017）。

二、自贸协定对制度距离作用分析

自贸协定对成员和非成员提供歧视性待遇，使来自成员国和地区企业获得了更多进入机会，从而能够强化正向制度差距的促进效果，减轻负向制度差距的不利影响。就我国签订的双边自贸协定来看，这些协定的生效不仅显著缓解了全球经济对我国与协定签约国之间的经贸合作关系的负面冲击（黄启才等，2019），而且随着一体化程度逐步深化，推动区域内国家和地区之间的制度差距趋于下降，有助于削弱制度差距对成员国家和地区之间的贸易投资的负面作用（贺灿飞等，2019）。根据这些研究结论，可以认为自贸协定缩小了我国与东道国之间的制度距离，提高了企业对东道国投资区位选择的可能性；自贸协定投资条款及投资相关条款的效应更加显著。

区域自贸协定本质上是促进区域经济一体化而达成的制度性安排，因为区域经济一体化进程的首要目标就是消除各类贸易投资壁垒，首当其冲的是各国之间的制度壁垒。一方面，各国不同的经济政治制度保护国内的企业能更好地不受外部冲击从而得到快速发展；另一方面，各国的制度壁垒也成为阻碍全球或者区域经济一体化目标达成的关键因素。自贸协定的投资领域及相关领域的深度一体化无疑使得我国与签约国的双边或多边投资制度以法律的形式保持下来，降低了各国的制度壁垒，也缩小我国与签约成员国之间的制度差距，可以起到提高我国企业选择签约成员国进行投资的概率。

取东道国 WGI 六个指数的平均值与我国制度质量的差值作为其制度距离的衡量指标，其计算公式为：

$$WGI_{gap} = \frac{|WGI_j - WGI_{china}|}{WGI_{china}}$$

其中，WGI_j 为东道国的制度得分，WGI_{china} 为我国的制度得分，WGI_{gap} 表明东道国与我国的制度得分差距与我国制度得分的百分比。考虑到确保结论的稳健性，除了采用 WGI 数据库，我们还使用了美国传统基金会数据库的经济自由度指标。由于假说 6.1 已经得到确认，因此简化机制检验过程，直接使用模型进行检验。

$$Ins\_gap_{ijt} = \alpha Investment_{jt} + X\beta + \mu_i + \gamma_j + \delta_t + \varepsilon_{ijt} \quad (6-11)$$

其中，*Ins_gap* 分别表示机制变量制度距离，控制变量和其他变量等不变。关于自贸协定弱化制度距离的检验结果见表 6.8。在该表中，大部分模型的关键解释变量均显著为负，说明自贸协定投资及相关条款的签订实施确实使得我国与东道国之间的制度距离缩减。结合假说 6.1 及对其检验的结论，有理由认为自贸协定显著影响了我国企业“走出去”投资区位决策的概率，具体来说，自贸协定显著缩小了签约伙伴与我国的制度距离，从而提高了我国企业选择协定签约国进行直接投资的可能性。

表 6.8　自贸协定是否缩小了制度距离

变量	(1)	(2)	(3)	(4)
	WGI_gap	WGI_gap	ECON_gap	ECON_gap
Invest	**−0.226*** **(0.117)**		**−0.024*** **(0.014)**	
Cdepth		**−0.018***** **(0.004)**		**−0.000 2** **(0.001)**
常数项	**−14.292**** **(5.556)**	**−14.071**** **(5.526)**	**−0.289** **(0.672)**	**−0.271** **(0.681)**
N	2 627	2 627	2 551	2 551
R squared	0.938	0.938	0.876	0.875
控制变量	YES	YES	YES	YES
固定效应	YES	YES	YES	YES

注：①括号内为聚类稳健标准误；②***、** 和 * 分别表示在 1%、5%和 10%水平上显著。

6.4.3　强化了东道国投资者保护力度

企业到境外投资除了面临国内投资遇到的正常生产经营风险之外，还面临着东道国的政治风险等。政治风险甚至被看作我国企业海外投资的最大风险。2017 年之后，我国对外直接投资和海外并购交易的规模大幅下降，海外退出项目数和规模却大幅增加。广泛意义上的政治风险是其中的一个重要原因。研究发现，新兴市场经济体企业（EMF）往往缺乏所有权优势，竞争力相对弱于发达国家跨国公司，常常在开发难度与政治风险之间做权衡。通常，它们不会选择进入制度环境非常薄弱的东道国，因为政治风险很大；也不会选择进入制度环境非常强大的东道国，因为外来者劣势明显，导致开发难度很大。此时，自贸协定投资者保护条款的重要性凸显，不仅弥补了 WTO 欠缺投资规则的不足，而且为母国企业在东道国投资经营提供了制度保护。

投资者保护条款是区域自贸协定投资领域的基本条款之一。自贸协定投资条款通常明确指出东道国应当充分保护并采取合理的必要措施确保投资者的权益和安全。这一条款促使东道国政府重视外国投资者的权益和财产安全，降低企业在东道国投资的制度不确定性。对我国企业对外直接投资区位决策来说，完善的投资者保护制度能充分保护海外投资者在东道国的正当盈利，减少东道国制度不确定性对投资经营活动的束缚，提高东道国对外开放度并吸引更多外国资本进入（协天紫光等，2017）。在众多影响我国企业对外直接投资区位决策的因素中，营商环境被公认为是作用显著的一个。投资者保护是营商环境的指标之一，理应会影响到我国企业“走出去”的区位选择（周超等，2017）。东道国投资者保护程度会直接影响企业的风险承担能力，从而限制企业的投融资水平，这无疑束缚了企业的海外投资的增长（顾弦，2015）。据此，可以认为：自贸协定包含投资条款促使东道国提高对我国投资者的保护力度，进而增加了我国企业进入东道国投资的可能性。

自贸协定的投资条款往往会明确指出东道国应当充分保护并采取合理的必要措施确保投资者的权益和安全。这一法律文本会提高东道国对投资者权益的重视，有助于降低企业在东道国投资的不确定所造成的高预期成本，从而吸引我国企业进入投资。

实证分析过程与对制度距离处理类似，将模型（6-10）中的被解释变量换成东道国国家和地区保护力度指标。选取东道国投资者保护力度作为投资者保护的衡量指标，设为 $Protection_j$ 为东道国 j 对外国投资者的保护力度，数据来自世界银行的历年全球竞争力研究。为了减轻衡量指标测度较大的波动性会影响实证结果，进一步对原始指标值进行量纲化调整①，调整办法如下。

① 均值化处理的前提是所有的数据均应该大于 0。

$$Prot_j = \frac{Protection_j}{Protection_{avg}}$$

其中，$Protection_{avg}$ 为平均投资者保护力度，$Prot_j$ 表示东道国 j 对投资者保护力度与全球平均投资者保护力度的比值。实证检验时，分别使用到上述两种指标值进行检验，以达到相互印证的效果。最终检验结果见表 6.9。

表 6.9 自贸协定是否强化了投资者保护

变量	(1)	(2)	(3)	(4)
	Protection		Prot	
Invest	**0.452*** **(0.271)**		**0.087*** **(0.050)**	
Cdepth		**0.012** **(0.010)**		**0.002** **(0.002)**
常数项	52.888*** (16.564)	53.196*** (16.523)	9.389*** (3.133)	9.451*** (3.125)
N	1 275	1 275	1 275	1 275
R-2	0.851	0.851	0.848	0.848
控制变量	YES	YES	YES	YES
固定效应	YES	YES	YES	YES

注：①括号内为聚类稳健标准误；②***、** 和 * 分别表示在 1%、5%和 10%水平上显著。

表 6.9 中列（1）和（3）的关键解释变量系数在 10%的显著性水平下为正，说明区域自贸协定投资条款本身的签订和实施确实使得东道国加强了对投资者的保护力度。结合基准回归结论，可以认为自贸协定投资条款本身起到了强化签约国投资者保护力度进而促进我国企业到该国进行直接投资的效果。但是，表中列（2）和（4）系数为正但不显著，可以认为自贸协定投资相关条款可能未明显起到强化签约国投资者保护力度进而促进我国企业到该国进行直接投资的效果。投资者保护力度是企业海外投资区位选择的关键因素之一，我国上市企业偏向于选择投资者保护力度高的东道国作为海外投资的目的地，这一结论已在相关文献得到明显体现。综上可知，自贸协定及其投资条款强化了东道国投资者保护力度。

6.4.4 进一步分析

一、区位异质性

企业对外直接投资的动机可以分为自然资源寻求型、效率寻求型、市场寻求型和技术寻求型。一般认为我国企业对发展中国家的海外投资是为了获取更多的廉价劳动力及自然资源禀赋，即资源导向投资；对发达国家的投资是为了企业学习海外先进的科学技术和企业管理经验来获得企业的发展，并扩展我国企业在国际市场的份额来扩大对外贸易的规模，即技术寻求型和市场寻求型投资。由于我国企业海外投资面临的东道国的各类禀赋的差异，因此有必要区分区域自贸协定投资条款及相关领域完善对我国企业在不同经济体（发达和发展中经济体）的投资区位决策的影响是否显著差异。为此，我们按照经济发展水平进行了分组检验，其结果如表 6. 10 所示。

表 6. 10　区位异质性检验

变量	(1)	(2)	(3)	(4)
	发达经济体	发展中经济体	发达经济体	发展中经济体
Invest	**0. 465 ***** **(0. 100)**	**0. 347 ***** **(0. 104)**		
Cdepth			**0. 020 ***** **(0. 004)**	**0. 008** **(0. 007)**
N	88 481	145 435	88 481	145 435
R-2	0. 491	0. 254	0. 582	0. 369
控制变量	YES	YES	YES	YES
固定效应	YES	YES	YES	YES

注：①括号内为聚类稳健标准误；② ***、** 和 * 分别表示在 1%、5%和 10%水平上显著。

其中，第（1）列和第（3）列为对发达国家投资的回归结果，第（2）列和第（4）列为对发展中国家投资的回归结果。第（1）列和第（2）列表明，自贸协定投资条款的签订实施对发达经济体和发展中经济体来说，均显著促进了我国企业对签约国的投资选择，并且与发达国家签约的促进作用更强。第（3）列和第（4）列的结果显示，自贸协定投资相关领域条款的完善只在发达经济体样本中是显著为正的，对发展中经济体样本的回归系数为正但不显著。可以认为，自贸协定投资相关领域条款的完善促进了我国企业对发达国家签约国的投资选择，而并不显著促进对发展中国家的投资选择。

二、母公司异质性

我国国有企业和民营企业的产权性质差异，引发了其他许多方面的明显差异，包括投资规模、投资动机、投资目的地选择、投资方式以及母国支持力度等。这些差异就导致了不同企业对东道国国内政治风险类型的重视发生分化。例如，一些企业“走出去”并不重视东道国国内政治风险如腐败水平等，但更加重视东道国政府稳定性和投资环境；一些企业倾向于避开法律体系严格的国家；一些企业高度重视政治风险和市场投资环境的稳定性。因此，有必要加以区分来检验自贸协定投资及相关领域条款对国有企业和民营企业的差异化影响。检验结果见表6.11。

表6.11中，第（1）列和第（3）列为国有企业海外投资的回归结果，第（2）列和第（4）列为民营企业海外投资的回归结果。结果表明，自贸协定投资及相关领域条款的完善的回归系数在国有企业组和民营企业组中的回归结果均显著为正，即在两组中核心变量均显著促进了企业对签约国的海外投资区位选择。

表6.11 母公司异质性

变量	(1)	(2)	(3)	(4)
	国有企业	民营企业	国有企业	民营企业
Invest	**0.609***** **(0.137)**	**0.522***** **(0.094)**		
Cdepth			**0.018***** **(0.006)**	**0.013***** **(0.006)**
N	101 126	184 987	101 126	184 987
R-2	0.617	0.584	0.765	0.592
控制变量	YES	YES	YES	YES
国家、时间固定效应	YES	YES	YES	YES

注：①括号外数值为系数，括号内数值为稳健标准误；②***、**和*分别表示在1%、5%和10%水平上显著。

不过，不同组别两种变量的回归系数值大小有区别。在国有企业组相较于民营企业组而言更大，即自贸协定的促进作用对国有企业更为突出。这说明可能有两种情况。一是国有企业的确比民营企业主动积极响应国家战略包括自由贸易区战略，一旦达成某个自贸协定，国有企业会顺势而为；二是自由贸易战略推进与国有企业发展相呼应，协定的达成也或许是顺应了国有企业特别是大型央企发展的需要。

6.5 本章小结

本章详细描述全球范围内在自贸协定扩散特征，基于 2002—2018 年我国自由贸易区服务网和深度贸易协议数据库，从理论和实证两方面探究了自贸协定投资条款及相关领域条款对我国企业“走出去”区位选择的影响。概率理论模型表明，投资条款及关联条款能显著促进企业对签约国直接投资区位选择的概率，且这种促进作用要强于自贸协定达成并生效，结论是稳健可靠的。

进一步的研究有以下发现。其一，企业的海外投资区位存在明显的路径跟随特征，即倾向于选择进入已有其他我国企业进入的国家，且企业投资跟随效应更依赖于同行业的企业。FTA 投资条款及相关领域完善能够显著强化企业的投资跟随效应，从而提高企业对签约国投资区位选择的可能性，且这种强化作用对同行业企业跟随更为明显。其二，自贸协定投资条款及投资相关领域条款的实施通过影响制度距离和东道国投资者保护力度来影响我国企业“走出去”的区位选择决策。实证检验证明了上述结论。对制度距离而言，自贸协定投资及关联条款可以减小我国与签约东道国之间的制度距离。对投资者保护力度而言，自贸协定投资条款的签订实施促使东道国加强对投资者的保护力度，但投资相关领域的完善并不会显著加强投资保护力度。此外，以上结论存在东道国异质性和企业异质性。具体说来，当协定伙伴国是发达国家时，自贸协定投资及关联条款能够更加显著提高企业投资概率；投资及关联条款对国有企业组的影响明显大于对民营企业组。

第 7 章　国际产能合作视角下境外企业设立模式研究：以东道国美国为例

企业国际化本质上是选择合适的企业设立模式以进入合适国际市场的过程（Andersen、Christensen，1997）。我国企业“走出去”高质量推进国际产能合作，境外企业设立模式尤为重要。这不仅关系到我国跨国企业能否成功地“走出去”，也牵绊着该企业在境外的生产合作、经营等活动能否顺利开展，后续的生存发展以及“走出去”动机能否得到实现等。本章研究中资企业境外设立模式，重点深度研究在美国的中资企业设立模式与影响因素，旨在发现我国企业在美国投资动机，为逆梯度国际产能合作提供启示。当前，中美双向直接投资面临着某些不确定性因素的干扰，但是两国企业依旧互将对方国家视为优先市场和重要的战略投资目的地①。

7.1　“走出去”企业在美投资布局状况

7.1.1　投资规模

根据我国历年《对外直接投资统计公报》数据，从投资流量波动看，我国企业进入美国可以分为三个阶段，如图 7.1 所示。

① 我国企业方面，根据 2022 年美国中国总商会和美国中国总商会基金会的调查报告，65%的受访企业表示会将其在美获得的利润再次投资于其美国业务，这一比例相较 2021 年增加了 15%。美国企业方面，中国美国商会 2022 年度《中国商业环境调查报告》显示，58%的美在华企业 2021 年营收实现增长；中国是 60%的企业近期全球投资计划的前三大投资目的地之一；66%的企业计划 2023 年增加在华投资；83%的企业没有将制造或采购转移出中国的打算。

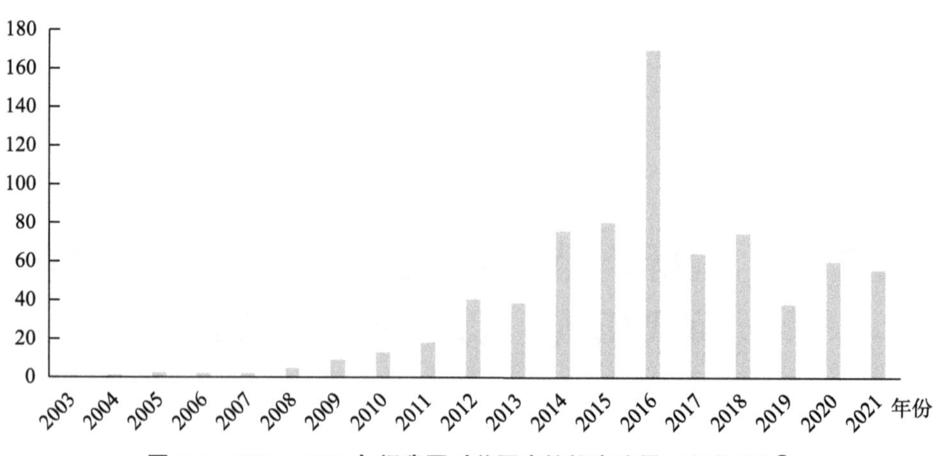

图 7.1 2003—2021 年间我国对美国直接投资流量（亿美元）①

如图 7.1 所示，第一阶段为企业试水期，2003—2006 年，投资额不仅很小而且反复波动，累计仅仅约 6 亿美元。第二阶段为快速增长期，2007—2016 年，我国企业对美国直接投资连续 10 年快速增长，2010 年达到 13 亿多美元，2012 年因为一笔“并购进入”达到 40 亿美元②，2016 年达到 169.8 亿美元，10 年平均复合增长率为 66.9%。第三阶段为调整期，2017 年至今，2017 年投资额为 64.3 亿美元，较 2016 年断崖式下降了 62.2%，也是十年上升期后的首次下降，并在此后至今一直处于较低水平。

7.1.2 投资地位

美国是我国企业“走出去”的主要目的地。2003—2021 年，在所有东道国和地区排名中，美国始终居于前 9 位。在剔除著名的国际避税地（中国香港、英属维尔京群岛、开曼群岛和新加坡）之后，美国始终居于前 4 位，如表 7.1 所示，其中在 2011 年之后，美国是我国企业“走出去”的首选目的地。2021 年，对美国直接投资占总量的 3.1%，是企业“走出去”的第五大目的地，前四位分别是上述国际避税地。

① 数据来源于历年《中国对外直接投资统计公报》。

② 2012 年，我国双汇集团以 71 亿美元收购了史密斯菲尔德食品，因此一跃成为全球最大的猪肉食品企业，并跻身世界 500 强。

表 7.1　2003—2021 年我国 OFDI 的美国排名（不含国际避税地）①

年份	2003	2005	2006	2007	2008	2009	2010	2011	2012
排名	第三	第二	第二	第二	第三	第二	第四	第二	第一
年份	2013	2014	2015	2016	2017	2018	2019	2020	2021
排名	第一	第一	第二	第一	第二	第一	第二	第一	第一

注：①2008 年被排除的避税地还包括中国澳门；②2004 年无数据。

存量方面。到 2021 年末，美国吸收我国直接投资存量达到 771.7 亿美元，占我国对全部发达经济体直接投资存量额的 26.9%，占我国对外直接投资存量总额的 2.8%。美国是吸收我国 OFDI 存量最多的国家。

1991—2018 年，美国美中关系全国委员会与荣鼎集团（Rhodium group）每年联合发布一份“按国会选区划分的我国在直接投资研究”，记录和追踪了 1990—2017 年我国和美国企业的双向对外直接投资的内容，包括我国企业对美国直接投资的总量（包括绿地投资和并购），所有权（私有和国有）、投资类别（战略投资和财务投资）、股权的分布（控股股权和少数股权），行业的分布，不同投资方式在各州的分布，投资量排名前五位的大型跨国企业等信息，使得我国企业在美国直接投资在模式上有迹可循，缺点是仅覆盖交易额在五千万美元以上的绿地投资和跨国并购的大项目。利用该系列研究获取了 2006—2016 年间我国对美国直接投资流量，经过对比发现，其所反映的趋势（见附录一图 1：我国企业在美国直接投资流量）与本章中的图 7.1 相同。由于中国对外直接投资统计公报并不提供我国企业在东道国的细微信息，因此本章随后所使用的数据主要来源于这些数据库。②

7.1.3　行业分布

根据这些研究，我国企业在美国直接投资共涉及 14 个细分行业，直接投资额的行业分布见图 7.2。

① 数据来源于历年《中国对外直接投资统计公报》。

② 从 2005—2016 年，我国企业对美国的直接投资呈现逐年攀升的态势，在 2015 年之前，除了 2013 年出现一个小波段的小幅调整之外，其他年份都是呈现平稳增长。2016 年，我国企业对美国的直接投资总量就从 153.1 亿美元激增到 2016 年的 462.2 亿美元，增长了约 3 倍。2005—2014 年我国企业在美国的直接投资累计总量与 2016 当年直接投资流量基本相等。该数据库与我国官方对直接投资统计公报数据虽然有差异但趋势一致。

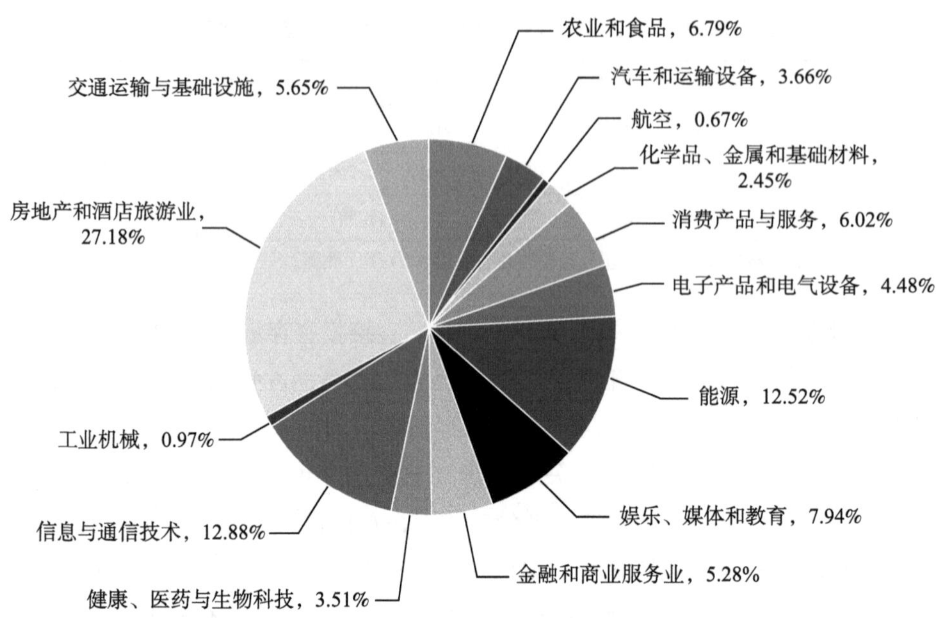

图 7.2　1990—2016 年我国企业 OFDI 在美国行业分布

美国吸收我国企业直接投资最多的行业依次是房地产和酒店旅游业、信息与通信技术、能源，分别占比 27.18%、12.88%、12.52%。直接投资涉及数额较小的行业有化学品、金属和基础材料，工业机械以及航空，分别占比 2.45%、0.97%、0.67%。进一步分析发现，企业在美国直接投资行业倾向表现出如下两个特征。其一，倾向于进入资本规模大、技术资源丰富、自然资源类等三大行业。进入这些行业通常需要母公司具备较强在资产规模、技术等方面的所有权优势。其二，在化学品、金属和基础材料，工业机械以及航空等行业容易达成小金额并购交易。这些部门中往往包含有军用性质和民用性质的技术，中资企业扩大投资规模面临严格审查限制。

从 2017 年开始，美国加强了对高科技收购的审查，我国也调整了对外直接投资政策，两个原因导致我国对外直接投资交易价额下降了三分之一以上（-35%）至 290 亿美元，公布的交易价额下降超过了 90%。外国直接投资活动下降对美国地方经济产生了严重影响：计划的绿地项目被推迟，我国一些企业着手抛售当地资产。

7.1.4 投资动机

在美国的中资企业投资动机表现出鲜明的行业特征，进而不同所有权性质企业进入行业和对股权的要求也不同。从表 7.2 可以看出，①我国企业在美国直接投资的 80%以上追求绝对控股权[①]，除了能源只有 50%实现了控股权。②我国企业在绝大多数行业的直接投资主要出于战略动机[②]，即以俘获实体经济企业的核心业务领域为投资动机，仅在两个行业（金融和商业服务业以及房地产和酒店旅游业）的投资以财务动机为主，即以获得财务回报、分散经营风险为投资动机。③在绝大多数行业里，在美国投资我国企业以民营性质[③]为主。国有企业集中在汽车和运输设备、航空、能源这三个部门，占比分别达到了 52%、87%、77%。

表 7.2 中资企业性质、投资动机以及股权的行业分布

行业	投资动机（%）		所有权（%）		股权（%）	
	战略投资	财务投资	私有	国有	控股股权	少数股权
农业和食品	100	0	100	0	98	2
汽车和运输设备	100	0	48	**52**	99	1
航空	100	0	13	**87**	100	0
化学品、金属和基础材料	100	0	58	42	100	0
消费产品与服务	100	0	98	2	98	2
电子产品和电气设备	99	1	96	4	96	4
能源	78	22	23	77	**50**	**50**
娱乐、媒体和教育	91	9	97	3	98	2
金融和商业服务业	37	**63**	74	26	83	17
健康、医药与生物科技	87	13	89	11	86	14
信息与通信技术	96	4	64	36	89	11
工业机械	100	0	57	43	94	6
房地产和酒店旅游业	37	**63**	68	32	91	9
交通运输与基础设施	100	0	97	3	100	0

① 控股股权是指至少 50%股权，少数股权是指小于 50%股权。

② 战略投资指的是实体经济企业核心业务领域的投资，财务投资指的是出于财务回报动机的投资。

③ 民营企业指至少 80%的股权为私人所有，国有企业指至少 20%的股权为政府或者国有企业所有。

7.2 中资企业在美国的设立模式

7.2.1 特征事实

本小节关于美国内部行业和地区层面的数据来源于按“国会选区划分的中国在美直接投资报告”（1990—2016）。由于2017年及之后，由于美国外资政策和政治原因，导致我国对美直接投资出现非正常剧烈下降，故2017年之后的投资情况不具有代表性。因此，以下分析是对截至2017年之前特征实施的陈述。

一、以跨国并购为主

2005—2016年间中资企业在美国的跨国并购（M&A）和绿地投资（GFI）发生额，如表7.3所示。

表7.3　2005—2016年我国企业在美国直接投资发生额与占比

年份	M&A（百万美元）	GFI（百万美元）	M&A占比（%）	GFI占比（%）
2005	1810	175	91	9
2006	**91**	**105**	**46**	**54**
2007	**129**	**230**	**36**	**64**
2008	649	122	84	16
2009	473	287	62	38
2010	4 330	240	95	5
2011	4 030	827	83	17
2012	6 680	831	89	11
2013	13 470	861	94	6
2014	11 260	1 500	88	12
2015	13 550	1 760	89	11
2016	44 220	2 000	96	4

根据表7.3可以得到以下发现。①1990—2016年，我国企业在美国以

跨国并购方式进入为主。所有行业中跨国并购直接投资的累计发生额为1008.8亿美元，占我国企业对美国直接投资总额的91.64%；绿地投资累计发生金额为92亿美元，仅占我国企业对美国直接投资总额的8.34%。②除了进入美国的早期2006—2007年，其他时间里我国企业均采取跨国并购方式。③从趋势看，我国企业在美国的绿地投资和跨国并购的变动趋势相同，跨国并购增长更快。绿地投资金额仅从2005年的1.75亿美元增长到2016年的20亿美元，跨国并购从2005年的18.1亿美元增长到2016年的442.2亿美元。

二、中资企业在美国设立模式的地理特征

1. 东部地区和西部地区的差别

美国的东部和西部的划分以密西西比河为界，密西西比河以东属于东部地区，密西西比河以西属于西部地区。美东地区人口密集，工商业发达，共有26州和1个特区，分别是：威斯康星州、伊利诺伊州、田纳西州、密西西比州、密歇根州、印第安纳州、肯塔基州、亚拉巴马州、俄亥俄州、西弗吉尼亚州、弗吉尼亚州、北卡罗来纳州、南卡罗来纳州、佐治亚州、佛罗里达州、纽约州、宾夕法尼亚州、缅因州、佛蒙特州、新罕布什尔州、马萨诸塞州、罗得岛州、康涅狄格州、新泽西州、特拉华州、马里兰州、哥伦比亚特区，纽约、华盛顿、波士顿等国际知名城市位于东海岸。美西地区有加州、俄勒冈、华盛顿、阿拉斯加以及夏威夷等22个州，著名沿海城市包括洛杉矶、圣迭戈、旧金山、西雅图等22个州。

我国企业在密西西比河以西以绿地投资为主。1990—2016年，我国企业在美国西部发生的跨境并购交易额共计395.21亿美元，在全美跨境并购额中占40.59%；我国企业在美西地区绿地投资发生额46.25亿美元，占全美绿地投资总额的51.38%。在美东地区，我国企业以跨国并购投资为主。1990—2016年，我国企业在美国东部进行的跨境并购交易额为578.54亿美元，占全美我国企业并购额的59.41%；我国企业在美东地区绿地投资发生额43.76亿美元，占全部绿地投资交易额的48.62%。我国企业在美国东西部地区的进入模式存在明显差异，如表7.4所示。

表 7.4　我国企业在美国东部和西部的跨国并购与绿地投资

地理位置	M&A（亿美元）	占比（%）	GFI（亿美元）	占比（%）
西部	395.21	40.59	46.25	51.38
东部	578.54	59.41	43.76	48.62

2. 我国企业在美国绿地投资的地理差异

下面，进一步观察两种设立模式在各州的分布差异。

在美国西部地区，我国企业绿地投资交易集中发生在西海岸的加利福尼亚州、华盛顿州、俄勒冈州和以得克萨斯州为中心的西南地区。在美国东部，我国企业绿地投资交易比较分散且金额较小，最大一笔绿地投资发生在北卡罗来纳州，其余的绿地投资项目零散地发生在从靠近密西西比河一带的各州一直延伸至最东部的缅因州。美东地区绿地投资额比西部地区小得多，平均每笔的交易额约两亿美元。图 7.3 展示了 1990—2016 年间我国企业在美国绿地投资累计交易额。

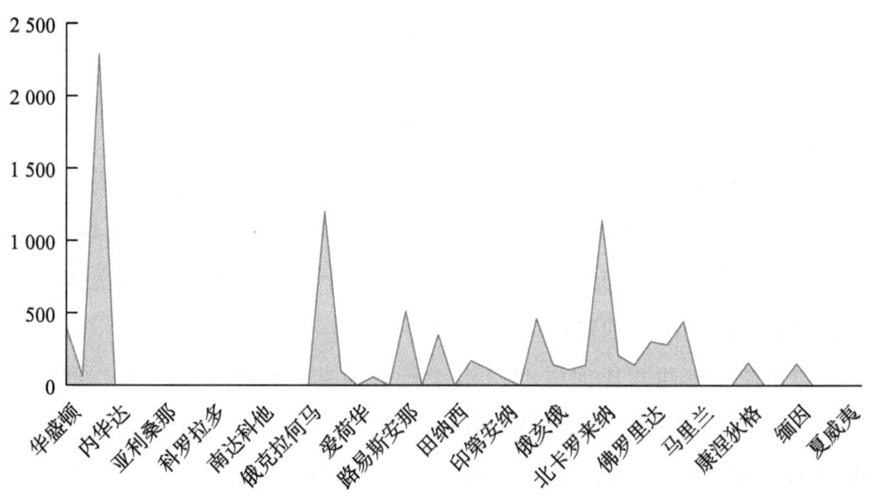

图 7.3　1990—2016 年我国企业在美国绿地投资交易（百万美元）覆盖州

3. 我国企业在美国跨国并购的地理差异

我国企业对美国所进行的跨国并购具有与绿地投资相似的地理差别，如图 7.4 所示。①我国企业在美国进行跨国并购所覆盖的地区与绿地投资基本相同。②在美国东部，跨国并购交易额更大，所占比例比在同一地区的绿地投资发生额所占比例高出 10. 8%。③在美国西部，绿地投资交易额更大，所占比例比在同一地区的跨国并购高出 10. 8%。

可见，美国东部地区对于我国对外直接投资企业选择跨国并购进入模式更加具有吸引力，而西部地区对于我国企业选择并购的诱惑力却小于绿地投资。此外，大规模交易额集中出现在美西地区。其中，累计交易额在 5 000 万美元以上的州有 9 个，其中加利福尼亚州名列第一达到 243. 3 亿美元，其次是得克萨斯州。在东部 28 个州中，交易量在 5 000 万美元以上的州共有 16 个，其中最高的并购交易量出现在 145. 8 亿美元的北卡罗来纳州。可见，无论是采取绿地投资进入还是跨国并购进入，加利福尼亚州、北卡罗莱纳州、得克萨斯州等是我国企业在考虑对外直接投资的地理决策时的重点地区，这几个州对其他外国企业也极具吸引力。

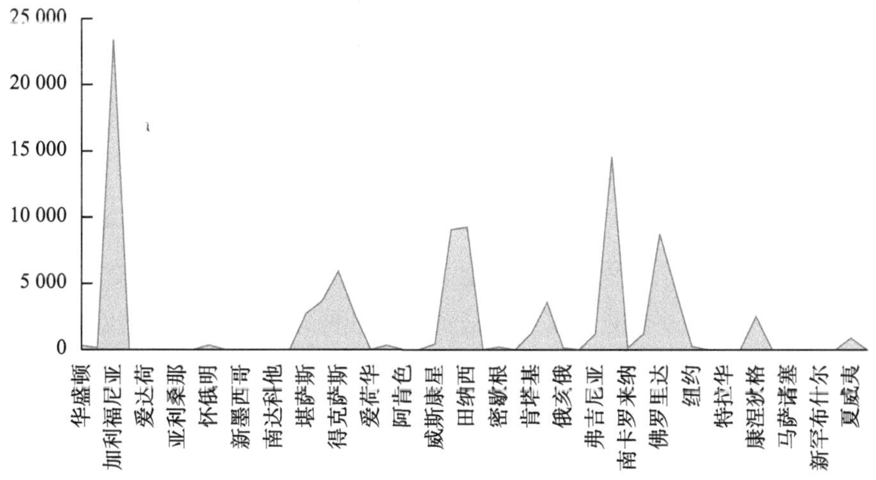

图 7. 4　1990—2016 年我国企业在美国跨国并购交易（百万美元）覆盖州

三、中资企业在美国设立模式的产业特征

我国企业在美国跨国并购交易额排在前三位的行业分别为房地产和酒店旅游业、信息与通信技术、能源；绿地投资投资额位列前三的分别是房地产和酒店旅游业，化学品、金属和基础材料，信息与通信技术等行业，如图 7. 5 所示。

可见，我国企业对美国进行的跨国并购和绿地投资存在明显的行业差异。下面分述之。

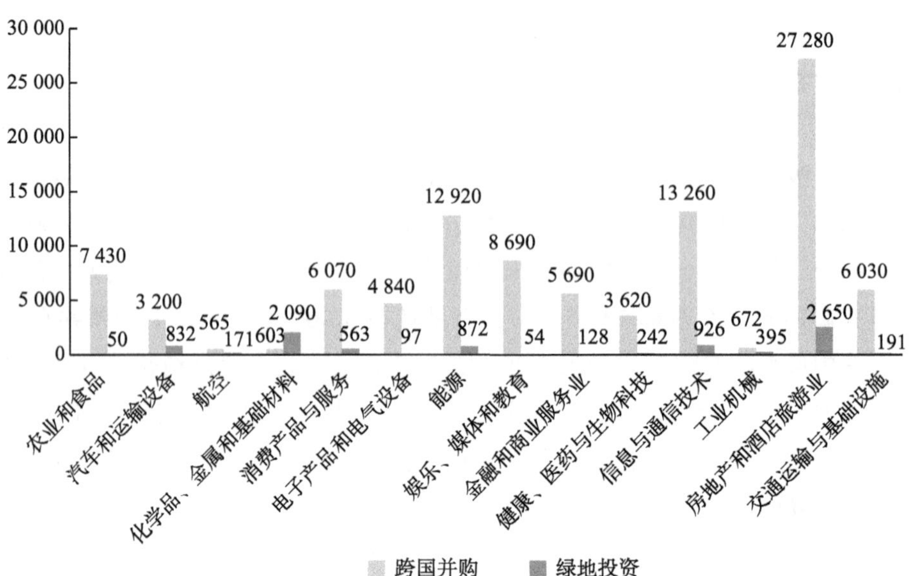

图 7.5　1990—2016 年我国所有行业对美国的跨国并购和绿地投资额（百万美元）

1. 农业和食品业

在 2013 年之前，中资企业在美国农业食品贸易行业只进行了几笔金额很小的绿地投资。2013 年，双汇集团并购了史密斯菲尔德食品（Smithfield），71 亿美元的标的额迄今依然是我国企业在美并购的最高纪录。通过该笔收购，双汇集团获得了对方在美国农业食品的市场和网络。但是，美国农业和食品业企业经历了多年的上下游整合，已经形成了十分复杂而且密切的产业链供应链关系，不利于中资企业以收购方式进入。此外，巨大的国际收购计划容易引起美国监管机构的关注，招来超出一般商业活动监管强度的政治反对。因此，我国企业对美国农业和食品业的投资规模较小。

2. 汽车和运输设备行业

汽车行业是最早吸引我国企业进入美国并进行跨国并购的制造业领域。2008 年全球金融危机刚刚爆发之后，整个美国汽车行业深陷金融危机引发的资金困境，主要汽车厂商主要依靠来自本国政府的救助，与此同时美国本土汽车零部件制造商和供应商积极寻求境外投资者，美国汽车行业陷入困境，并给我国企业并购投资提供了机会。我国企业在美汽车及运输设备行业的投资呈现以下特征。①主要发生在汽车供应链，绝大部分集中于汽车零部件。这与美国跨国公司在我国汽车和运输设备行业发生的投资活动相似。2014 年之后，中资企业开始进入美国铁路及其他运输设备，但是规模较小。②以大型国有企业为主。③通常取得绝对控股权甚至全资持股。

3. 航空业

我国企业在美国航空业领域的投资规模很小，绿地投资和跨国并购都有。投资动机主要是寻求技术升级和获取其他核心竞争力，我国航空工业集团是首要投资者。美国政府的国家安全担忧是阻碍我国企业对美国航空科技领域扩大投资的主要壁垒。此外，这一领域投资还存在美国出口法限制军民两用领域研发外包的潜在风险。

4. 化学品、基础材料和金属行业

我国企业在美国对这三个行业的投资规模十分有限，绝大部分投资于金属和矿物质领域。在化工行业，我国企业投资很少。在金属业领域，我国内部存在着一定程度的周期性产能波动及过剩，加之外部贸易摩擦，对外投资主要动机是扩大市场机会。其中，影响较大的几笔大额投资分别是：天津钢管集团在得克萨斯州设立的钢管制造厂，投资额为10亿美元；2014年金龙精密铜管集团在亚拉巴马州建设并投产的制造工厂；南山铝业在印第安纳州的材料生产基地；忠旺集团收购的产品生产商Aleris，金额高达23亿美元。

5. 消费产品与服务

我国企业对美国消费产品与服务的并购与绿地投资分别为60.7亿美元、5.63亿美元。其中单笔最大投资来自2016年海尔以56亿美元成功并购了通用电气家电业务。近年来，我国企业在美国消费产品与服务行业的投资明显增长，其中包括一些私募股权公司和金融投资公司。2013年，复兴公司收购美国成衣零售商St. John Knits就是一个典型的例证。一个重要的现象是，我国部分制造商收购零售合作伙伴股权的动机在于转型升级，脱离代工模式。例如，浙江家具制造商海宁蒙努对美国Jennifer Convertibles公司的收购。显然，在这个领域的投资，大多数是市场寻求型动机，达到通过接近本土消费者，发展本土品牌从而拓展美国市场的目的。

6. 电子产品和电气设备

1990年以来，中资企业在美国电子产品和电气设备行业的投资总额为49亿美元，其中85%以上的投资交易发生在2016年。例如，苏州东山精密收购加州印刷电路板制造商Multi-Fineline Electronix，金额高达6.1亿美元；艾派克科技收购打印机制造商Lexmark，交易额为36亿美元；2015年，我国电子信息产业集团收购创业公司Bridgelux，后者致力于开发尖端LED技术；等等。

我国企业还在其他生产电子部件的行业（如电动汽车配件、高级电池、电脑和手持设备或者大型家用电器等）进行了多笔并购交易。总体地看，我国企业对美国核心电子领域的投资水平很低，技术诉求强烈。

7. 能源

在能源行业“走出去”的早期阶段，我国企业的投资活动集中在非洲和南美洲等发展中国家。中资企业在美国能源业的投资起步较晚，但是发展迅速，增长很快。2011—2016 年间，累计总投资额高达 138 亿美元，以并购投资为主。如今，能源已经成为我国企业在美国投资的第三大行业。但是，也有典型的失败案例。2005 年，中海油报价 185 亿美元并购加州石油公司 Unocal，最终该项目被美国政府撤销，可见国家能源安全为美国政府的主要考量。随着北美非常规石油和天然气大规模开发，我国企业也进入这一领域投资。相关投资项目包括：2012 年中石化的页岩业务和 2013 年中海油收购 Nexen 的墨西哥湾业务。到 2016 年，我国对美国可再生能源的投资达到 14 亿美元，集中于高端太阳能和风能发电技术、下游太阳能开发、电池以及采用风力机和其他我国进口设备的风电场。此外，我国企业在美国化石能源发电领域的财务投资也非常活跃。例如，2010 年我国投资公司注资爱依斯公司 16 亿美元，2011 年华能集团投资美国国际电力公司 12 亿美元。

8. 娱乐、媒体和教育

2012 年，我国企业开始在美国的娱乐、媒体和教育界等领域进行投资，之后迅速达到 90 亿美元的投资规模，其中娱乐业投资额占 98%以上。主要原因是大连万达在美国娱乐业发起的一系列并购活动。2012—2016 年，该企业先后并购了美国连锁影院 AMC 集团（26 亿美元）、World Triathlon Corporation（世界铁人三项公司，6.5 亿美元）、Legendary Entertainment（传奇影业，35 亿美元），并假手 AMC 收购了 Starplex Cinemas（1.27 亿美元）和 Carmike（11 亿美元）连锁影院。① 中资企业对美国媒体和出版业的投资限于国有新闻媒体建设海外平台，投资金额小。在教育领域，中资企业主要是为我国留学生提供服务，投资少。需要注意，万达集团已出售其美国 AMC 公司全部股份，累计收回 14.76 亿美元。

9. 金融和商业服务业

我国企业对美金融和商业服务业投资起步晚但发展快，2016 年已达到约

---

① 应当注意，中国万达在 2017 年之后逐步从美国撤资，到 2021 年只剩下对传奇影业的投资。

58 亿美元。投资主要来自大型国有商业银行在海外拓展的业务，这些业务大多位于纽约和加州等其他华人聚居区。2012 年，我国工商银行成功收购了在美的东亚银行。近年来，私营企业在美国投资活动逐渐有取代国有企业之势，成为推动我国保险业“走出去”的主要力量。复星、华泰证券、海航、泰康人寿等民营金融企业纷纷出海，并完成了多笔大规模并购交易。在银行和保险业之外的商业服务业领域，在美国的中资企业投资较少。

10. 健康、医药与生物科技

我国企业对美国健康、医药及生物技术行业的投资在 2013—2016 年间迅速增长，主要特点如下。①投资动因以为了获取技术，构建供应链，获取科研人才和资本为主，旨在以提升企业在我国国内市场的竞争力，多数是我国私营企业发生的中小规模并购交易。例如，无锡药明康德收购美国实验室服务公司 Apptech，海普瑞药业收购 Scientific Protein Laboratories，天士力制药在马里兰州建立科研中心，等等。②我国企业投资集中在风险投资早期阶段。例如，无锡药明康德公司收购美国生物技术公司 Althea Dx。③我国企业并购主要动机是获取战略资源和打开美国市场，因此并购目标以拥有庞大客户群和有效销售网络的当地企业为主。典型案例包括：迈瑞医疗并购吸收 Datascope 的监护产品业务，微创医疗收购 Wright Medical Group 等。总的来看，2017 年之前，中资企业在医疗保健服务业较少做出重大投资。

11. 信息与通信技术

信息与通信技术是我国企业进入美国的第二大目标行业。1990—2016 年间，我国企业在这一领域的投资交易超过了 142 亿美元，占全部投资额的 13%。其中，跨国并购交易占 93%，联想集团的三笔收购交易占到 47%。半导体行业涌现出一轮我国企业跨境并购热潮，总投资超过 34 亿美元。此外，我国企业还非常注重在美国建立研究中心。例如，华为在西雅图设立新研究中心，乐视在加州设立的总部，百度在硅谷设立研究中心，滴滴出行在加州设立人工智能实验室，等等。然而，随着我国企业并购激增，美国外国投资委员会（CFIUS）的投资审查也变得严厉。

12. 工业机械

我国企业在美国机械制造业的投资始于 2007 年，集中于工矿机械生产领域。与医疗、健康、半导体等领域不同，我国企业主要采取绿地投资模式。2016 年，我国企业在美国绿地投资额新增 40% 以上，包括三一重工集团在佐治亚州新建制造工厂。我国工业机械制造业企业投资主要是为了快速获取美国技术、人才和销售网络，面临的挑战主要有两个方面。一是拥有较强竞争力的美国建筑和农业机械企业往往是规模庞大的超大型企业，难以成为并购对象。二是美国自动化和智能化生产领域领先企业的技术大多涉及军事应用，容易被限制甚至撤销。

13. 房地产和酒店旅游业

2010年，我国企业开始进军美国房地产行业，集中在纽约、洛杉矶、旧金山等中心城市。目前，我国企业在该行业直接投资最多，且交易规模大、增速快。到2016年，累计投资总额约300亿美元，占总投资额的27%。2016年，我国企业对该行业的直接投资出现激增，达到以往累计直接投资总额的两倍多。国内母公司包括专业从事地产业开发的战略投资、保险公司及出于资产分散动机的集团企业等，以民营企业为主。其中，规模巨大的单笔交易包括：安邦以55亿美元从Strategic Hotels手中购买了15家酒店，海航以20亿美元收购了Carlson Hotels，中国人寿以20亿美元注资喜达屋的酒店组合，等等。应当注意，也有房地产投资商以绿地方式进入美国。例如，泛海控股在洛杉矶和绿地集团在纽约布鲁克林等。2016年末，我国政府加强了对国际资本流动的规制，房地产行业对外直接投资急速下降。

14. 交通运输与基础设施

中国远洋海运集团和中海集运是这一领域进军美国的先行者。到2015年底，我国在美国交通运输与基础设施领域累计直接投资存量不到2亿美元，2016年激增至62亿美元。其主要原因是海南航空成功并购了美国Ingram Micro公司。我国基础设施行业企业在美国交通基建领域的投资和工程承包项目较少。原因来自两个方面。一是美国本土企业的竞争优势突出；二是在美国基础设施项目投资和建设容易招致美国公众和政界对国家安全“担忧”。政治阻力大于竞争压力。

7.2.2 我国企业以跨国并购为主的原因分析

一、外资企业设立模式及利弊分析

跨国并购和绿地投资是跨国企业设立境外公司的两种备选模式。设立境外企业，意味着跨国企业要么以并购方式收购当地已有企业或者从零开始创建新企业。这两种模式各有优点与缺点（Li等，2018；Pak、Park，2005；Hennart、Park，1994）。表7.5对比总结了跨国并购和绿地投资的优劣势。

表 7.5 境外企业设立模式比较

境外企业设立模式	优势	劣势
绿地投资	自主性强 有利于维持自身既有垄断优势	长周期 自行开辟市场成本高 进入市场慢 外部风险大
跨国并购	建设周期短 外部风险小 快速进入当地市场 快速获取当地优势资源	面临当地产业、技术等壁垒 存在并购整合风险 需要较强的融资能力

绿地投资指的是外国企业进入当地市场，从零开始创业，即母公司启动自有资本、技术、管理经验等所有权优势，在东道国设立一个全新企业，并形成新的生产能力等。对投资者母公司而言，企业采用这一方式无须承担整合压力和成本，却需要承担沉没成本并面临较大的本地化风险。跨国并购投资是指跨国公司以并购东道国已有企业来达到进入新市场、扩展新业务的目的。这一方式有利于母公司快速获得当地企业的技术、设备、厂房、工人、营销渠道、人力资本等新建资源并实现迅速开展业务，但是需面临较大的整合风险。

二、技术资源寻求动机是我国企业在美以并购为主的原因

我国企业在美国以跨国并购模式为主，完全不同于在全球范围内以绿地投资为主的情况。这是由投资动机所决定的，投资动机决定了我国企业“走出去”的地理区位乃至境外企业设立模式。我国“走出去”制造业企业案例中，出于战略资源获取或者效率寻求动机对外直接投资大多以跨国并购方式进入北美地区和欧盟国家。我国企业以绿地投资方式“走出去”以产能输出转移为主要驱动力，并主要以发展中东道国和地区为主要目的地。

对外国投资者来说，美国经济在多方面拥有显而易见的禀赋优势。一是市场规模大；二是先进技术战略资源丰富；三是工业原料和工业资源丰富；四是科技人力资源丰富；五是资本丰裕且资本市场发达；六是制度环境稳定优势。此外，1934 年经济大萧条后，美国国会通过了《对外贸易区法案》，开始在其境内设立对外贸易园区（Foreign-trade Zones，FTZs）。对外贸易园区性质为境内关外，主要功能是促进制造业和企业在美国的经营和投资。目前，处于活跃运营状态的主区有 293 个，遍布所有州。园区入驻企业能够享受免

税、延迟纳税、投融资便利和特殊海关程序等优惠。这些都是外资企业可以利用的资源。然而，从吸收投资的行业分布看，约13%的投资流向信息与通信技术领域。这再次表明我国企业进入美国直接投资的战略动机。

与绿地投资相比，跨国并购美国本地企业，我国企业可以更快适应当地法律，快速弥合制度差异和文化差异等，直接获取标的公司的营销网络、市场形象和市场份额，以及技术知识、专利和品牌，也可以较快进入美国资本市场进行直接或者间接融资。例如，2004年联想集团有限公司以12.5亿美元并购了美国IBM PC事业部。由于当时联想集团在全球PC市场占据了2%的市场份额，排在第九位。而IBM的市场份额为5.6%，名列世界第三。因此，这场并购被比喻为“蛇吞象”。并购完成后，联想即获得了IBM强大的遍布世界的分销网络，并得以在美国境内多地园区设立生产开发中心，在世界各地建造制造基地，成功实现了国际化进程质的飞跃。

现代理论也对我国企业主要采取并购模式进入美国提供了一定的解释。异质性对外直接投资理论指出，高生产率企业选择跨国并购，中等生产率企业选择绿地投资，低生产率企业选择出口贸易。这一结论对来自发达国家和发展中国家的跨国公司都成立。从我国企业进入美国来看，这一理论成立。本章接下来探讨我国企业在美国投资设立模式的决定因素提供了有益的启示。

然而，我国企业并购进入美国直接投资面临的挑战和风险日益明显。传统意义上的投资风险主要来自中美两国之间的法律差异、制度差异、文化差异和语言差异等。近年来，跨国并购面临严峻挑战，主要来自美国外国投资委员会（CFIUS）的投资审查。自2017年开始，伴随美国加强对技术领域外国直接投资的监管，越来越多我国企业并购项目被CFIUS终止，这些并购项目集中在信息服务业、通信技术、金融和制造业领域，我国对美国的直接投资随之大幅减少。与此同时，企业“走出去”地理方向发生了明显的转移，因此我国对外直接投资总规模并未因美国政府的阻挠而减少反而继续增长。我国企业对外直接投资的地理转移表现如下。一是在2017—2018年对欧洲直接投资大幅增加，2019年之后开始大幅下降；二是2017年之后，对亚洲和“一带一路”共建国家投资逐步增长，2019年后加快增长。与“走出去”地理方向转移同时发生变化的是，跨国并购投资方式在我国企业对外直接投资中的比例从2004年的54.4%下降到2021年的11.4%。由此可见，总体上我国企业在发展中国家直接投资以绿地投资为主，旨在扩大市场而且寻求先进技术。

7.3 企业在美跨国并购影响因素分析[①]

7.3.1 中资企业在美国跨国并购的影响因素

根据“战略三角范式”模型（Peng 等，2008），我国企业进入美国的影响因素包括美国州制度环境、州资源环境和企业自身因素。本节旨在通过定量方法，找出决定不同进入模式下我国企业在美国的区位决策。由于对象限于在美国进行直接投资的我国企业，故无须考虑国家宏观层面因素，但不能忽略东道国地方（即州）层面的影响因素。近年来，美国各州和地方政府的外资政策在美国整个外资政策规定中所占比例不断提高，已经成为外国投资者对美国投资所考虑的先决条件。根据已有研究，潜在的州层面影响因素如下。①各州市场规模对企业的地理位置决策会有重要影响；②各州的生活水平会对于企业在当地进行直接投资的进入模式决策产生影响，这一变量使用人均收入衡量；③各州企业收入税负水平高低往往是企业进入决策的重要考量因素。在美国，企业采用不同的进入模式，会面临不同的税负水平和税制结构。根据前面的特征分析并结合相关研究，筛选出可能会对我国企业进入美国市场起到决定性影响的一系列关键因素，并按照州和企业两个层面加以归类整理。

第一类因素是当地市场潜力。通常，当地市场规模越大，人均收入越高，居民生活水平越高，以直接投资方式进入的跨国企业拓展当地市场的机会越大，拓展销售网络的难度越小。因此，外国企业以并购方式获取当地市场资源的动机就会减弱。进一步，跨国并购投资比绿地投资更有利于获得核心技术。因而外国企业在市场潜力大的国家（地区）进行投资时更有可能选择绿地投资而非并购模式。

第二类因素是当地制度性成本。对于效率寻求型的跨国直接投资而言，交易成本无疑是企业所要考虑的首选因素。并购和绿地投资作为企业海外直接投资的不同组织形式，必定会面临不同的制度性交易负担。从财务的角度来说，如果投资当地州的税负越高，企业所负担的财务成本也会越高。跨国

① 数据处理由盛兰倩在本书作者指导下完成。

并购相对于绿地投资，前期进入的建设成本、人员选聘和培训成本较低。1999 年海尔公司选择在美国南卡罗来纳州建厂，而当地政府规定每创造一个就业机会就减免 2 500 美元的税收。因此，对于一个更高税负的州，企业可能更加倾向于选择并购的方式。

第三类因素是企业的经营管理能力。跨国并购面临与标的公司发生资金、人员、公司文化等多方面的整合。母公司规模越大，公司治理越好，那么企业跨制度整合和跨文化整合的能力越强，也将更加倾向于实行跨国并购。

第四类因素是企业的技术创新力。拥有更多技术资源的企业比技术资源薄弱的企业更加倾向于新建投资。这是因为拥有核心技术会成为企业进入国外投资的核心竞争力的来源。技术资源薄弱的企业可能需要通过并购战略资产的方式从别处获取。

第五类因素是企业国际化经验。企业国际化经验丰富，境外经营能力越强，就更加善于向海外市场渗透，并能相对容易地掌握和适应东道国市场环境，促进企业完成海外资产并购，即企业国际化程度会对并购产生正向影响。

其中，市场规模和税收是当地市场环境因素，企业经营管理能力、技术创新能力和境外经营能力是企业内部因素。下面将选取合适的指标验证对上述五类影响因素的分析和判断。

7.3.2 企业在美国跨国并购影响因素检验

针对前面对潜在因素及其影响效果的分析，本节旨在筛选出恰当的指标并采用适当的定量分析法进行检验。

一、指标选取

根据第 7.3.1 节关于影响因素的分析，挑选出如下 11 个潜在影响变量，分别来自两个大的方面：企业层面和州层面，解释如下。

①企业经营管理能力变量 X_1，包括产出规模、资产规模、管理能力、盈利能力。其中，企业产出规模 *scale* 使用的是企业营业总收入；资产规模使用企业当年总资产（*capit*）以及劳均资产（按公司雇员人数平均）（*capitpc*）来反映；管理能力使用管理费用投入（*govern*）和劳均管理费用（*governpc*）衡量；盈利能力采用净资产收益率（ROE）即净利润与股东权益的比值。

②企业技术创新力X_2，用企业研发费用投入（*R&D*）及其平均水平（*R&Dpc*）来反映。

③企业国际化经验X_3，在模型中具体表现为企业国际化程度（*inter*），使用企业境外营业收入占总收入的比率来度量。

④当地市场潜力变量X_4包括三个变量，分别是：反映市场规模的州实际生产总值*GSP*，反映需求潜力的州人均生产总值（*GSPpc*）和人均收入（*PI*）。

⑤当地制度性成本的代理变量是当地企业所得税X_5，记为（*SCITR*），采用所在州前一年度设置的最高税率①。

此外，增加美国地理分区变量，记为（Reg），1 表示美东地区，0 表示美西地区。前文对中资企业特征事实分析结果显示，相对于西部地区，我国企业在东部地区采用并购模式的概率更大。

二、数据来源与处理

考虑到数据可得性，选择的样本是上市公司。关于进入模式这一变量的数据来自同花顺 iFinD 企业深度数据库和我国全球投资追踪数据库②（China Global Investment Tracker，CGIT）。两大数据库均披露我国企业对美国直接投资的案例。前者提供公司股票代码、股票名称、出让方、获得方、支付金额、交易时间、所在行业等重要信息，后者包含交易时间、投资方、交易方、支付金额、所在州、所属行业、股权占比。根据交易方的名称和交易时间，在同花顺 iFinD 企业资料库中进行手动查找，获取企业的股票代码，进而将上市公司发布的公告和跨国并购交易信息进行匹配，从而能够证实特定公司的该笔投资交易确实存在。但是，这两大数据关于我国企业并购美国企业的所在州的信息不完全一致。CGIT 明确提供了我国企业直接投资所在州，同花顺 iFinD 只就企业进行跨国并购的投资所在地提供了模糊信息。为了精确定位每一笔交易的所在地名称，采用了如下方法。首先通过 CGIT 找到我国企业以并购方式所设立的美国子公司的全称，进而查到该公司的企业官方网站，将企业官方网站上所载明公司的注册地所在州作为本国企业并购美国子公司的所在地。

---

① 一些州对不同数量的投资规模设置不同的税率档次。当存在梯度税率时，选择最高的税率作为该州的企业收入税负水平。

② 该数据库由美国企业研究所（The American Enterprise Institute，AEI）和美国传统基金会（The Heritage Foundation）共同发布。

企业层面的财务指标数据来源于同花顺 iFinD 上市公司深度数据库获取。美国各州指标实际生产总值和人均生产总值数据来自美国经济分析局（BEA）。代表所在地制度性成本的税收数据来源于美国独立税法调查研究所数据库。主要解释变量名称、测度方法以及数据来源如表 7.6 所示。

表 7.6　主要解释变量名称、测度方法以及数据来源

<table>
<tr><th>层级</th><th>影响因素</th><th>变量名称</th><th>测度方法</th><th>数据来源</th></tr>
<tr><td rowspan="8">母公司</td><td rowspan="4">经营管理能力与绩效</td><td>scale</td><td>营业总收入</td><td rowspan="8">iFind 企业深度数据库</td></tr>
<tr><td>capit</td><td>总资产</td></tr>
<tr><td>capitpc</td><td>总资产与当年在职员工人数的比</td></tr>
<tr><td>governpc</td><td>人均管理费用投入</td></tr>
<tr><td rowspan="2">国际化水平</td><td>ROE</td><td>净利润与股东权益的比</td></tr>
<tr><td>inter</td><td>境外营业收入占比</td></tr>
<tr><td rowspan="2">研发能力</td><td>R&D</td><td>研发费用投入占比</td></tr>
<tr><td>R&Dpc</td><td>研发投入与当年在职员工数的比</td></tr>
<tr><td rowspan="5">州</td><td>当地制度性成本</td><td>SCITR</td><td>州企业所得税率</td><td rowspan="2">美国独立税法调查研究所</td></tr>
<tr><td>地理分区</td><td>Reg</td><td>美东和美西</td></tr>
<tr><td>当地市场规模</td><td>GSP</td><td>州 GDP</td><td rowspan="3">美国经济分析局（BEA）</td></tr>
<tr><td rowspan="2">当地市场潜力</td><td>GSPpc</td><td>州人均 GDP</td></tr>
<tr><td>PI</td><td>州人均收入</td></tr>
</table>

考虑到我国于 2007 年实施新会计制度，故定量分析样本区间设定为 2007—2017 年，共获得了 2007—2017 年 191 笔我国企业对美国直接投资的案例。进一步地，在不同证券交易所（例如上海、深圳和香港等）的上市公司，其制作和公布的财务信息以及统计口径并不统一。针对由此而造成的少数数据缺失，采取插补法处理，即用序列平均值代替。最终，共得到了 180 个有效样本。此外，①以美元计价如投资额等变量使用当年平均汇率转换为人民币计价，年度平均汇率来自世界银行数据库。②对量级较大的数值型变量，取自然对数以消除可能存在的异方差问题。

进一步，考虑到是对我国企业在美国公司设立模式进行截面上的分析，因此假设同一个企业在不同时间点在美国不同的州所进行的投资相互独立，意味着在企业不同的时间点上的投资行为被处理独立样本。表 7.7 是各因素变量独立样本 T 检验结果。

表 7.7 变量的独立样本 T 检验的结果

组别		滞后一期				当期			
变量		方差相等性检验		平均值相等性的 t 检验		方差相等性检验		平均值相等性的 t 检验	
		F	显著性	t	显著性（双尾）	F	显著性	t	显著性（双尾）
scale	已假设方差齐性	0.541	0.463	-0.358	0.721	1.113	0.293	-0.562	0.575
	未假设方差齐性			-0.553	0.581			-0.870	0.387
L_scale	已假设方差齐性	2.197	0.140	1.051	0.294	2.380	0.125	0.559	0.577
	未假设方差齐性			1.202	0.236			0.618	0.540
capit	已假设方差齐性	1.867	0.173	-0.728	0.467	2.444	0.120	-0.873	0.384
	未假设方差齐性			-1.504	0.134			-1.775	0.078
capitpc						3.978	0.048	-0.972	0.332
								-1.396	0.167
L_capitpc	已假设方差齐性	0.316	0.575	0.516	0.606	0.300	0.584	-0.209	0.835
	未假设方差齐性			0.506	0.616			-0.225	0.823
inter	已假设方差齐性	32.002	0.000	-3.059	0.003	29.064	0.000	-3.265	0.001
	未假设方差齐性			-5.757	0.000***			-5.841	0.000***
governpc						3.635	0.058	-1.330	0.185
								-2.638	0.009***

续表

组别		滞后一期				当期			
变量		方差相等性检验		平均值相等性的 t 检验		方差相等性检验		平均值相等性的 t 检验	
		F	显著性	t	显著性（双尾）	F	显著性	t	显著性（双尾）
govern	已假设方差齐性	2.626	0.107	-0.824	0.411	3.227	0.074	-1.069	0.287
	未假设方差齐性			-1.596	0.112			-1.999	0.047**
L_governpc	已假设方差齐性	0.074	0.786	-0.795	0.428	1.878	0.172	-1.287	0.200
	未假设方差齐性			-0.775	0.443			-1.568	0.123
ROE	已假设方差齐性	0.275	0.600	1.764	0.079*	0.065	0.800	0.852	0.395
	未假设方差齐性			2.087	0.042			1.017	0.314
R&D	已假设方差齐性	4.132	0.043	1.270	0.206	5.891	0.016	1.540	0.125
	未假设方差齐性			0.973	0.337			1.046	0.303
L_R&Dpc	已假设方差齐性	20.786	0.000	-2.558	0.011	16.633	0.000	1.162	0.247
	未假设方差齐性			-1.676	0.103			1.233	0.224
Reg	已假设方差齐性	18.344	0.000	1.840	0.067	16.410	0.000	1.876	0.062
	未假设方差齐性			1.897	0.065*			1.932	0.060*
SCITR	已假设方差齐性	9.113	0.003	1.551	0.123	7.071	0.009	2.237	0.027
	未假设方差齐性			2.206	0.031**			3.084	0.003***

续表

组别		滞后一期				当期			
变量		方差相等性检验		平均值相等性的 t 检验		方差相等性检验		平均值相等性的 t 检验	
		F	显著性	t	显著性（双尾）	F	显著性	t	显著性（双尾）
L_GSP	已假设方差齐性	0. 506	0. 478	-1. 269	0. 206	0. 593	0. 442	-1. 411	0. 160
	未假设方差齐性			-1. 179	0. 246			-1. 303	0. 200
L_GSPpc	已假设方差齐性	1. 553	0. 214	-1. 756	0. 081 *				
	未假设方差齐性			-1. 575	0. 124				
L_PI	已假设方差齐性	0. 109	0. 742	-1. 660	0. 099 **	0. 050	0. 822	-1. 326	0. 187
	未假设方差齐性			-1. 581	0. 122			-1. 255	0. 217

独立样本 T 检验给出了在方差相等和方差不相等条件下的检验结果，参见附录一表 4。从检验结果看，国外收入占比、净资产收益率、管理费用、所在州的购买力水平、税负、收入水平及地理分区等变量通过了显著性水平为 10%的独立样本 T 检验，说明这些变量的单因素有效性，可以进入回归分析模型。尽管单因素条件下显著，但是在多因素的条件下，上述因素综合在一起是否确实可以显著地影响企业海外直接投资进入模式的选择，在这一步的检验当中还不能完全确定，需要进一步地做二元 Logistic 回归分析。

7.3.3 二元 Logistic 回归及结果分析

一、模型与方法

回归分析采用如下二元 Logistic 离散概率选择模型。

$$\Pr(D_{FEM_{it}=\frac{1}{w}}) = \beta_0 + \beta_1\, scale_{it} + \beta_2\, capit_{it} + \beta_3\, inter_{it} + \beta_4\, govern_{it}$$

$$+\beta_5 ROE_{it} + \beta_6 R\&D_{it} + \beta_7 R\&Dpc_{it} + \beta_8 GSP_{it}$$
$$+\beta_9 GSPpc_{it} + \beta_{10} PI_{it} + \beta_{11} SCITR_{it} + \beta_{12} Reg + \varepsilon_{it} \quad (7-1)$$

式（7-1）中，$D_{FEM_{it}}$ 表示为我国企业 i 在第 t 年直接投资进入模式，企业设立模式如果是跨国并购，则取值为 1；反之，取值为 0。解释变量即前述 11 个潜在影响因素，包括上述州和企业层面的两大类变量，所有变量的定义见表 7.6。ε_{it} 是误差项。

考虑到上市公司在实施投资计划之前即筹划海外投资和布局海外投资的策略时必定会受到其当年或者前一年度的公司财务状况的影响，故在下文回归分析时将部分自变量当期和滞后一期同时纳入模型框架中。这可以起到两方面作用：①纳入滞后项的有助于减轻可能存在的反向因果关系带来的内生性偏误；②有助于直接比对滞后项回归系数与当期回归系数。

二、回归结果分析

表 7.8 研究了此次二元 Logistic 回归的结果，其中企业国际化程度、州企业所得税率、控制地区因素的系数显著。

表 7.8　二元 Logistic 回归结果

变量	(1)	(2)
	滞后一期	当期
intl	0.050 *** (-0.009)	0.064 *** (-0.003)
governpc		0 (-0.164)
ROE	-0.018 (-0.454)	
SCITR	-0.270 ** (-0.032)	-0.270 ** (-0.034)
L_GSPpc	1.627 (-0.543)	
L_PI	3.066 (-0.33)	

续表

变量	(1)	(2)
	滞后一期	当期
Reg	0.793* (-0.084)	0.888* (-0.068)
常数项	-5.311*** (-0.005)	1.790* (-0.062)

注：①*、** 和 ***分别表示 10%、5%和 1%的显著性水平；②括号内是 p 值；③L_表示取对数。

表 7.8 中，采用当期变量和滞后一期的回归结果，所得系数的符号、显著性水平均一致，互相印证，主要结果如下。①国际化水平对境外公司设立模式的影响显著为正，即母公司国际化程度，在美国采用并购模式的概率越高。②州企业所得税率的系数显著为负，说明我国企业在制度成本较低的州倾向于发起并购，反之倾向于绿地投资。③地理分区变量的系数显著为正，表明我国企业在东部地区对于相对于西部地区来说，采用并购模式的概率更大，与前文关于设立模式的特征事实一致。④当地市场规模和市场潜力等变量（即地区生产总值、人均收入和购买力水平）的系数不显著，这类变量通常被视为 OFDI 的市场寻求型变量，制度性成本如企业税负则被视为效率寻求型变量。这表明我国企业美国市场所发起并购的主要动机是效率寻求而非市场寻求。综合以上结果，可以认为我国企业在美国境外企业的设立模式选择是在效率寻求驱动下，受到自身国际化水平、所在州制度性成本和地理区位的显著影响。

7.3.4 进一步检验

二元 Logistic 回归结果初步给出显著影响跨国并购的因素，下面采用多元线性回归法和逐步回归分析法进一步分析确认我国企业在美国跨国并购的影响因素。

一、多元线性回归

多元线性回归以我国企业的直接投资额作为被解释变量。前述所有潜在影响因素均进入实证分析。表 7.9 研究了对全样本和分样本的回归结果。

表 7.9 多元线性回归结果

变量	滞后一期			当期		
	(1)	(2)	(3)	(4)	(5)	(6)
	全样本	跨国并购	绿地投资	全样本	跨国并购	绿地投资
常数项	19.355 (0.125)	19.002 (0.197)	15.175 (0.197)	9.956 (0.419)	1.763 (0.908)	14.493 (0.385)
L_scale	**0.327***** **(0.000)**	**0.368***** **(0.000)**	-0.095 (0.658)	**0.283***** **(0.002)**	**0.355***** **(0.001)**	-0.066 (0.612)
L_capitpc	**0.308**** **(0.073)**	**0.363**** **(0.069)**	-0.181 (0.475)	0.025 (0.880)	-0.034 (0.865)	-0.027 (0.890)
inter	0.002 (0.760)	0.003 (0.563)	-0.024 (0.544)	0.004 (0.461)	0.008 (0.192)	0.009 (0.710)
L_governpc	0.136 (0.551)	0.249 (0.350)	0.257 (0.468)	**0.385*** **(0.090)**	**0.461*** **(0.091)**	**0.616**** **(0.053)**
ROE	0.005 (0.755)	0.004 (0.795)	0.028 (0.315)	-0.012 (0.372)	-0.009 (0.575)	-0.027 (0.121)
L_R&D	-0.178 (0.228)	**-0.387*** **(0.065)**	**0.048** **(0.746)**	**-0.092***** **(0.006)**	**-0.100**** **(0.015)**	**-0.093**** **(0.016)**
SCITR	0.047 (0.347)	0.051 (0.352)	0.130 (0.399)	0.064 (0.179)	0.035 (0.524)	0.023 (0.823)
L_GSP	-0.016 (0.904)	-0.082 (0.586)	0.298 (0.219)	-0.132 (0.360)	-0.205 (0.227)	0.070 (0.690)
L_GSPpc	-1.234 (0.461)	-2.130 (0.260)	-1.883 (0.500)	-0.240 (0.821)	0.472 (0.715)	
L_PI	0.035 (0.985)	1.013 (0.633)	1.423 (0.673)			

注：同表 7.8。

上表中，列（1）、列（2）、列（3）分别表示全样本、跨国并购样本和绿地投资样本回归结果。①对全样本投资额，企业规模、人均资产对直接投资的影响显著为正，企业国际化程度对直接投资金额的影响不显著，研发投入和当地市场规模不显著。②对跨国并购样本，上述变量系数依然显著，符号与全样本相同，且研发投入系数显著为负。③对绿地投资样本，所有潜在变量的系数均不显著。绿地投资案例数目小，样本不足可能是未能得到明确显著性原因。因此，下面深入探讨我国企业在美国并购行为的影响因素。

二、跨国并购样本的逐步回归分析

采用逐步回归法重新分析我国企业在美国跨国并购的影响因素。前面回归分析使用的是进入法，控制变量与自变量同时进入回归方程，它们的地位相同。逐步回归法的优势在于能够将控制变量与自变量加以筛选或者结合，即在给定控制变量影响的情况下，筛选出具有显著影响的关键解释变量。回归结果经整理后，如表 7.10 所示。

表 7.10 对跨国并购样本的逐步回归结果

模型	滞后变量	系数	t 值	p 值	VIF
1	C	7.799***	12.069	0.000	
	L_scale	0.410***	5.955	0.000	1.000
2	C	3.429**	2.128	0.035	
	L_scale	0.337***	4.708	0.000	1.136
	L_capitpc	0.336***	2.947	0.004	1.136
3	C	1.908	1.123	0.263	
	L_scale	0.436***	5.383	0.000	1.502
	L_capitpc	0.386***	3.393	0.001	1.174
	govern	-0.002**	-2.471	0.015	1.486
4	C	7.814***	11.573	0.000	
	L_scale	0.401***	5.824	0.000	1.000

表 7.11 表明，至少存在一个因素变量对我国企业在美国发起并购交易金额产生了显著影响。前三个模型的拟合度和杜宾-瓦森检验（DW）统计量表明，模型的拟合优度虽然有些欠缺，但是杜宾-瓦森检验统计量为 1.710，接近于 2，基本可以判断变量不存在序列相关或者自相关，说明不存在伪回归。

表 7.11 拟合优度

模型	R	R^2	调整后的 R^2	标准误	Durbin-Watson
1	0.436	0.190	0.185	1.853	
2	0.484	0.234	0.224	1.807	
3	0.514	0.265	0.250	1.777	1.710

表 7.12 继续研究 ANOVA 方差分析结果，其原假设是所有的自变量对因变量都不会产生显著影响。基于这个原假设，计算出来的 F 值=5.109，对应的显著性水平为 0.000，小于 0.01，说明原假设“所有的自变量对因变量都不会产生显著影响”的概率为 0，拒绝原假设。

表 7.12 ANOVA 方差分析

模型		平方和	自由度	均方	F 值	显著性
1	回归	121.719	1	121.719	35.461	0.000
	残差	518.304	151	3.432		
	总计	640.023	152			
2	回归	150.085	2	75.043	22.975	0.000
	残差	489.938	150	3.266		
	总计	640.023	152			
3	回归	169.375	3	56.458	17.874	0.000
	残差	470.648	149	3.159		
	总计	640.023	152			

综上，可以认为，营业总收入、人均资产、管理费用对我国企业在美国发起跨国并购投资额的大小产生了显著影响。其中，营业总收入影响系数为 0.436，表明在其他因素不变的情况下，上一年的营业总收入每增加 1%，下一年并购的投资额就会增加 0.436%。在职员工平均资产的系数为 0.368，表明该变量每增加 1%，并购投资额会增加 0.368%。管理费用的系数显著为负，表明在其他因素不变情况下，管理费用每增加 1 亿元，并购投资额就会减少 0.002%。VIF 方差扩大因子全部小于 5，判定变量之间不存在多重共线性的问题。表 7.10 中的模型 4 表明在其他条件不变的情况下，企业发起并购投资的规模会受到企业当年营业收入增长率的影响，即当年营业收入每增加 1%，发起的并购投资额增加 0.401%。

图 7.6、图 7.7 和图 7.8 分别是跨国并购组线性回归的残差分布的直方

图、正态 P-P 图、散点图，从图中可以看到，残差基本服从正态分布，并呈现散乱状的分布。这进一步说明上述拟合模型的效果良好。

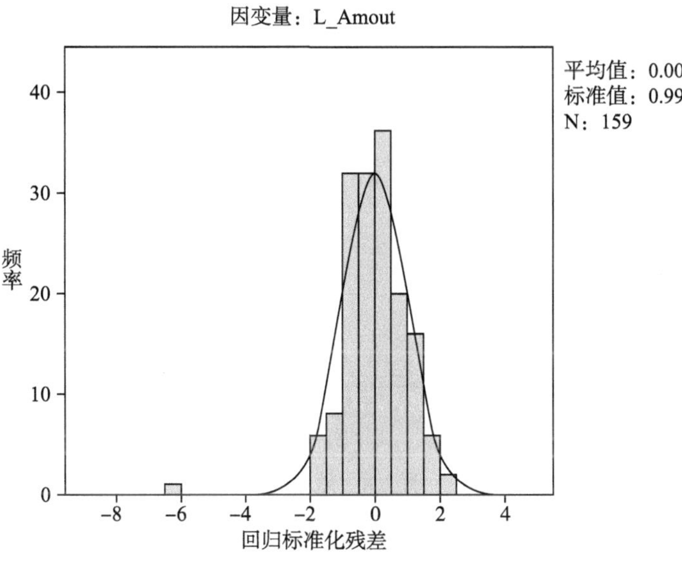

图 7.6 残差直方图

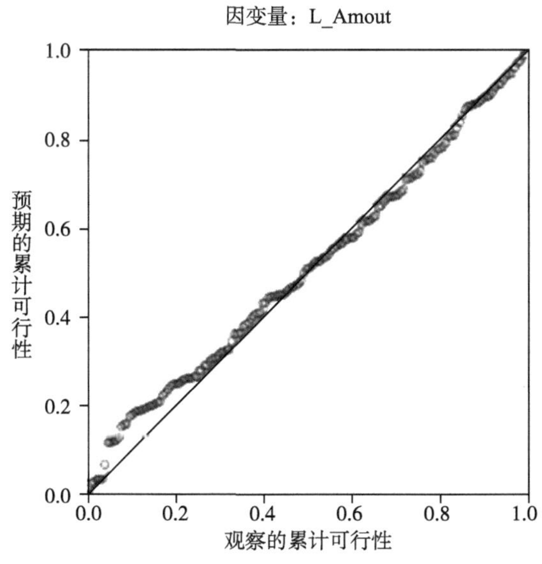

图 7.7 标准差正态 P-P 图

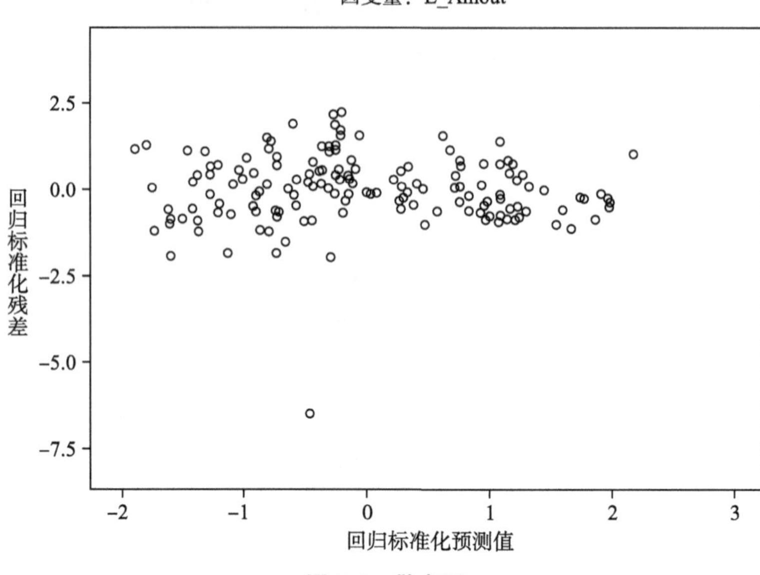

图 7.8　散点图

7.4　本章小结

本章的基本结论是，我国企业在美国直接投资以技术战略资源获取和效率寻求为主要动机，跨国并购战略比绿地投资更有利。

第一，90%的我国投资采取了跨国并购模式。从投资额看，我国投资主要集中在娱乐、媒体和教育（排名第一）、信息与通信技术（排名第二）和能源（第三），其中在娱乐、媒体和教育的投资主要源于我国万达发起来的一系列跨国并购投资（占 90%）并到 2021 年已经完成大部分撤资。从我国企业性质看，民营企业是主力，国有资本份额较低，民营投资集中于农业和食品、消费产品与服务、电子产品和电气设备、娱乐、媒体和教育等行业。从地区看，跨国并购集中在美东地区，绿地投资主要发生在美西地区。从控股权看，除了在能源行业仅拥有少数股权之外，我国企业在大多数行业的直接投资都以取得绝对控股权为前提条件。

第二，因素分析主要结论如下。①母公司规模和管理能力很重要，对企业在美国境外企业采用并购模式产生了显著的积极影响；②企业国际化经验和研发水平并不显著；③当地（州）所得税（按最高等级税率）会削弱企业跨国并购的信心，倾向于采取替代性的绿地投资模式；④美东地区对并购模式比美西地区更具有吸引力。

本章使用了多种来源的数据。7.1节从我国视角偏宏观分析，数据主要来源于历年中国对外直接投资统计公报。2017年我国企业对美国直接投资受到严重的外部不确定因素的影响，并导致投资剧烈下降。鉴于这种非常态波动，第7.2节和第7.3节对我国企业在美国进入模式特征描述以及实证分析限于2016年及之前。为了覆盖充分样本，我们对比了来自我国和美国的三个不同数据库（中国对外投资统计公报、中美双边投资研究数据库和“中国全球投资追踪”）。它们的统计口径、统计办法和手段存异，研究数据有所差异，但是所反映出的我国对美国直接投资的总体趋势和结构特征是一致的。

实 践 篇

第8章　企业“走出去”案例精选

本章通过再现代表性企业和行业的“走出去”场景，通过案例研究说明如下问题：企业“走出去”是否有效化解产能过剩和提高技术能力，不同类型企业如何做到的。本章案例覆盖国有企业、民营企业、资本密集型制造业、劳动密集型制造业、新兴科技产业和数字服务业。

8.1　光伏产业的突围之路

我国光伏产业从无到有，经历了十分“励志”的发展道路，目前位居全球第一“大”和第一“强”。本章从全球化视角，剖析整个产业企业如何借助于“走出去”经历千辛万苦，度过重重危机。面对复杂的国际局势新变化，该产业又面临怎样的新挑战，同样值得探究。

一、起步—发展—壮大

1. 起步（2000—2003年）

2000年，德国颁布《可再生能源法》，欧洲光伏市场开始兴起，并带动了全球光伏产业的发展，我国民用光伏发电则在此时起步。由于美国、日本、欧洲、澳大利亚等发达国家光伏产业起步早，企业掌握着绝大部分的技术专利。相比之下，我国光伏企业设备、技术和规模都落于其后，依靠着“光明工程”① 和少量国际订单艰难生长。在2004年之前，全国大约只有10家光伏

① 1997年5月7日，我国实施“光明工程”，旨在利用当地丰富的风能、太阳能、微型水电等新能源资源，建设一套经济可靠的供电系统，解决偏远地区供电问题。

企业，且全部为 A 股上市公司。但是，它们的主营业务并不是光伏，在 2001—2003 年间企业市值持续缩水。

2. 发展（2004—2009 年）

从 2004 年开始，为了加快能源低碳转型，德国、西班牙、意大利等欧洲国家纷纷出台光伏产业补贴政策，引致光伏发电产业化发展和对光伏产品的大规模需求，刺激了全球光伏产业爆发式增长。在这样的利好背景下，我国光伏产业和企业也获得了发展空间。2004 年，无锡尚德实现业绩大增，于 2005 年 12 月赴纽约证券交易所成功上市，成为在纳斯达克上市的第一家中国大陆民营企业。随后的两年时间里，协鑫科技、隆基绿能、阿特斯、天合光能、中能硅业、洋新能源、晶科、晶澳等一大批光伏企业如雨后春笋般出现，我国光伏产能和出口双双快速增长。2007 年，我国光伏产品出口为 28. 38 亿美元，同比增速高达 1 161. 97%；我国光伏电池产量为 1 188MWp，赶超了欧洲和日本，位居世界第一。2008 年，我国光伏组件企业数量从 2007 年的超过 200 家激增至近 400 家，光伏产品出口跃居世界第一。2009 年，我国有六家光伏企业位列全球前十。

3. 壮大（2010 年至今）

在我国光伏出口发展的道路上，历经了多次来自世界市场的严重冲击。面对冲击，国家产业政策与财政补贴给予了极大的支持，并持续到 2018 年 5 月 31 日。在产业政策和财政补贴的扶持下，从 2013 年开始，我国光伏企业大力开拓国内市场。巨大的国内需求使我国光伏产业逐渐恢复发展起来了。2014 年，我国光伏设备开始国产化，逐渐摆脱对进口的依赖。2017 年，我国光伏发电新增装机达到 53. 06GW。如今，我国光伏制造业的国内市场拥有“三个世界第一”，即我国光伏制造业规模世界第一，连续 9 年光伏装机量世界第一，光伏发电量世界第一。

2022 年我国光伏新增装机 87. 41GW，同比增长 60. 3%，居世界第一。

2022 年我国光伏产品出口 512. 5 亿美元，同比增幅达到 80%，居世界第一。其中，光伏组件的世界市场占有率超过 75%，电池片约 80%，硅片超过 95%。

在国际竞争力方面。我国光伏产品已经摆脱了“三头在外”① 加工贸易

① “三头在外”即原料在外、技术在外和市场在外。当时，我国光伏产业超过 90%硅晶原料依赖进口，超过 90%加工设备依赖进口，超过 90%光伏产品销往海外。

模式，拥有了绝对优势，体现为技术优势、价值链优势和规模经济优势。在光伏产业领域，组件出货量是衡量企业竞争力的关键指标，其定义是自有品牌供货，不包括 OEM 生产和外包。2022 年，世界前十大组件企业中有 9 家是我国企业，只有 1 家是美国企业且位居第 9。

在市场集中度方面。通过企查查进行的不完全统计显示，2022 年，全国共有光伏企业上千家，产量达到 5GW 以上的组件企业达到 11 家，TOP5 合计占比为 61.4%。此外，国际电池片出货量前五名均是我国企业。

我国光伏产业和企业取得巨大成功的因素归于如下三个方面。①在起步阶段，光伏产品属于劳动密集型，行业进入与投资门槛低，而我国具有强大的劳动比较优势。但是，企业凭借劳动力优势只能进入门槛和勉强生存。②世界环保和能源理念演变导致国际市场对光伏产品的需求大增，我国光伏企业抓住了世界市场需求扩张的机遇，成功再现了出口导向式发展战略。③获得我国政府产业政策和财政补贴的支持，成功开发了庞大的内需市场，实现规模经济。

面对我国光伏产业发展壮大，有两个疑问需要解答：一是高度依赖出口的发展模式存在什么弊端，是否给我国光伏企业带来了冲击，光伏企业又是如何应对挑战的呢。二是现如今我国光伏产业是否面临新的挑战，出路何在？

二、重重危机及应对

我国光伏产业经历了三次严重的冲击甚至危机。

1. 第一次冲击：产能过剩

第一次冲击来自 2008 年金融危机后发达国家取消了对光伏产品的财政补贴。2008 年，金融危机爆发。随着欧美市场陷入疲软，高度依赖国际市场的我国光伏企业迎来了第一次严峻挑战：产能过剩。在债务危机的压力下，西班牙政府率先下调电价补贴，引入预注册政策以控制安装总量。这一举措直接导致 2008 年西班牙新增装机量暴增至 2 758MW，而 2009 年则暴跌至 69MW。欧洲各国则自 2012 年开始大幅下调甚至取消对光伏发电的补贴政策。例如，意大利停止了所有农业用地新申请光伏项目补贴，法国将 2012 年第一季度收购电价由上一季度下调 4%至 10%。德国、比利时、斯洛伐克、保加利亚等都调整了光伏补贴政策。

随着政策调整，欧洲市场对光伏产品需求急剧萎缩，导致多晶硅订单锐减，世界价格暴跌，下跌幅度一度超过 90%。在全球范围内，光伏产业产能出现严重过剩，大量光伏企业被淘汰。2011 年，美国 3 家太阳能公司破产。在中国国内，全行业产能严重过剩，光伏企业普遍陷入困境。2011 年，我国最大的太阳能光伏企业无锡尚德出现重大亏损。2009—2012 年间，全国有超过 300 家光伏组件企业倒闭，只剩下 50 家勉强维持经营。

为了拯救处于生死边缘的我国光伏产业，我国政府通过“光明工程”在太阳能资源丰富的西北地区投建光伏项目。从政府角度看，这有三个重要战略意义。一是以此进行西部大开发工作，实现西电东送。二是进一步解决西北地区电力供应不足问题。三是为我国光伏企业赢取喘息的机会。

在国内政策扶持和欧美等国光伏产业萎缩的双重作用下，2010 年，我国太阳能光伏板出口上升到总产量的 95%左右，其中大部分出口到德国和美国。2011 年，我国光伏产品产能的 99%出口国际市场，出口额为 358.21 亿美元，较上一年增长了 17.38%，占全球市场份额的 60%以上，主要出口市场扩大到欧洲、亚洲及北美，出口额分别为 204.00 亿美元、75.77 亿美元及 59.26 亿美元。其中，太阳能电池出口额达到 226.7 亿美元，同比增长 12.3%；太阳能电池组件产量达到 21GW，连续五年位居全球第一。我国光伏产业能够顺利度过第一次冲击，国家产业政策和被激活的庞大内需市场功不可没。

2. 第二次冲击：国际贸易保护主义

我国光伏产业遭遇的第二次冲击来源于欧美发达国家贸易保护主义措施的打击，从 2011 年持续至今，以美国的“双反”(反倾销和反补贴)、“201 条款”和“301 条款”为主。

2010 年底，美国钢铁工人联合会向美国贸易代表办公室（USTR）提出申请，指控来自我国的风能、太阳能、电池及节能汽车等产品在美国市场低价倾销，我国政府为其产品提供了不公平支持，美国相关企业利益遭到严重损害。美国贸易代表办公室随即对我国政府一系列清洁能源政策和措施展开“301 条款”调查。“301 条款”调查是指按照美国《1988 年综合贸易与竞争法》第 301 节，美国贸易代表办公室及总统有权应申诉或自行决定就外国政府不合理或不公正的贸易做法进行调查，并采取制裁措施。

2011 年 10 月 19 日，由 7 家美国光伏企业组成的美国太阳能制造联盟（CASM）向美国商务部和美国国际贸易委员会提出针对我国光伏产品的“双反”申诉，不久之后，美国商务部正式展开为期一年的针对我国光伏制造商出口业务的调查。

2011年11月7日，美国商务部发布调查结果。结果认定我国政府通过数十项贷款计划向我国制造商提供巨额补贴；并且美国从我国进口的太阳能电池和组件剧烈增长（从15亿美元升至31亿美元）导致美国太阳能光伏组件产量下降（从1 273兆瓦下降到1 219兆瓦）。并且，在此期间，美国Spectra-Watt、Evergreen Solar Inc. 和Solyndra公司倒闭。据此，美国商务部认为市场存在不公平竞争。

2012年5月11日，美国商务部初裁认定我国制造商以低于制造成本的价格向美国市场倾销太阳能电池板成立，违反了世界贸易组织规则，我国制造相关产品需支付超过31%的附加关税。美国商务部还认定我国生产商和出口商得到了2.90%~4.73%的政府补贴，即为反补贴税率。这些裁决遭到了由美国国内太阳能安装商和我国制造商组成的平价太阳能联盟（CASE）的批评。

2012年10月，美国商务部对进口我国光伏产品做出反倾销、反补贴终裁，对我国组件企业征收14.78%~15.97%的反补贴税和18.32%~249.96%的反倾销税，不含我国台湾地区企业。在这样的情况下，一些组件企业从我国台湾进口光伏电池片然后组装成品并再出口。2014年，美国将我国台湾地区纳入“双反”征税范围。

2017年5月，美国对全球光伏电池及组件发起“201条款”调查；8月，发起对我国企业的“301条款”调查。

2018年1月，特朗普政府通过“201条款”调查报告，宣布对进口光伏产品征收30%关税，为期四年，每年降低5%。四年之后，即2022年2月，美国宣布“201条款”关税再延长四年，可豁免关税的出口配额增加至5GW，税率从2022年的14.75%逐步下调到2025年的14.00%。

2018年6月，美国政府通过了“301条款”调查报告，宣布对我国价值500亿美元的产品进行征收25%的附加关税。2018年7—8月，美国分两次发起“301条款”调查，并对我国进口产品征收10%的附加关税，涉及光伏组件、逆变器、接线盒和背板的产品。2019年6月，“301条款”关税水平又被由10%提高到25%。

目前，我国输往美国光伏组件面临三种惩罚性关税（见表8.1）：①反倾销与反补贴税（每年都要复审，存在企业税率差异）；②“201条款”关税，双面组件豁免，单面组件14.75%；③“301条款”关税，税率为25%。上述三种附加税收叠加征收，合计总税率超过40%，都是暂定执行，并已多次展期。

表8.1　我国出口美国光伏产品的惩罚性关税（不包括柬埔寨和老挝）

产地	“双反”税	“201条款”关税	“301条款”关税	合计
中国产单面组件	因企业而异	14.75%	25%	>40%
中国产双面组件	因企业而异		25%	>25%
东南亚产单面组件		14.75%		>15%
东南亚产双面组件				0

此外，美国于2018年1月22日宣布对进口光伏产品采取为期4年的全球保障措施，涉及口晶体硅光伏电池和组件。2022年2月4日，美国政府宣布延长上述全球保障措施。由于自2017年开始，我国拥有全世界60%的光伏电池份额和71%的光伏组件份额，显然成为美国保障措施的主要针对对象。

欧洲对我国光伏产品的“双反”措施期间为2011年底至2018年9月。

2011年，欧洲是我国企业第一大出口市场，占我国光伏产量的70%以上，占我国光伏产品出口总额60%。

2011年7月24日，德国“太阳能世界”公司牵头部分光伏产品制造商组成欧盟支持太阳能联盟（EU ProSun）向欧盟委员会正式提交了反倾销立案调查的申请。

2013年4月27日，欧盟委员会宣布对我国产太阳能玻璃进行反补贴调查，这是欧盟支持太阳能玻璃协会（EU ProSun Glass）的投诉要求。

2013年12月5日，欧盟做出最终裁定，对我国进口光伏产品征收反倾销和反补贴税率，最高反倾销税率为64.9%、最高反补贴税率为11.5%，2013年12月开始执行。2015年，此裁决被展期24个月，2017年被再次展期调整为18个月。2018年9月4日，欧盟宣告取消“双反”措施。

3. 第三次冲击：国内“5·31新政”

“5·31新政”被视为光伏产业遭遇的第三次冲击。所谓“5·31新政”指的是《国家发改委、财政部、国家能源局关于2018年光伏发电有关事项的通知》(发改能源〔2018〕823号)。该通知于2018年5月31日起实施，故而得名。“5·31新政”的根本目的是调整因行业发展过快而出现的产能过剩、产业升级慢等问题，进而引导光伏企业从高速增长向高质量发展转变。然而，对企业界来说，其中有两条具有冲击性的关键措施。一是暂不安排2018年普通光伏电站建设规模，控制发电量；二是加快光伏发电补贴退坡，降低补贴强度。这意味着，我国政府开始逐步退出光伏产业政策支持。“5·31新政”起到了对整个行业进行一次筛选的作用。在“通知”发布后的半年时间内，638家光伏企业倒闭，还有大量企业陷入亏损或经营不善。

事实上，这份通知只是我国政府决心让光伏产业完全市场化发展的开始。2019年，我国政府开展光伏发电平价项目和低价项目试点建设，无补贴平价上网。2022年，我国政府完全取消了中央财政光伏发电补贴项目，光伏发电并入国内电力市场。

三、我国光伏产业突围："走出去"

随着欧美光伏“双反”的压力不断加大，我国对欧美地区的出口断崖式下跌。一些已签订零配件进口合同的企业，由于合同价格高企，承受了巨大的财务压力和亏损。例如，2012年上半年，多晶硅价格跌至每公斤23.6美元，无锡尚德仍需按照每公斤40美元履行进口合约。2012年，光伏全行业亏损，破产和停产企业数超350家。11家在美国上市的企业，其合计总负债接近1 500亿元人民币，且半数企业陷入停产或半停产状态。出口受阻还冲击了国内市场，产能严重过剩，以至于国内电网难以吸收，西部地区的大面积光伏设备一度成为“花瓶”和摆设。

为了突破困境，我国光伏企业选择“走出去”，进行产能转移。从2014年开始，我国光伏企业“走出去”步伐明显加快，投资境外光伏电站，建立组件工厂，以产业转移应对“双反”等贸易保护主义措施，以产能输出带动产品出口。我国光伏企业积极响应共建“一带一路”倡议，加快前往马来西亚、泰国、越南、土耳其、印度、巴西等地新建制造工厂。例如，2015年5月，天合光能泰国工厂奠基，当年12月即实现首批组件出货，241天内将产能建成到700兆瓦电池和650兆瓦组件。目前，泰国天合总投资达两亿美元，为当地创造超过1 000多个就业岗位，年销售额约达3.5亿美元。也有少数进入发达国家的案例。例如，2015年，阿斯特以约16.6亿元并购了美国最大的光伏电站开发商Recurrent Energy公司；2018年，我国建材收购德国光伏制造商Singulus Technologies公司16.8%的股权。

根据世界能源研究报告，2012—2020年，我国光伏企业“走出去”呈现以下特点。

一是投资规模大。光伏电站海外投资累计可控装机规模超过 9.4GW。2019 年、2020 年，我国企业继续进行一系列 GW 级投资项目。例如，晶科能源中标阿联酋 1 177MW 的 Sweihan 光伏项目、2100MW 的 Al Dhafra 光伏项目，国家电投收购墨西哥 818MW 光伏项目资产，三峡集团收购西班牙 572MW 光伏项目资产，等等。

二是民营企业是海外电站的投资主力。民营企业海外投资的装机规模和项目数量所占比重超过了 50%。

三是以绿地投资为主。相较于跨国并购，绿地投资在装机规模和项目数量上均超过了 80%。

四是主要投向发展中国家和地区，倾向于阿联酋、巴西和墨西哥、澳大利亚等地区进行大规模投资，在亚洲地区（除我国外）和欧洲等地进行规模小投资。

到 2022 年底，我国光伏企业“走出去”足迹遍布东南亚、东北亚、中东地区、非洲、拉丁美洲，头部光伏组件企业完成了在东南亚的生产基地布局。例如，晶澳科技在越南和马来西亚的高效太阳能电池项目，天合光能也在越南和泰国设立子公司主营光伏组件和电池的生产、销售等。

面对外压（贸易保护）和内限（控制产能，提质增效），光伏企业“走出去”起到了如下效果。

一是关税跳跃，绕开了欧美国家的关税壁垒。我国光伏企业通常将组装加工制造转移到东南亚，关键的零配件和核心技术留在国内。例如，美国的“双反”和“201 条款”“301 条款”调查起初针对只有我国大陆企业，并没有涉及我国台湾地区和东南亚国家。

二是产能输出，化解国内过剩压力。

三是开发出新的出口市场，主要包括印度、日本、东南亚地区国家和其他发展中国家。与贸易摩擦发生之前的 2011 年相比，我国光伏产品出口市场结构发生了明显改变。以光伏组件为例。2017 年，主要出口目标市场依次为印度 31.7%、日本 16.9%、澳大利亚 6.9%、美国 5.6%和墨西哥 4.9%。印度和日本自 2016 年就已经成为我国主要出口市场，2016 年日本位居第一。此外，澳大利亚、墨西哥、巴基斯坦、阿联酋、巴西等也进入了我国光伏组件主要出口目标市场名单。从地区看，亚洲地区占我国光伏产品出口的 50%以上。

四是赢得发展空间，提升核心竞争力，壮大全产业链价值链。我国光伏产业已经发展到可以无惧欧美贸易限制的程度。2018 年 9 月 4 日，欧盟委员会提前取消欧盟对我国太阳能光伏电池和组件的反倾销和反补贴措施并恢复针对我国光伏产品的自由贸易。2022 年，欧洲重新回归我国光伏产品第一大出口市场，市场份额达到 46%，其中光伏组件市场份额超过 50%。

四、故事没有结束：新一轮产业转移在即?

美国是除了我国之外全球最大的光伏需求市场。2023 年 2 月，美国能源部能源效率和可再生能源办公室（EERE）发布《发展美国光伏制造产业链》白皮书，指出美国需大力发展光伏产业，以应对全球价值链和气候变化的挑战，并呼吁政府提供资金支持以抵消美国生产成本过高的问题。这份报告以及美国《通胀削减法案》实施，预示着美国即将迎来新一轮光伏产业发展潮。2023 年，美国本土光伏产能建设计划达到 47GW，为现有产能的七倍。嗅觉灵敏的外国资本已经抢先布局。

2022 年，韩国韩华 Qcells 与美国（SRE）达成美国最大规模的社区光伏项目合作协议。后者是美国最大的商业用太阳能开发企业。

2023 年 1 月，我国的晶澳科技在美国亚利桑那州凤凰城投资 6 000 万美元建厂。这家工厂年生产能力为 2GW 组件，将成为亚利桑那州最大的光伏产品生产基地。这是该公司在美国的第一笔投资。

2023 年 3 月，我国光伏组件龙头企业隆基绿能与美国清洁能源开发商 Invenergy 达成合作协议，计划在美国俄亥俄州建设一处 5 吉瓦（GW）光伏组件厂。

除美国之外，印度、东盟、欧盟等也已经开始大力发展本土光伏制造业。预计在未来五年内，全球硅片产能将增加近五倍，多晶硅和太阳能电池产能可能会翻一番。这些可能成为我国光伏制造业发展的新机会，也可能是新冲击。我国光伏制造企业调整全球化布局或许是唯一选择。

8.2 吉利汽车“走出去”：从先进产能获取到优势产能输出

浙江吉利控股集团（以下简称“吉利集团”）建于 1986 年，其前身为以生产电冰箱配件为主的北极花冰箱厂。1996 年 5 月，吉利集团有限公司成立，

1997 年进入汽车行业。此时，国内汽车市场格局明确，为实力雄厚的国有企业和外资企业所瓜分。相比之下，民营性质的吉利集团其资本和技术实力都比较薄弱。然而，吉利集团随后一路成长并最终发展成为我国第一家民营汽车制造商，早在 2015 年即已成为我国跨国公司百强企业之一，且位居第 13 位。2022 年，吉利控股集团以 558.6 亿美元总营收位列《财富》世界 500 强排行榜第 229 位，连续 11 年位列其中。本章所讨论的主要问题是作为一家“后来者”，它“走出去”的动机和成效如何？此外，本案例还旨在揭示吉利集团“走出去”如何通过全球资源整合达到提升价值链地位的目的。

一、吉利集团的“国际化”之路

在吉利集团的起步和发展道路上，国内并购和国际并购是其最重要的策略之一。通过一步步跨国并购，吉利集团实现了从产品出海向全球化的飞跃，锻造了第二发展曲线。吉利集团的国际化有两个特点，一是以跨国并购为主，二是重视打造全球价值链，推动自身价值链升级。借助于跨国并购，吉利汽车不仅实现快速地转变为跨国公司，而且构造了研发、设计、采购、制造、营销全球价值链，推动价值链升级。按照价值链升级的时间路径，吉利汽车发展历程如下。

1. 通过国内并购实现进军汽车业，建设自主品牌

1995 年，李书福成功收购了四川一家濒临破产的国有小型汽车制造商，从而获得了小型汽车的生产权。此次并购使吉利集团获得了宝贵的国内汽车生产牌照（当时国家已经停止颁发新的生产牌照），得以成功领到了汽车产业入场券，开始建设自主汽车品牌，并从此开启了深耕汽车产业的道路。

2. 以提升产品质量为动机实施跨国并购

吉利集团实施第一次跨国并购发生于 2006 年 10 月，并购对象是英国锰铜控股有限公司。在这次并购中，吉利集团获得了英国锰铜约 23%股权，并拥有亚洲区的独家生产及销售权。与此同时，吉利集团在上海组建了合资联营公司生产出租汽车。2008 年 7 月，吉利集团将位于中国的五个汽车生产基地及其厂房、吉利品牌、华普品牌及英伦帝华品牌，汽车研究院、发动机、变速箱等关键零部件厂房汽车相关资产打包注入吉利汽车控股有限公司（以下简称“吉利汽车”），后者随后于中国香港证券交易所整体上市，成为一家国际化企业。

3. 以促进出口为目的进行跨国并购，获取先进产能

在此动机指引下，吉利汽车先后实施了多次跨国并购与合资，不断就价值链进行补链，完成了“建链”和“强链”发展的重要阶段。

（1）并购沃尔沃

2010年3月，吉利集团并购了福特汽车旗下瑞典沃尔沃汽车的100%股权，并购交易额约为18亿美元。吉利集团收割了后者的沃尔沃品牌及其全部资产，包括3个汽车加工厂、9个系列产品、1万多项专利、2 000多个全球网络以及相关的人才和重要的供应商体系。通过这次跨国并购，吉利集团拥有了完整的研发体系和零部件供应链。这是吉利集团发展历史上最为引人注目的一次跨国并购，被誉为“蛇吞象”。

（2）并购宝腾

2017年5月，吉利集团收购了马来西亚DRB-HICOM集团旗下的整车企业宝腾控股有限公司49.9%的股权，以及宝腾旗下超级跑车品牌路特斯51%的股权。同时，吉利汽车也成为宝腾汽车独家外资战略合作伙伴，并以此获得了东南亚出口市场的通道。

（3）并购戴姆勒

2018年2月，吉利集团董事长李书福个人以90亿美元收购了德国奔驰的母公司——戴姆勒股份公司9.69%的固有表决权股份，成为戴姆勒集团的最大股东。

（4）与梅赛德斯—奔驰股份公司合资

2020年1月，吉利集团与梅赛德斯—奔驰股份公司合资组建smart品牌全球合资公司“智马达汽车有限公司”。合资公司的全球总部设在中国宁波，双方各拥有50%的股份。在分工合作方面，梅赛德斯—奔驰的全球设计部门负责设计，吉利控股全球研发中心负责工程研发，生产制造设在中国工厂。

通过以上并购，吉利集团成功引进了技术、销售网络和设计等战略资源，提升了自身核心竞争力，促进了产品出口。

4. 以技术输出为动机开展跨国合作，带动产能输出

在吉利集团并购宝腾之前，宝腾是DRB-HICOM与日本三菱公司的合作企业，对日本企业形成了技术依赖，发展停滞不前。在并购宝腾之后，吉利集团即着手开始持续向宝腾持续输出产品、技术和管理。然而，吉利集团真正进入技术输出为主的国际化阶段，是从与法国雷诺的合作开始的。此外，

吉利还启动了以下国际合作举措：

（1）以“技术+资本”的合资合作方式开拓第三方市场

2021 年 8 月，吉利集团宣布与雷诺集团开展混合动力汽车市场共享资源和技术方面的国际合作，重点开发我国和韩国市场。2022 年 1 月，吉利集团与雷诺集团达成共同开拓韩国市场的合作框架协议。框架协议的内容包括：在韩国组建一家合资公司，基于吉利集团的 CMA 模块化架构与混合动力技术和雷诺公司的品牌、设计与市场网络在韩国开发、生产和销售雷诺品牌的燃油车和智能混合动力汽车，合作车型由雷诺三星位于韩国釜山的工厂生产，将于 2024 年量产并出口到韩国以外市场。在此次与雷诺韩国汽车的合资合作，吉利集团提供的包括资本和技术。这是吉利集团首次实现从只有产品出口向技术出口的突破性转折。

（2）发起第四次跨国并购

2022 年 5 月，吉利集团宣告入股雷诺。具体操作是：吉利集团与法国雷诺集团的韩国子公司雷诺韩国汽车签订股份认购协议，旗下吉利汽车子公司以 13. 76 亿元认购由雷诺韩国汽车发行并配发 4 537. 5 万股股份，持股比例为 34. 02%，交易金额约为 2 640 亿韩元（折合约 13. 76 亿元人民币）。和此前三笔并购交易不同，吉利在此次并购中未实现控股，事实上这次并购合作是对此前合资合作的推进。入股并购交易达成后，吉利将提供由其瑞典研发中心研发的 CMA 模块化架构和混动技术，利用雷诺品牌及其在韩国的汽车销售与服务网络开展销售与服务，双方共同促进当地经济发展和就业。并购韩国雷诺是吉利集团以“技术+资本”这样一种全新的方式开拓韩国乃至全球市场。与以往国内汽车企业通过海外收购买进技术或是产品输出不同，此次并购意味着我国品牌的汽车企业首次以跨国并购方式推进优势产能输出。

二、吉利集团成功“走出去”的启示

目前为止，吉利集团的每次收购及后续整合都取得了成功，并未受到严重的出于政治压力或者市场压力的阻挠。通过并购，吉利集团略过建设培养期而直接扩充了汽车品牌库、生产线、技术库和销售渠道。目前，除了原创的吉利汽车，吉利集团还拥有沃尔沃汽车、沃尔沃卡车、沃尔沃客车、Polestar、领克汽车、伦敦电动汽车、远程商用车、宝腾汽车、路特斯汽车、Terrafugia 飞行汽车等品牌，并在我国建立了全球总部、研发中心和生产制造基地等。其成功经历产生了以下的启示。

一是抓住关键时机。以吉利集团并购沃尔沃为例。后者是历史悠久的国际知名汽车品牌，位列北欧最大和世界 20 大的汽车公司，并购当年其净资产超过 15 亿美元，国际评估机构指出其品牌价值近 100 亿美元。而吉利集团仅以 18 亿美元就将其全部资产收入囊中。因而，沃尔沃有被福特“贱卖”的嫌疑。然而，当时的市场环境是，在 2008 年美国次贷危机影响下，西方国家传统制造业遭受严重打击。沃尔沃陷入艰难境地，研发投入不足，新产品推出滞后，销量大幅下降，2010 年全年汽车销量仅 33. 5 万辆，营收 957 亿瑞典克朗，年亏损 51. 9 亿瑞典克朗。宝腾被吉利集团并购时境况与沃尔沃相似。

二是重视构造自主价值链供应链。并购沃尔沃是吉利集团发展历史上意义重大的一次并购。吉利集团起步弱小，在全价值链上的各个环节都十分欠缺，包括生产能力、研发能力、市场销售等。经此并购，吉利集团不仅实现了技术跨越，而且获得了研发资源、管理团队、合作关系、当地市场份额、销售渠道和网络。简言之，以一次并购即建成了与国际顶级水平接轨的全球价值链，并通过随后的数次跨国并购不断强化其核心竞争力，稳固价值链，夯实供应链。吉利集团并购带来了显著的绩效。2022 年，吉利集团出口汽车 19. 8 万台，同比增长 72. 4%，并计划到 2025 年出口销量达到 60 万台，重点目标市场包括东欧、中东、东南亚“一带一路”共建国家以及非洲和南美洲。

三是优势互补，以“共赢”为原则，成功整合。无论是瑞典的沃尔沃还是马来西亚的宝腾，在被吉利并购之前，都拥有一定的行业优势却又处于市场困境之中。在并购交易发生的 10 年之后，即 2019 年，沃尔沃全球销量超过 70. 5 万辆，实现营收 2 102 亿瑞典克朗。在被吉利并购仅 2 年之后，宝腾就从马来西亚国内汽车市场的销售榜第四名晋升到了亚军位置。

四是在全球范围内整合资源和配置资源，构建全球价值链，推动分工地位升级。如果说吉利集团“以小吞大”并购了沃尔沃旨在提高产品质量和获取技术，那么与雷诺合作则是为了通过产能输出并扩大出口市场。吉利集团在与雷诺的合作过程中，先是通过合资合作得到了后者的市场网络和销售服务；然后通过收购，输出吉利集团自有的生产模块和技术。由此，吉利集团从加工制造基地转变为研发设计中心，实现了全球价值链位置提升。2021 年、2022 年，吉利汽车的研发服务和技术授权利润分别同比增长幅度为 245%、245. 3%。其中，技术授权的增长率分别达到 125%、37. 7%。吉利集团 CEO

李东辉指出技术授权已成为吉利汽车新的利润增长点。授权收入持续增长意味着吉利集团已成为稳定技术输出的国际企业，位于汽车全球价值链的上游，实现了价值链地位的“华丽转身”，成为价值链领导厂商。

8.3 海康威视：从中国“制造”到中国“智造”

“全球安防看中国，中国安防看杭州，杭州安防看海康”。这是视频监控领域广为流传的一句话，折射出海康威视在安防领域所取得的重大成就和国际地位。海康威视在自家官网表示其愿景是“成为一家受人尊敬的世界级企业”。

一、海康威视“国际化”

杭州海康威视数字技术股份有限公司（以下简称“海康威视”），成立于2001年，2010年在我国A股上市，是以视频为核心的智能物联网解决方案和大数据服务的提供商，主营业务包括前端音视频产品、后端音视频产品、中心控制设备和智能家居等。与国内外同行业相比，海康威视起步晚，规模小，初创只有28人，从事附加值较低的监控器生产制造。然而，仅仅到2016年，海康威视就成为全球视频监控领域的最大供应商，位居“全球安防50强”第一名。除了依赖自身研发创新提高核心竞争力，其全球化战略功不可没。

海康威视自2003年开始出口。2006年开始全球化，2010年仅在美国、欧洲及印度等地拥有子公司。随后发展迅速，目前公司业务已覆盖全球150多个国家和地区。2022年末，海康威视拥有全球员工5.8万人，比2018年末增加近2.4万人。在国内35个城市设立分公司及售后服务站，覆盖海外150多个国家和地区，海外分支机构超过70个；在加拿大蒙特利尔和美国硅谷建立了研发中心和研究所，专注工程研发和广泛的技术研究。2022年，营业收入831.66亿元，海外收入大幅增长16.41%，占比达31.59%。

技术创新能力是海康威视的核心竞争力。2022年，海康威视拥有技术研发人员2.8万人，接近全部员工的50%。在创新产出方面，2022年，公司新增授权专利2 194件，是2017年的3倍。其中，2022年专利授权中的近70%为发明专利（1 548件），2017年不到14%（93件）。在创新投入方面，2017年，海康威视研发投入31.94亿元，占营业收入的比重为7.62%，到2022年这些指标值大幅提高到98.14亿元和11.8%，领先同行业企业。

二、海康威视的国际化进程

海康威视的国际化大致可以分为四个阶段：

第一阶段（2006—2011年）：着重以“代理出口+OEM”方式积极拓展出口市场。2007年，海康威视开始设立海外分支机构和海外销售渠道布局。在这个阶段，海康威视共设立了7家海外分支机构，在市场竞争中强调“性价比”，价格是其主要竞争手段。

第二阶段（2012—2015年）：进行对外直接投资。海康威视“走出去”在设立境外企业的模式以绿地投资为主。到2015年，其境外全资子公司和控股子公司增加到16家。在国际化经营策略上，采取就地建设团队、销售和仓储服务的本土化策略，延伸品牌定位。

第三阶段（2016年）：进行跨国并购。2016年，海康威视发起并成功实施第一次跨国并购，全资并购了濒临破产的英国老牌企业SHL。SHL的主要产品包括室内探测器、室外探测器、室外警钟、有线及无线安防系统、智能端App及云服务等。就海康威视而言，此次跨国并购是非常重要的一次行动，给海康威视带来的关键要素包括：入侵报警市场领先企业品牌Pyronix、报警领域的技术和产品储备、主营业务升级（由产品销售向整体解决方案延伸）和品牌升级（由以中低端为主扩展到中高端市场）、提升研发实力和竞争力以及SHL的欧洲市场等。

第四阶段（2017年至今）：加快“走出去”步伐，架构全球化网络，已拥有海外分支机构超过70家。

三、海康威视的全球化经验

海康威视是在国际化过程中成功实现由中国“制造”转型为中国“智造”的一个典范，其成功经验如下：

一是坚持自主品牌战略。2003年早期出口，即在全球100多个国家注册了海康威视的“HIKVISION”商标。在其构建自主海外营销体系过程中，利用各种国际场所展现和使用自主品牌，向全球客户传递海康威视自主品牌形象，例如在G20杭州峰会、北京奥运会、上海世博会、美国费城平安社区、韩国首尔平安城市、巴西世界杯场馆、德国世界杯足球场、意大利米兰国际机场、法国戴高乐机场、英国伦敦地铁、伊朗银行、德国纽伦堡火车站、美国一号公路等。

二是坚持海外经营本土化。海康威视在海外分支机构中大力实施本土化策略，具体措施包括：①雇佣本土员工的比例达到80%~90%；②为当地客户提供优质的本土化服务。为了更好地提供本土化服务，海康威视在南非设立约翰内斯堡分公司、开普敦办事处、尼日利亚办事处等，覆盖非洲45个国家的营销和技术服务工作。海康威视官方网站则涵盖了17个国家和地区的不同版本和语言的网页，为客户、投资者和互联网用户提供多语种国际化、本土化信息服务。

三是重视稳固价值链供应链。安防制造业进入门槛低，产品同质化严重，不仅竞争激烈，而且价格竞争不具有可持续性。唯有推动转型升级，向安防市场提供整体解决方案和成为内容提供商，才能获得长期发展能力。为此，海康威视国际化强调两大战略目标：①增强自主创新核心竞争力。办法一是重视自主研发，二是通过跨国并购先进技术和产品线；②通过跨国并购推动价值链升级，从生产制造向研发和服务延伸。中美贸易战及新冠疫情暴发后，海康威视积极应对，主要策略包括调整其海外市场结构，将非北美地区海外渠道下沉到次级分销商，持续推进海外市场差异化布局。此外，逐步推动我国国内供应商替换，增加国内供应商比例，应对全球价值链重构的挑战。

四是重视全球化网络架构。海康威视的服务网络架构包括：全球服务中心和技术支持热线、分布在全球的70个多分支机构（负责提供深度客户服务）和遍布全球的分支机构和合作伙伴授权客户服务站（负责提供本土化深入服务的延伸和补充）。作为一家数字技术产品与服务企业，海康威视建成了国际化的互联网服务和App服务，搭建“国际化+本土化”的营销和服务互联网平台。

四、海康威视“走出去”的经验启示与挑战

（1）经验启示

如何将“走出去”与价值链升级与稳固的目标相统一。我国企业“走出去”都很重视跨国并购和获取先进技术，但如果只是简单引入或者复制高科技产业，则只是实现了一次产业升级，不等于价值链升级，随着技术更新替代，企业后续发展会重新面临挑战。因此，企业需重视延伸产业链价值链，

稳固供应链，推动价值链转型升级。海康威视是这方面的成功案例之一。在国际价值链分工体系中，企业面临的挑战不仅仅来自工业竞争，更大的压力来自价值链控制。缺乏核心技术的庞大产能很容易被更低制造成本的竞争者替代。在海康威视的早期阶段，与大多数加工制造类企业一样，以低价进军国际市场。但是，其很快开始推动价值链转型升级。借助于跨国并购快速扩充产品库和生产线，从简单加工制造延展到高附加值环节的研发设计和下游的销售服务等环节，进行国际化全产业链和价值链融合管理，加上不断强化自主研发，成功实现了价值链转型升级。

（2）面临挑战

海康威视面临的主要挑战依然来自价值链地位进而供应链安全。其国际供应商主要涉及芯片、零部件以及 AI 算法等上游产品，主要依赖国外芯片大厂供货。贸易保护主义和政治偏见带来的芯片技术壁垒会成为海康威视面临的主要潜在威胁。例如，2023 年 6 月，乌克兰曾经宣布海康威视等企业为“战争支持者”，原因是俄方使用了海康威视的产品。

8.4 TikTok 面临的美国安全审查风波

TikTok 是北京字节跳动科技有限公司（以下简称“字节跳动”）所属短视频应用软件抖音的海外版。其母公司字节跳动成立于 2012 年。目前，TikTok 不仅是字节跳动的主要营收来源，也是在全球 Apple Store 中最受欢迎的应用 App。根据 Tensortower 的最新数据显示，TikTok 已经覆盖了 150 多个国家和地区，突破了 20 亿次的下载量。仅仅在 2023 年 1 月，就达到了 10.51 亿 18 岁及以上的用户量，位居全球手机应用排行榜之首位，超过了第二名和第三名的美国本土公司 YouTube 和 Instagram。TikTok 的国际化扩张之路使其成为中国最成功的全球性手机应用，也使其母公司字节跳动成为国内最成功的科技公司之一，其估值在全球 590 家独角兽企业①中最高。无疑，TikTok 提供了新兴朝阳产业的一个全球化成功典范，那么它是怎么做到的。随着中美两国贸易摩擦爆发和升级，从一开始就诞生在美国的 TikTok 面临了怎样的压力，前景如何。

① 独角兽企业指市值 10 亿美元或以上的私人控股公司。

一、成功的“国际化”企业

1. 天生全球化

TikTok 是抖音的国际版。2016 年 9 月抖音在国内上线，主营面向全年龄段的短视频社区平台。仅仅在一年之后，即 2017 年 8 月，TikTok 在 150 多个国家和地区同时上线，快速完成字节跳动短视频的全球布局，随后很快开启了“疯狂”的国际化扩张进程。在当时产业所处阶段和市场环境下，这类产品市场属于典型的蓝海市场①。

2. 先进入再并购

通过跨国并购进入欧美市场是字节跳动实施国际化进程的重要战略。2017 年 11 月，TikTok 并购了一家有着中国背景的美国本土公司 Musical. ly，后者主营音乐视频分享和互动的社交应用。在这一次并购交易发生时，Musical. ly 已经拥有十分活跃的市场，并运营达 6 年之久，拥有国外用户 2. 3 亿，月度活跃用户近 7 000 万。反观 TikTok 仅上线三个月。在与 Musical. ly 双 App 并行发展运营九个月之后，即 2018 年 8 月，TikTok 果断终止了 Musical. ly 的运营与使用，并将其用户、数据等一切资源、资产被悉数并入 TikTok。2018 年，TikTok 进行了第二次并购，这次并购的标的是美国短视频应用 Flipagram。两次并购对 TikTok 来说，无异于“以小吃大”，却一举实现了扎根美国市场、规模扩张、用户扩张，获取了对方的营运经验、技术手段，可谓起步即驶入快车道。

3. 产品标准化策略

为了适应国际市场，字节跳动在将国内版抖音推向世界之前，对抖音产品增加了许多国际化的标准功能，事实上开发出了一款全新产品：TikTok。TikTok 拥有标准化产品特征，增加了“本土化”功能及本土化运营推广策略。这样，在国际化的推广过程中，公司只需要针对不同国家市场特征轻微调整 Tiktok 的功能，就能以最小的成本和最快的速度进入当地市场。因此，其标准化产品其实是富有弹性的产品。

---

① 蓝海市场指的是不依赖于价格竞争而依赖技术创新的市场，创新是蓝海策略的核心。蓝海市场是相对于红海市场而言的，后者指成熟的大众化产品市场。Kim WC，Mauborgne R，“Blue ocean strategy”，*Harvard Business Review*，2004 October，82（10）：76-84，156.

4. 培养消费者忠诚度

TikTok 在美国的用户集中于年轻人，据报道，美国年轻人每天在 TikTok 上花费的平均时间已经超过 50 分钟左右，仅次于美国本土巨头网飞公司（Netflix）。其策略是优化 TikTok 的推荐机制。和其他流媒体一样，TikTok 培养消费者忠诚度的办法也是利用算法，不同之处在于它的算法基于用户价值设定四个主要目标：用户价值、长期用户价值、作者价值和平台价值，以这套精心设计的目标使用户“上瘾”。2021 年，TikTok 公开了其算法。

5. 人才本土化

据报道，TikTok 从 Facebook 挖掘人才，吸引了后者的全球副总裁，并委任以全球商业化业务副总裁。TikTok 还从 Facebook “挖走” 20 多名普通员工。此外，TikTok 吸收了 YouTube 前高管担任其美国公司负责人，迪士尼高级流媒体执行官担任首席执行官，等等。

二、TikTok“被”安全审查的来龙去脉

2019 年，美国国会参议院少数党领袖舒默（Chuck Schumer）和共和党参议员科顿（Tom Cotton）向情报部门提出对来自中国应用程序抖音（即 TikTok）是否会带来国家安全隐患进行调查，调查其收集用户定位相关数据和其他敏感个人信息的问题。美国共和党参议员卢比奥（Marco Rubio）也要求美国当局对有关中国政府利用 TikTok 进行政治审查的指控做出评估。舒默和科顿在信中写道：“单纯在美国境内，TikTok 的下载量就超过 1.1 亿，TikTok 是潜在的反情报威胁，我们不能对此忽视。”

2020 年 8 月，时任总统特朗普发布了 2 份行政命令，要求限制 TikTok 在美国境内的下载、更新和运营，并要求字节跳动在 90 天内剥离 TikTok。虽然此禁令一直未生效，但是 CFIUS 随后对 TikTok 展开国家安全审查。

2021 年 6 月 9 日，拜登政府发布行政令，撤回了总统特朗普对 TikTok 和 wechat 的禁令，却维持了 CFIUS 的审查要求，同时要求美国商务部对“外国敌手”开发的软件应用出台一揽子限制措施。随后，美国商务部出台了信息通信技术和服务交易（ICT 交易）的暂行最终规则，审查美国企业和中国企业的 ICT 相关交易是否会导致美国个人敏感数据面临“不当或不可接受的风险”。与此同时，美国司法部也在酝酿推出新法律，以阻止 TikTok 等中国背景应用程序收集和访问美国公民敏感数据。

三、字节跳动的应对与矛盾升级

1. 主动进攻

2020 年 8 月 24 日，首先，TikTok 向加利福尼亚州中央地区联邦地区法院提起针对特朗普政府的诉讼。其次，TikTok 通过架构调整实现了与其母公司字节跳动相分离，并承诺将美国数据储存在美国境内。目前，字节跳动已经将其 TikTok 美国用户数据转移到美国甲骨文公司运营的云存储系统中，由甲骨文公司存储美国用户信息，总部设在北京的母公司无法访问这些数据。TikTok 向美国政府提供了大量资料证明其安全措施和承诺。

2. 再次被指责

2022 年 6 月 17 日，美国新闻平台 BuzzFeed 发布消息称其获得了 80 多次 TikTok 内部会议音频，显示字节跳动的中国员工在 2021 年 9 月至 2022 年 1 月期间“不断访问”美国 TikTok 用户的非公开数据，并指责 TikTok 高管在国会作了虚假陈述，隐瞒了中国政府可以获取美国数据的事实。这一消息拉升了 TikTok 面临的压力。6 月 23 日，科顿等数名共和党参议员要求财政部部长耶伦在 7 月 22 日前就特朗普时期的 TikTok 行政令的执行情况以及拜登政府针对 TikTok 进行的国家安全审查进展情况回答一系列问题。6 月 24 日，美国联邦通信委员会共和党籍委员卡尔要求苹果、谷歌应用商店下架 TikTok。6 月 27 日，9 名美国国会参议员要求 TikTok 首席执行官周受资于 7 月 18 日前对 BuzzFeed 报道的相关问题予以澄清。

3. 再次“禁令”

2022 年 11 月 28 日，美国南达科他州州长诺姆（Kristi Noem）下达了美国境内第一份“TikTok 禁令”，禁止在州政府设备上使用 TikTok。这一禁令引发至少 19 个州以及美国众议院效仿和跟进。2023 年 3 月 24 日，美国国会第三次就 TikTok 在美国的运营是否对美国国家安全造成威胁召开听证会。

4. 严重“质询”

TikTok 没有参加前两次美国国会召开的听证会，但是参加了第三次听证会。在这次听证会上，被质询的问题可以总结为三类。一是国家安全。在 TikTok 拥有的海量数据中，是否有些人中恰好是美国公职人员——这是否应该被视为一种国家安全问题。二是公民隐私权。TikTok 是否会审查其政治敏感帖子。三是 TikTok 对青少年身心健康造成了成瘾性影响，甚至被指为“数字芬太尼”。

四、前景难料

为了化解困境，安抚和解决美国政府对国家安全风险的担忧，TikTok 始终保持与美国 CFIUS 代表的接触和谈判。然而，目前一切尚未尘埃落定，TikTok 在美国的前景难以明确。但是，“被”审查已经给其带来以下次生挑战。

一是 TikTok 在美国受到的审查和批评产生了不利的全球示范效应。欧洲国家跟进了审查和批评。2020 年 6 月，印度政府以国家安全为由，宣布永久禁用 59 项中国应用软件，其中包括 TikTok、WeChat、UC 浏览器等。

二是 TikTok 在美国受到审查和批评引来了当地同行竞争者的追赶和围攻。例如，Facebook 一度推出模仿 TikTok 的 Lasso 应用程序等，并且在国会等诸多重要场合发表针对性游说。其他公司例如微软、甲骨文等本土公司则虎视眈眈，迫不及待希望将其收入自己的囊中。

三是 TikTok 在美国受到审查和批评的结果在很大程度上取决于政策转机。在 2017 年，TikTok 进入美国时，中美贸易摩擦尚未开始，美国对外国投资的政策相对宽松。随着两国贸易摩擦升级，任何有关 TikTok 的决议很可能成为未来类似案件的处理“蓝本”。在美国一些政客的眼里，中国具有压迫性的威胁，大数据或一般数据尤其令他们感到担忧。

8.5 安踏跨国品牌并购：偏好、动机与启示

改革开放以来，我国鞋服类产业得到了大力发展。2019 年，我国运动鞋行业市场规模达到 1 830 亿元，我国也成为运动鞋出口大国之一。三年新冠疫情结束之后，2023 年世界消费市场回暖，我国运动鞋出口上扬。5 月，我国对外出口运动鞋数量超 1 900 万双，环比增长 26. 44%。然而，运动鞋服属于传统的劳动密集型行业，附加值低。随着人口红利逐渐消失，我国运动鞋服企业纷纷采取跨国并购国际知名品牌的做法来应对比较优势转变带来的挑战。本案例以安踏（中国）有限公司（以下简称“安踏集团”）为主要对象，对我国运动鞋行业企业跨国并购行为加以研究分析。

一、国产运动品牌的跨国并购偏好

目前，我国本土有一定影响力的运动品牌如安踏、特步等，其发展路径皆具有相似性。通常是从家庭小作坊起步，接着成立公司创立并发展自主品牌，紧接着，承接了来自我国台湾地区的制鞋产业转移，通过嵌入国际知名跨国公司的价值链为其进行代工生产（OEM）企业。其后，各品牌的经营策略出现了明显分化。例如，李宁、双星等集中精力发展自主品牌，而安踏等在发展自主品牌同时也一度代理部分国际品牌的零售业务。最近十余年来，许多本土运动品牌企业纷纷实施对国际同业品牌的并购，同时专注于自己旗下的品牌建设，以此作为壮大核心竞争力的手段，与国际知名品牌就市场份额展开竞争。其中，安踏具有代表性。

国产运动品牌对国际并购活动的热衷可以用“大肆买买买”来形容。李宁、安踏、贵人鸟、特步等发起并成功的国际并购案例十分地引人注目，见表 8.2。其中，以安踏集团发起的跨国并购案例数最多，从 2009 年迄今达到 7 例。贵人鸟在破产的边缘依然坚持收购了美国网球装备品牌“PRINCE”。

表 8.2　我国本土品牌对国际运动品牌的收购

本土品牌	安踏	李宁	贵人鸟	特步
国际品牌	斐乐、迪桑特、可隆、始祖鸟、萨洛蒙、阿托米克、亚玛芬体育	卡帕、堡狮龙、铁狮东尼、克拉克斯	美国网球装备“PRINCE”	圣康尼、迈乐、盖世威、帕拉丁、Supra

由此可见，本土品牌企业发起的跨国并购收获了不少国际知名品牌。还有许多运动品牌跨国并购案例以失败告终，并未列于表 8.2 中。然而，从经营绩效看，并购成功的企业都并没有因此显著地扩大了出口市场甚至也没有显著扩张国际化经营。那么，问题如下。第一，2009 年安踏集团收购了斐乐并在数年后凭此斩获了显著的市场业绩，其原因是什么；第二，在斐乐之后，安踏集团还对哪些品牌加以成功的并购，现状如何；第三，以安踏为代表的国产运动品牌针对国际知名品牌的大肆并购，其动机和利弊是什么。下面以安踏集团为主要对象进行分析并回答上述三个问题，其答案对此类劳动密集型行业发展及其国际化具有启发意义。

二、安踏集团跨国并购案例

1. 基本情况

根据安踏集团官网，安踏集团创立于1991年，1994年正式开始进行自有品牌建设，专门从事设计、生产、销售运动鞋服、配饰等运动装备，是一家综合性、多品牌的体育用品集团。2007年，安踏集团在我国香港证交所上市，安踏品牌估值在我国体育服饰市场排名位列第四，前三名分别是耐克、阿迪达斯、李宁。在安踏集团官网上，其发展愿景是“成为世界领先的多品牌体育用品集团”。

与其他晋江鞋服类企业相同，安踏集团起步于家庭制鞋小作坊。得益于当时廉价的劳动力优势和有利的国际市场环境，安踏参与国际生产合作的第一步是通过嵌入领导厂商的全球价值链中，承接外包订单，为国际知名运动鞋品牌如耐克、阿迪达斯等进行OEM生产。不久之后，安踏集团即在代工的同时，开始大力发展自主品牌。安踏集团开展国际并购集中于2009—2019年间，先后成功进行了7次收购，从而收获了7个世界知名运动品牌。其中，其并购后对斐乐（FILA）品牌的整合运营取得极大的成功。

2. 并购意大利运动知名品牌

2009年，安踏集团对意大利知名品牌斐乐的并购是其国际并购运动的起点。FILA Marketing（以下简称“斐乐”）原创于意大利，作为运动服领域的品牌，斐乐从成立至今已逾百年，定位于高端细分市场，一度位列世界运动品牌前三名，其经典的红蓝色logo造型驰名于各大国际赛事场所和国际市场。在被安踏并购之前，斐乐的中国业务全资归属于国内知名鞋履品牌百丽集团。然而，从2000年开始，百丽集团公司层面连续发生战略失误，斐乐日渐陷入困境。2005年，斐乐进入中国，市场反响平平，并未能如耐克和阿迪达斯那样激起充分的消费者需求，业绩不尽如人意。特别地，2008年金融危机爆发，全球市场消费疲软，斐乐因此受到了严重的影响，连续两年发生巨额亏损，2007年、2008年的亏损额分别高达543万港元和699.6万港元。正是在这样的困境下，2009年百丽集团放弃了斐乐，而安踏集团则以大约6亿港元的代价成功地将其收入囊中。此次并购使安踏集团获得斐乐的中国商标使用权和专营权，负责斐乐在中国内地、香港以及澳门的业务。

3. 收购斐乐后的经营策略与成效

安踏集团收购斐乐后主要实施了两项经营策略。其一，本土化转变。斐乐在中国业务的本土化措施包括：①在产品设计方面增加了“运动时装”款式，并使其裁剪更加贴合亚洲人的身材特征。②转变销售渠道，品牌从经销商模式改变成直营模式，并对门店采取高亮装潢设计，提升时尚触觉。其二，打造高端市场。安踏集团将斐乐品牌确立为高端产品，定位于一二线城市的中高端消费群体。对比之下，长期以来，安踏自身一直是以平民品牌形象出现。而将斐乐定位于高端产品，弥补了企业在中高端领域的欠缺。这种策略的结果是将斐乐品牌与原有的安踏品牌截然地区分开来。在不知情的消费者眼里，斐乐与安踏毫无关联。

事实证明，安踏集团的上述策略对斐乐来说取得了显著成效。在并购最初几年，斐乐处于亏损。然而，在5年之后，即2014年，斐乐品牌开始出现盈利。2015年上半年，斐乐的我国市场门店超过了500家。到了2016年，斐乐成为整个集团的业绩驱动器。2015—2021年间，斐乐的营业收入从17.5亿元增长至218.22亿元，为集团贡献了50%的收入，并且斐乐作为高端品牌其毛利率远远高于原创品牌安踏。

然而，由并购斐乐品牌而带来的收入和利润增长效应未能持续。2021年，安踏品牌的毛利率为70.5%，而斐乐下降到52.5%。到了2022全年，FILA所有财务指标均下降。其中，营收为-1.4%，毛利润为-7.2%，净利润为-19.4%。此外，斐乐的门店闭店率高达到30%。

4. 其他并购活动

在斐乐之后，安踏集团继续收购国际品牌，先后收入麾下的品牌包括：日本滑雪品牌“DESCENTE”（迪桑特）、韩国高第一户外品牌KOLON（可隆）、加拿大顶级户外运动品牌ARCTERYX（始祖鸟）、法国高端户外品牌SALOMON（萨洛蒙）以及Amer Sports（亚玛芬体育）等。2018年，安踏集团与方源资本、lululemon创始人Anamered Investments及腾讯组成投资者财团，以约46亿欧元（折合约371亿元人民币）收购了芬兰的体育巨头Amer Sports，其中安踏出资约27亿欧元，占有57.95%的份额。Amer旗下包括：滑雪及越野顶尖品牌SALOMON、专业滑雪装备品牌阿托米克（Atomic）等品牌，基本全覆盖冰雪运动受众。通过屡次收购，安踏一步步成为世界第三大运动品牌。

三、并购国际品牌的动机与风险分析

（一）并购动机

①通过并购快速实现企业的超常规增长。

安踏董事长丁世忠认为，“以当今中国公司的品牌运营能力，在30年内做出一个始祖鸟或威尔逊，可能性几乎为零，而通过收购，并以中国市场为潜在增长空间，则可能完成一次脱胎换骨。”安踏对斐乐的运营充分体现了丁世忠董事长的上述理念。从成效上看，除了斐乐品牌本身贡献的业绩和利润，国际品牌并购的确使安踏完成了跳跃式成长。根据其公开财报，2022年，安踏集团全年收益同比增长8.8%至536.5亿元人民币，超越了耐克中国（514.22亿元）、李宁（285.03亿元）和阿迪达斯中国（235.97亿元），位列中国国内市场运动鞋服市场的第一名。

②企业本身的战略驱动。

轻资产模式的单纯品牌运作能够帮助企业实现快速扩张。因此，不少企业将并购视为企业扩张战略。安踏将“单聚焦、多品牌、全球化”作为企业发展扩张的基本发展战略，强调以“全球化多品牌卓越运营能力”为核心竞争力。与安踏集团的策略相似，李宁也是将收购世界知名品牌作为扩张品类和渠道的最佳手段。

③成功收购并运作斐乐品牌的示范效应，激起了安踏等企业更加偏好收购国际品牌。

（二）潜在风险

企业完成品牌收购后会面临两种风险：一是收购完成后的运作风险。在国际并购中，企业或者品牌并购成功之后未能得到成功运作的案例比比皆是，而斐乐只是运作成功的案例之一。二是单纯品牌运作的不可持续风险。轻资产运作模式存在难以持续的风险。早在斐乐之前，已有前例。2002年，李宁收购了有着百年老店之称的意大利服装企业卡帕（Kappa），到2010年，Kappa在我国实体门店超过了4000家。然而，也是这一年，市场回归理性，终端门店迅速抛弃了该品牌。斐乐是否会步其后尘在眼下尚难预料。

四、展望与建议

国内品牌企业发起的跨国并购国际品牌，多是着眼于该品牌在国内市场的所有权和经营权，并没有获得国际市场经营权和所有权。因此，这些收购难以让企业进入国际市场，带来海外收入。例如，2021 年斐乐给安踏贡献了超过 200 亿元的营收全部来自国内市场。运动鞋服产品属于消费终端产品，品牌依赖度高，而中国国内市场是世界上最大需求端市场。然而，在国际品牌如耐克、阿迪达斯等品牌在消费者心目依然占据领导地位的情况下，并购知名品牌有助于企业快速从低端形象转变为高端形象进而达到与国际知名品牌相抗衡的有效竞争策略。在中国运动鞋服等劳动密集型产业发展壮大过程中，类似的扎根国内市场的跨国并购案例还会不断涌现。

劳动密集型产品技术含量低，十分容易发生产能过剩和库存积压。例如，2012 年，国产品牌运动鞋全行业发生库存过剩甚至爆仓。当时在有着中国鞋业基地之称的福建晋江流传着这样的说法："晋江鞋停产还能卖三年"[①]。这样的行业波动特征，加上中国经济发展和劳动力成本上升，终将推动劳动密集型行业向劳动力成本更低的国家转移。因此，建议相关企业在重视国际知名品牌建设同时，提高设计、研发能力，早做筹谋向东南亚、“一带一路”共建国家、非洲、拉美等国家转移生产制造，走向国际化发展道路。

8.6 正泰集团：从产品“走出去”到产业“走出去”

一、全球化基本情况

正泰集团股份有限公司（以下简称“正泰集团”）始于 1984 年，前身为浙江乐清求精开关厂，现为智慧能源系统解决方案提供商，主营智能电气、绿色能源、工控与自动化、智能家居以及孵化器，形成了集“发电、储电、输电、变电、配电、售电、用电”于一体的全产业链发展模式。

正泰集团进军国际市场较早，目前业务遍及 140 多个国家和地区，全球员工 4 万余名。2022 年集团营业收入 1 237 亿元，连续二十余年上榜中国企业 500 强。公司拥有以正泰集团研究院为核心的 24 个研究院和四大全球研发中心，覆盖北美、欧洲、亚太、北非等地区。正泰国际是正泰集团旗下负责海外业务的经营平台。下辖五大海外区域总部、30 多家海外子公司、20 多个国

① 新浪网：《“国产替代”浪潮背后，晋江运动品牌的浮沉史》，访问日期：2023 年 8 月 10 日。

际物流中心和售后服务中心，在泰国、埃及、新加坡、越南、马来西亚、柬埔寨等地设有区域工厂，业务遍布 140 多个国家与地区。除一般贸易外，正泰国际还在欧洲、非洲、南亚和拉美等地承建了大量 EPC 工程总包项目，极大带动了产品及设备的配套出口；在韩国、泰国、印度、意大利、西班牙、保加利亚、罗马尼亚等地承包光伏电站建设项目，助力全球绿色转型。

二、全球化战略历程

正泰集团的国际化进程可以总结为“产品‘走出去’—服务‘走出去’—产业‘走出去’”，经历了三个发展阶段。

第一阶段：产品“走出去”（1991—2008 年）。与绝大多数我国企业一样，正泰集团的国际化始于出口。正泰集团出口业务始于 20 世纪 90 年代。由于国家外贸体制变迁，正泰集团出口业务先是代理模式然后自营。1991—1996 年间，正泰集团主要通过广交会洽寻国际客户，然后经由专业外贸公司代理出口。从 1997 年开始，正泰集团取得了国际贸易经营权，开始自营出口。正泰产品出口销量很好，10 年间增长了近 50 倍。

第二阶段：服务“走出去”（2009—2019 年）。这一阶段重在本土化经营，经历了渐进式升级过程。①本土化 1.0，设立海外全资销售型子公司。收获西班牙市场和渠道。2008 年，正泰在西班牙，投资 1.2 亿欧元，投资建太阳能发电厂。2009 年，正泰位于西班牙第一个物流中心挂牌成立。2009 年，正泰以绿地投资方式在海外设立全资销售子公司，如在俄罗斯、巴西、捷克等。本土化策略是在当地聘用员工，增强对本土市场的掌控力。②本土化 2.0，搭建欧洲销售网络。2010 年，正泰集团第一次进行跨国并购，将一家西班牙经销商变成自己的子公司。通过此次收购，正泰集团获得了该公司的客户、员工和市场，直接进入本土化运营阶段。随后，正泰集团借力快速在欧洲发展起来一批新的子公司，搭建了欧洲市场网络。③本土化 3.0，进入全球化经营。2017 年，正泰集团跨国并购了新加坡 Sunlight 公司的 100%股权，将经营目标从产品“走出去”转向服务“走出去”，开始建立当地工厂、物流中心和售后服务中心。

第三阶段，产业“走出去”（2020 年至今）。2020 年，新冠疫情对正泰集团的产品出口（由于不是医疗类等紧急需求品）带来严重挑战。面对冲击，正泰集团痛定思痛，决定走出“舒适区”，摆脱传统的海外业务模式。2020

年 7 月，正泰集团整合旗下全部海外资源，成立正泰国际负责集团全产业链海外发展平台。目前，正泰国际的目标是建成四大平台（新型电力创新集成贸易平台、智慧电力技术服务与 EPC 平台、管理输出支持平台、国际产业基金和投融资并购孵化平台），以之为依托，发展面向全球市场的整合方案能力、服务运营能力、并购整合能力和管理输出能力。

与上述全球化进程相对应，正泰集团的国际化模式也经历了三个阶段的演变。第一阶段，企业并没有“走出去”，只是产品出口。第二阶段，以国际工程承包带动产品和服务“走出去”。从 2013 年开始，正泰集团抓住共建“一带一路”倡议的历史机遇，改变过去简单地“卖产品”方式，先后在巴基斯坦、柬埔寨等多个国家完成“交钥匙”总包工程，提供电力供应全面解决方案，并在全球投资建设了 200 多座光伏电站，实现了产业链优势集成，实现了从卖产品向“卖服务”的转型。第三阶段，通过全价值链的“本土化”，实现产能输出。

三、成功经验

在正泰集团董事长南存辉看来，“全球化”并非是通常所说的“走出去、走进去”，而是“产品‘走出去’—服务‘走进去’—技术‘走上去’”的循环战略。

（一）本土化策略实现“走进去”

正泰集团本土化策略主要是通过实施“国际蓝海行动”来实现的。国际蓝海行动的含义是在主要市场与当地伙伴深度融合，赋能共赢。具体做法是出让自己在主要海外市场子公司的部分股权，用以吸引当地优秀合作伙伴及骨干员工入股并组成合资子公司。蓝海行动的目的十分明了，即充分调动合作伙伴和骨干员工的积极性，给予最小业务单元充分授权。意大利是欧洲的传统电气行业强国，也是欧洲技术要求最高的市场之一，与之对应的是欧盟巨大的市场潜力和容量，因此成为正泰集团蓝海行动的试点。在蓝海行动的激励机制下，正泰意大利子公司销售额突飞猛进，低压电器的市场占有率从 2%提升到 6%。2020 年和 2021 年，意大利遭受严重新冠疫情打击，然而正泰集团本地销售收入逆势分别增长了 46%、110%。

（二）通过境外投资提升价值链地位实现“走上去”

所谓“走上去”意思是使价值链地位“走上去”。

所谓“走上去”意思是使价值链地位“走出去”，即向微笑曲线两端升级。为此，正泰集团在海外实施了一系列重要的绿地投资和跨国并购活动，集中于上游、市场准入等环节，实现“走上去”，增强对价值链的参与度和掌控力。

第一次并购。2010 年，正泰集团并购接管自己的西班牙经销商，收获西班牙市场和渠道。

第一次并购。2014 年，正泰集团收购了德国最大光伏企业 Conergy 旗下的法兰克福组件业务，实现了光伏组件生产的国际化，并晋身为东德区域最大的光伏组件厂。此次并购，还使得正泰集团得以与德国“工业 4.0”对接，获得了高度自动化的电气生产线、先进实验室测试设备和经验。

第三次并购。2016 年，正泰集团以 1 800 万欧元（约 1.26 亿元人民币）获得西班牙公司 GRABAT ENERGY，S. L.（以下简称“GRABAT”）的 25%股权。GRABAT 是西班牙知名石墨烯公司，掌握石墨烯储能产品研发的核心技术，拥有西班牙当地生产许可证和运输许可证，筹备高端石墨烯电池应用的工厂产业化建设。此举使正泰集团立即获得了西班牙生产结合运输许可，加速在光伏发电、智能微网、石墨烯储能技术以及能源管理等环节的布局。

第四次并购。2017 年，正泰集团跨国并购了新加坡 Sunlight 公司的 100%股权。后者是一个久负盛名的新加坡配电产品制造商企业，在越南、泰国等都有分厂。通过此次并购，正泰集团收获了位于新加坡、印度尼西亚等国家的数据中心项目建设，很快就跻身为新加坡三大数据中心供应商之一，实现了从传统行业向高端数字行业的逐步转变。

（三）构建去中心化海外创新网络

跨国公司的本质是一个去中心化的组织。正泰集团以“Local for Global”理念构建了去中心化产品创新网络。正泰集团抓住了共建“一带一路”倡议来的机遇，在新加坡、泰国、越南、马来西亚、柬埔寨和埃及等国家，设立了区域工厂，在全球 140 多个国家和地区设立销售网点和物流服务。在全球范围内，正泰集团还通过独资、合资等方式建设了 690 多座大型地面光伏电站和 70 万个户用光伏电站。

（四）国内国际双循环相互促进战略

党的十九届五中全会提出要“加快构建以国内大循环为主体，国内国际双循环相互促进的新发展格局”。落实到微观层面看，如果国内大循环和国际大循环没有能够形成互动和促进，那么“走出去”无异于在海外建立了一个“经济飞地”，很难对国内经济产生溢出效应。正泰集团关于企业全球化是“产品‘走出去’—服务‘走进去’—技术‘走上去’”循环战略的理念，表现为其境外子公司的先进技术、管理经验和市场扩散到国内部门。例如，在对德国企业的并购交割后，正泰集团即在杭州建成了代表业内最高制造水平的智慧工厂，初步具备了德国“工业 4.0”所要求的大部分智能要素，并被工信部列为“中德智能制造合作试点示范项目”。进一步，正泰集团将正泰杭州工厂与德国工厂的先进制造经验加以整合并二次扩散到泰国工厂，使其泰国工厂成为业内“智能制造”的先行者与探索者。

8.7 中联重科“走出去”：布局全球化网络

一、基本情况

中联重科股份有限公司（以下简称“中联重科”）创立于 1992 年，总部位于湖南省长沙市岳麓区银盆南路 361 号，主要从事工程机械、农业机械等高新技术装备的研发制造，是中国工程机械行业龙头企业。2022 年，中联重科营业收入为 416.31 亿元，连续 19 年位居中国企业 500 强，排位第 200 名。中联重科“走出去”始于 2001 年，是中国工程机械行业最早“走出去”的企业之一，奉献许多精彩的跨国并购案例。例如，并购英国保路捷、意大利 CIFA、荷兰 Raxtar、德国 M-tec、德国威尔伯特等。通过“走出去”布局全球化网络是中联重科应对国内产能过剩，推动转型升级的策略之一。

2011 年 3 月以来，受制于国内整体经济市场发展放缓，产能过剩等因素，我国工程机械行业告别了十年黄金发展期，进入 L 型底部的盘整期。根据中国工程机械协会挖掘机分会的数据，当时我国挖掘机行业的年产能已经超过 40 万台，而全球每年挖掘机的需求量尚不足 40 万台，虽然许多工程机械生产厂家有计划地停产、减产，但仍有大量产品积压在仓库。在这样的大背景下，国内工程机械企业纷纷将目光投向海外，扩大出口份额。海关总署的统计数据显示，2014 年上半年，我国工程机械出口 96.42 亿美元，同比增长 0.87%。

二、经验借鉴

中联重科“走出去”深耕海外拓展取得了显著成效。2014 年上半年，中联重科在美洲地区、中东地区（包括沙特）实现营业收入同比增长超过了 100%。中联重科“走出去”的经验借鉴主要有以下几点。

（一）高度重视“走出去”战略

时任中联重科董事长詹纯新认为我国企业不能按部就班地等待自然发展到国际化阶段，应加快国际化进程。跨国公司本质上是一个去中心化的组织机构。中联重科在国际化扩张道路上坚持在发达国家进行并购，在发展中国家进行绿地投资的策略。为此，中联重科采取了“两条腿走路”策略。一是在发动国家进行并购，获取先进产能；二是在发展中国家进行绿地投资，建设制造基地和营销服务网络。在发达国家并购的先进产能与发展中国家建设的制造基地及全球服务平台共同构成了中联重科的国际化网络布局、全球物流网络及零配件供应体系。中联重科的规划是到 2025 年，公司海外收入和国际化指数提升至 40%的水平，成为真正的全球化企业。

（二）获取先进产能

跨国并购是中联重科在发达国家采取的主要模式。在中联重科管理层看来，我国企业走向世界，绝不仅仅只是把产品从我国卖到海外、把人派到海外、把工厂建到海外，而应是借力国际资本市场，以世界为纬度整合全球资源，使我国企业的制度、管理、技术、文化与国际领先者快速对接，最终实现“花开全球，跳级发展”。为此，中联重科通过对英国保路捷、意大利 CIFA、荷兰 Raxtar、德国 M-tec、德国威尔伯特的并购，在全球范围内整合资源，获取先进技术和市场份额。以并购德国威尔伯特公司为例。2018 年，中联重科宣布收购全球塔机领先制造商、欧洲塔机龙头企业——德国威尔伯特 100%股权，并签署相关战略协议。德国威尔伯特有 80 余年发展历史，是全球领先的变幅式动臂塔机制造商以及欧洲排名第三的塔机租赁商，其高端塔机在欧洲市场占有率居第一位。这笔并购交易使中联重科一举获得威尔伯特丰富的业务资源，包括进入欧洲高端塔机市场，获取了先进的管理经验与技术。

（三）构造全球化组织网络

借助于绿地投资，中联重科通过发展中国家建设装配基地、合资工厂、市场渠道以及整合和布局国内外产业园区等方式，在印度尼西亚设立了子公司和财务公司，在巴西设立了服务中心，在白俄罗斯、哈萨克斯坦、印度、巴基斯坦、印度尼西亚、泰国等“一带一路”共建国家建设了工业园区。最终，中联重科形成了遍布全球的制造基地，在近 100 个国家搭建了销售和服务平台，在 40 多个国家拥有了分公司。目前，中联重科已经完成对海外研发制造基地、业务航空港、销售服务网络的布局，构建了端对端、数字化、本土化的全球统一的运营管理体系，实现 24 小时运转，无缝衔接，运行规范有序。

（四）强调本土化经营

全球化企业必须融入目标市场及其经济发展之中。中联重科的经验是以本土化经营战略是赢得全球竞争的主动权。其本土化战略包括五点。其一，持续融入当地经济社会发展，实现制造、销售、服务、金融、运营、人员的本土化，实现共赢甚至多赢。目前，中联重科全球本地化员工近 3 000 人。其二，将自身优势转化为在海外市场上的核心竞争力。其三，尊重和遵守当地市场规则、法律，融入当地文化。其四，扩大本地生产制造，推出差异化、个性化的定制产品。其五，建设本地化服务团队，以准确和迅速地把握当地市场需求和变化。

（五）重视研发和自主创新能力

中联重科一贯重视研发投入和自主创新，获得中国工程技术发源地和国家知识产权示范企业称号。在创新产出方面，公司生产具有完全自主知识产权的 18 大类别、106 个产品系列，660 余个品种的主导产品，累计专利申请量和授权量稳居行业第一。截至 2021 年 6 月 30 日，中联重科累计申请专利 11 437 件。在创新投入方面，2020 年，中联重科研发费用同比增加 120. 67%，2021 年研发费用达 38. 65 亿元，同比再增加 15. 56%。

8. 8　本章小结

本章精选了 7 个代表性案例，通过案例研究发现如下：①“走出去”对企业和行业发展至关重要，是应对核心竞争力困境、产能过剩困境的重要战略。②在发达国家以追求先进技术、管理经验、品牌为主要动机，在发展中国家以产能输出、规避贸易壁垒和高关税、扩大市场为主要动机。③在发达国家以并购为主，在发展中国家以绿地投资为主。④成功的经验普遍是既重视“引进来”也重视“走出去”，两种战略结合，有效整合全球资源，构造全球化网络，提升企业价值链地位，最终实现全产业输出。⑤传统产业企业都是先扎根国内市场再实施全球化战略。⑥新兴产业企业例如绿色能源光伏企业和高科技数字服务企业“走出去”以更快速度“走出去”，具有天生全球化特征，也容易被发达国家针对。这些发现证实前文研究结论，弥补了疏漏。

对 策 篇

第9章　企业“走出去”高质量推进国际产能合作对策研究

针对当前复杂多变的国内外经济环境，为了促进企业“走出去”高质量推进国际产能合作，本章依据前文研究结论，分别从认识层面、政策层面和企业层面提出对策建议。

9.1　认识层面

一、深刻领会国际产能合作的战略目标

国际产能合作具有过剩产能输出和先进产能获取双重战略目标，将其等同于贸易合作或者产能输出是狭隘的。国际产能合作的第一层次目标是“将我国产业优势和资金优势与国外需求相结合”，通过产能输出替代出口达到化解阶段性国内产能过剩目的；第二层次目标是“促进企业增强整体素质和核心竞争力，推动经济结构调整和产业转型升级”。第二个层次目标与创新驱动进而国内经济结构升级相契合，反映出企业把握全球价值链重新布局的主动权，因而更加关键。因此，需要重视推进国际产能合作达到化解国内过剩产能的目的，更加需要重视通过企业“走出去”获取先进产能，切忌在忽视技术创新能力和国内产能升级前提下，盲目地推动优势产能输出，这会把国内经济置于“产业空心化”的风险境地。

二、高度重视企业“走出去”对于高质量推进国际产能合作的意义

我国推进国际产能合作与发达国家跨国公司实施全球价值链重构共同组

成了第五次国际产业转移的核心内容，我国是此次国际产业转移的主要产业输出国。这要求企业高水平“走出去”推进国际产能合作。一方面，全球价值链重构导致一部分产业资本和企业撤离并对我国参与全球价值链形成挑战，企业“走出去”有助于应对这一挑战。另一方面，企业高水平“走出去”输出边际产能，获取先进产能，加快化解国内产能过剩。

三、辨证理解我国企业复杂的异质性和国际直接投资理论的适用性

我国企业对外直接投资异质性表现得十分复杂，传统对外直接理论到前沿理论以及他国对外直接投资经验均能在一定程度上却又不能简单照搬地解释国际产能合作视角下我国企业“走出去”的动机和战略行为，需重视企业自身资源和能力的作用。

四、全面把握我国企业“走出去”高质量推进国际产能合作的现实基础

一方面，企业“走出去”二十余年对外直接投资实践经验以及由此形成了的境外资本、产业和空间布局，拥有完整产业体系并实现产业升级和独特母国制度优势。另一方面，企业“走出去”也存在一些问题并面临挑战：全球价值链重构，国内外相关政策变动加大了我国企业的不确定性预期，整体看产业处于微笑曲线低端并且趋于恶化，一些发达国家对第三方市场合作的信任不足。

9.2 政策层面

基本原则是以党的二十大精神为指引，坚定不移深化改革，推进高水平对外开放，打造开放合作新优势。具体说来，本书提出如下对策建议。

一、坚持全球化正确方向，反对价值链脱钩

一要对“脱钩”“断链”的危害性保持清醒。近年来，由于各种持续的和突发的原因导致世界经济和全球价值链分工面临比较严峻的挑战，全球价值链脱钩或制造业“回流”一度在某些国家政策议程上占据了重要地位，甚至有政治家们考虑以此来减少对进口投入的依赖。但是，与全球价值链脱钩能

否通过减少一个国家对外国供给冲击的风险来增加其福利？答案是否定的。Eppinger 等（2021）通过将中间产品的国际贸易成本设定为一个高达贸易禁止性水平从而模拟了一个没有全球价值链的世界经济，结果发现脱钩后所有国家均遭遇福利损失，从卢森堡的-68%到美国的-3.3%不等，而且任何国家实行单边脱钩都会放大该国面临的外部冲击。同样，樊海潮等（2020）发现中美贸易摩擦恶化了两国福利水平。二要制定相应政策支持我国企业积极参与发达国家跨国公司主导的全球价值链重构。我国企业继续嵌入发达国家跨国公司主导的全球价值链重构，一方面，有助于保持和扩大国际市场，有助于扩大进口先进中间品和先进资本品，起到化解产能过剩的作用；另一方面，有助于激励跨国公司将专有技术通过价值链扩散。三是优化营商环境，强化市场竞争。这有助于增强价值链技术扩散效应，并激励企业提高技术学习和吸收能力，减轻对领导厂商的路径依赖，避免被价值链技术俘获。四是利用高水平自由贸易试验区（港），率先对接国际高标准规则推进制度型开放，大胆试，形成更多有利于双向直接投资的制度创新成果。五是支持民营企业发展和“走出去”。

二、坚持制度型对外开放，以能力建设为导向推动企业“走出去”

制度型开放是高水平对外开放的核心内容，包括规则、规制、管理和标准等对外开放。对企业来说，获得可持续发展的能力比由短期收益更加重要。因此，政策建议，一是加大规则、规制的对标力度，以高标准制度型开放向企业释放积极而稳健的市场预期。2008 年之后，贸易保护主义抬头，单边主义和民粹主义倾向上升，地缘政治和军事冲突增多，国际经济不确定性因素增加，加上国内对外直接投资相关政策调整频繁，这一系列因素破坏了企业对市场的预期，导致 2016 年之前我国企业“走出去”急速扩张又在 2017 年剧烈下降。企业“走出去”速度急，欠缺节奏等行为特征不利于提升技术创新能力。二要加快管理与标准等的“走出去”与国际化，清扫企业“走出去”的市场壁垒。例如，采用国际标准，有助于企业快速获取进入全球市场的能力；对于自主研发创新的核心零部件产品，尽快形成和推广自主标准，企业借此获取价值链领导地位；对于优势产业业产能领先的整机标准体系，让我国标准成为世界标准，实现我国标准国际化。三是坚持双向开放，大力吸引和利用外资。①大力吸引和利用外资是我国向世界释放双向对等开放的信号和姿态；②高水平外资企业是先进技术的主要来源；③扩大利用外资增加了企业参与全球价值链重构的机会。

三、深化对外开放合作，以包容性国际产能合作理念推动企业“走出去”

自由贸易协定被视为我国经济扩大改革开放的有效途径。与发达国家完全由企业主导国际产业转移相比，我国国际产能合作内在地具有“互利性、包容性、长期性、稳定性和互动性”这样的新型国际关系特征。一是国际产能合作不能局限合作伙伴的经济发展水平，既要面向发展中国家进行顺梯度产业转移，也能面向发达国家进行逆梯度转移，以及基于比较优势将本国优势资源与发达国家先进技术和其他国家资源优势、市场优势相结合的第三方市场合作。面向发展中东道国，可以借鉴日本式对外直接投资经验，支持和鼓励边际产能向发展中国家转移输出。面向发达国家，需支持和鼓励民营企业支持民营企业实施跨国并购，获取先进技术等战略资源；支持凭借产品和技术突破，开拓蓝海市场①。二是强调我国推进国际产能合作和企业“走出去”的开放性和包容性特征，强调国际“平等合作”和“互利共赢”原则。与发达国家国际产业转移完全由跨国公司的利益最大化所驱动不同，我国推进国际产能合作坚持“企业主导、政府推动”，并非“胜者全得”或者“攫取”他国廉价资源。

四、加快扩容和深化自贸协定，充分发挥对企业“走出去”区位选择的影响力

“加快实施自由贸易战略，构建面向全球的高标准自由贸易区网络”② 是国家“十四五”规划的明确要求。我国提升自由贸易区战略，自贸协定数量增加、条款内容趋于深化，但与高标准经贸规则还有一定距离。与国际产业转移和全球价值链重构相适应，区域自贸协定数量激增，内容深化。在现阶段，我国提升自由贸易区战略有两个紧迫的任务。一是深化投资领域

① 蓝海市场指的是不依赖于价格竞争而依赖技术创新的市场，创新是蓝海策略的核心。蓝海市场是相对于红海市场而言的，后者指成熟的大众化产品市场。Kim WC，Mauborgne R，“Blue ocean strategy”，*Harvard Business Review*. 2004 October，82（10）：76-84，156.

② 《中华人民共和国国民经济和社会发展第十四个五年规划和 2035 年远景目标纲要》。

一体化。RCEP 是目前经贸规则自由度最高和唯一一个超大型自贸协定，其议题依然集中在贸易领域，对投资议题覆盖较少。二是扩容协定伙伴国，需要面向欧美地区国家形成自贸协定伙伴关系。加快扩容和深化区域自贸协定的理由如下。一是企业“走出去”范围越大，越有利于化解产能过剩和提高技术创新能力。二是自贸协定能够提高企业“走出去”区位选择协定伙伴国的概率。三是自贸协定投资及条款深度对企业“走出去”区位战略的影响更加显著，表现为能够强化企业境外投资的跟随战略，弱化制度距离的负面影响，增强东道国投资者保护力度。四是自贸协定投资条款及投资相关条款深度能够更加显著促进企业到发达东道国进行投资。五是自贸协定投资条款及投资相关条款深度能够更加显著促进国有企业“走出去”。

9.3 企业层面

企业要服务国家经济发展大局，高质量推进国际产能合作，在产能输出和先进产能获取之间做好权衡，根据自身资源确定短期目标和长期目标。

一、重视科技创新，增加研发投入，增强自主创新能力

企业自主创新能力强，不仅有助于实现国际产能合作的两个战略目标，而且有助于国际产能合作的长期稳定性。第一，自主创新能力越强，被价值链领导厂商技术的可能性越小，有利于化解过剩产能，甚至能够实现从价值链从属地位向主导地位的“华丽转身”。第二，技术吸收能力越强，“走出去”逆向技术溢出效应越大，并且能够减轻“走出去”速度过快与波动性大的不利影响，强化“走出去”范围的有利影响。

二、保持头脑清醒，不盲从，科学决策“走出去”的目标东道国和合作方式，加强风险意识，做好对目标东道国或者已经身处其中的东道国风险预警分析

第一，一般说来，欠发达国家法律制度脆弱，地缘风险、安全风险、经济风险、道德风险、法律风险等都较大。此时，贸易合作、合资合作等方式面临的风险小于独资和跨国并购。第二，在发达国家，采用跨国并购或者建立海外研发中心等方式有利于反向获取前沿知识与信息。需要注意近年来，

发达国家以国家安全名义收紧外资进入审查，对国有企业、高科技类大企业尤其严格。第三，尽管企业可以通过快速国际化带来更多接触到新知识的机会，但是其对企业本身和企业管理者的能力要求较高，企业需根据自身所处行业、企业性质、企业生命周期、技术吸收能力等实际情况，采取适当策略“走出去”。例如，参与全球价值链可以显著促进民营企业的产能利用率和技术创新能力，却对国有企业不成立；在成长期，企业“走出去”应当放慢速度，不必过于追求节奏的平稳性；高技术企业要比低技术企业更加重视“走出去”的稳健速度和保持平稳节奏，等等。第四，实施目标东道国多元化策略，以充分利用不同东道国的优势和知识，以此来缩短研发周期，并减少单一市场供求变化带来的风险。

三、遵循市场化原则依法合规高水平建设境外经贸产业园区

境外产业园区是带动企业“走出去”的实体型平台，因此前文关于“走出去”的诸多建议也适用于境外经贸园区建设。此外，由于境外园区建设存在前期投资大、投资周期长和外来者弱势等弊端，因此企业：一要遵循市场化原则，做好事前风险分析和成本—收益分析；二要依托国内企业和产业优势，准确定位其功能，促成产业链价值链的国内国外密切联动；三可以借鉴我国国内产业园区建设经验，争取获得东道国政府、高校与科研机构、企业以及金融界等的广泛支持，在发展中国家甚至可以设法使东道国政府成为合作方。

9.4 本章小结

本章以前文研究结果为依据，指出应高度重视企业“走出去”高质量推进国际产能合作，正确认识面临的挑战，并提出了四点对策建议和面向企业的四点忠告。

第 10 章　主要结论、研究局限与展望

10.1　主要结论

本书遵循“提出问题—理论研究—实证研究—实践案例研究—对策研究”的思路，系统梳理了相关文献，全面分析了我国企业“走出去”推进国际产能合作的理论依据和现实基础，从国际产能合作视角围绕我国企业“走出去”展开理论与实证分析，落脚于企业“走出去”战略决策；依据国际直接投资理论和国际产业转移理论构建了我国企业参与国际生产合作的一个包容性分析框架，剖析了相关效应与作用机制，所得结论通过实证检验，结论是稳健的；针对我国企业突出区位特征，研究了我国企业“走出去”区位决策以及设立模式决策问题；基于研究结论提出对策建议，最后总结全文主要结论，指出不足与进一步研究方向。主要发现与结论如下：

第一，国内外相关研究丰富扎实，但对国际产能合作概念内涵、战略目标和实现途径的研究有欠缺。对外直接投资传统理论、新兴市场理论和前沿理论以及他国经验均能在一定程度上却不能简单照搬用来解释国际产能合作视角下我国企业“走出去”的动机和战略行为，应重视研究企业自身资源和能力的重要作用。

第二，我国企业“走出去”高质量推进国际产能合作的优势如下。①境外大规模资本布局、全方位产业布局和广泛的地理布局。②完整工业体系和制造大国地位，成功的产业升级，国际贸易中心和价值链中心地位，是最大全球价值链供应商和第二大购买者。③独有的母国制度优势。自贸试验区和自由贸易区在推进高水平对外开放中发挥着重要的试验、对接功能，对外直

接投资规制不断完善，政府和企业已搭建多种形式投资促进平台。企业“走出去”面临挑战包括：企业“走出去”扩张不稳定，波动性大；80%以上投资额流向缺乏实体经济活动的国际避税地；一部分企业“走出去”是出于政策跟风的盲动行为；民营企业多是小投资规模，所有权优势不显著，抗风险能力弱；整体上我国制造处于微笑曲线低端并且有恶化趋势，机电产品和部分高新技术产品在某些核心技术和关键部件上依赖进口，面临外部钳制。

第三，在第五次国际产业转移和全球价值链重构时期，企业“走出去”推动国际产能合作的根本动因是提高产能利用率和技术创新能力，嵌入全球价值链和“走出去”是国际生产合作的主要途径。嵌入全球价值链对技术后进企业的产能利用率和技术创新能力的影响成倒 U 型。前者有三个机制，包括市场拓展、中间品进口和资本品进口，领导厂商通过限制中间品及资本品质量升级和种类更新达到对价值链嵌入厂商的技术锁定；后者有四个机制，强化国内市场竞争对避免本国企业被技术锁定至关重要。静态地看，已有研究认为我国企业“走出去”能够显著提升技术创新能力。动态地看，“走出去”的三个时间维度（速度、节奏、范围）对企业技术创新能力进而产能利用率的影响各不相同，速度和节奏是负效应，范围呈现正效应，并且与企业所处生命周期和行业有关，技术吸收能力对这些维度起到重要的调节作用。

第四，运用二次项回归、utest 方法和广义倾向得分匹配法以及我国工企库与海关数据库实证分析确认嵌入全球价值链对企业产能利用率的倒 U 型效应；市场拓展机制是正效应；中间品和资本品的数量效应为正，但是种类更新和质量效应为倒 U 型，说明二者是造成嵌入价值链对产能利用率和技术创新能力呈倒 U 型效应的原因。运用二次项回归和上市公司数据库实证分析确认嵌入全球价值链对企业技术创新能力的倒 U 型效应，垄断程度高的行业相对较快滑入技术锁定陷阱，非高科技行业、国有企业相对难以通过参与全球价值链分工解决产能过剩问题。

第五，运用零膨胀泊松回归方法和上市公司数据库的检验结果证实了我国企业“走出去”进程的三个时间维度特征对国内母公司技术创新力进而产能利用率的效应与机制，以及吸收能力调节作用。进一步发现，以上效应存在企业生命周期异质性和行业异质性：①“走出去”速度，在企业成长期成负效应，在成熟期为正效应；②“走出去”节奏，在企业成长期成正效应，在成熟期为负效应；③“走出去”范围，在整个生命周期为正效应，在成熟期效应更大；④“走出去”速度和“走出去”节奏对高科技行业的负效应大于非高科技行业，“走出去”范围对高科技企业的正效应大于非高科技企业。

第六，全球范围内自贸协定呈现加速扩散和深化趋势。理论概率模型表明我国自贸协定提高了企业选择到签约伙伴投资概率，投资条款及投资关联条款的促进作用更大。我国自贸协定条款内容不断深化。应用Logit回归和上市公司数据库证实了上述结论，并且自贸协定显著强化了我国企业“走出去”的路径跟随，缩小了制度距离，增强了东道国投资者保护力度。进一步发现，当协定伙伴国是发达国家时，自贸协定投资及关联条款能够更加显著提高企业投资概率；投资及关联条款对国有企业的影响明显大于对民营企业。

第七，美国在我国企业“走出去”区位选择方面占据重要地位，表现为在剔除国际避税地之后，美国吸收了最多的我国对外直接投资额和境外企业数。我国企业在美国直接投资90%以上的投资采取了跨国并购模式而非绿地投资，显露出突出的战略寻求动机和市场寻求动机，重点目标行业是信息与通信技术、能源，并且以民营企业为主，在除能源外所有行业均重视绝对控股权，集中在美东地区。相比之下，我国企业在美国的绿地投资仅占10%左右且主要投向美西地区。此外，在2017年美国CFIUS监管收紧之前，我国企业对美国医疗、医药及生物技术行业的投资快速扩张。我国企业在美国跨国并购明显受到当地先进技术、自然资源和制度环境的吸引，与自身国际化经验、规模、资产和管理费用等因素成正相关。

第八，企业“走出去”实践在一定程度上佐证了前面的理论研究与实证分析结论。①企业既重视嵌入GVCs（“引进来”）也重视“走出去”，战略目标是通过二者的战略结合，实现有效整合全球资源，构建全球化网络，提升价值链地位，从价值链参与者转型为领导者。②企业产能输出既面向发展中国家也面向发达国家，取决于“走出去”动机，不一定遵循产业比较优势。③以运动鞋服为代表的传统劳动密集型产业企业跨国并购是为了扎根国内市场，在输出产能方面还处于早期阶段。④新兴产业企业具有天生全球化特征，优先进入发达国家市场，也容易被发达国家针对。

第九，应高度重视并科学应对企业“走出去”高质量推进国际产能合作的重要意义与面临的挑战。政策方面，①坚持全球化正确方向，反对价值链脱钩；②坚持制度型对外开放，以能力建设为导向推动企业“走出去”；③深化对外开放合作，以包容性国际产能合作理念推动企业“走出去”；④加快扩容和深化自贸协定，充分发挥对企业“走出去”区位战略的影响力。企业方面，要服务国家经济发展大局，高质量推进国际产能合作，在过剩产能输出和先进产能获取之间做好权衡。①重视科技创新，增加研发投入，增强自主创新能力；②保持头脑清醒，不盲从，根据自身资源确定“走出去”的目标东道国和合作方式，加强风险意识；③遵循市场化原则依法合规高水平建设境外经贸产业园区。

10.2 研究局限与展望

本书依然存在很多不足和疏漏的地方，也是为今后进一步深入研究打下了基础，明确了以下几点方向。

一是理论创新有待深化和明晰。本报告的理论创新是构建的包容性分析框架，并为全文实证研究提供了理论基础。然而，由于篇幅所限，未能进一步深入完善，导致无法深入研究路径规律问题，只是通过自贸协定视角和案例研究加以补充。未来，将寻找理论突破口，将该分析框架与更务实的理论或者变量结合起来，研究企业推进国际产能合作的路径与规律性问题。

二是有必要挖掘和建立公司间交易数据库。使用工业企业数据库的优点是该数据库样本足够大信息充分，使结论更可靠，但是存在滞后和严重遗漏等问题。为了降低结论偏误可能性，课题组成员进行了大量处理，并尽量使用上市公司数据库，但并不能彻底消除结果滞后和偏误可能性。例如，书中指出企业嵌入全球价值链存在四个影响机制，却只能借助于市场集中度指数（HHI）检验了其中的竞争机制，而无法检验另外三个机制。这是由于目前关于“领导企业—供应商”公司间技术授权和人员流动的数据不可得。然而，它们能够更直观准确揭示价值链技术扩散与技术俘获。所以，未来考虑进一步挖掘跨国公司内和公司间技术交易信息和数据。使用公司内交易数据进行定量分析是全球价值链领域学术前沿，例如 Pol Antràs 关于美国跨国公司边界的一系列论文。

三是案例调研有限，直接的一手资料和境外调研较少，对企业境外情况的掌握可能存在偏差。后续研究将设法更新和完善数据，加大国内外调查的规模和力度，并将持续开展案例写作，以实现全方位多方法印证或弥补研究结论，将更好的论文写在祖国大地上。

四是国际避税地投资问题值得进一步研究。实证分析剔除了前往国际避税地的企业，也就忽略了这些企业行为和效应。由于这部分企业的对外直接投资有多种可能性，例如可能只是进行了返程投资，或者利用其跨国公司全球网络组织优势带动出口，获取先进技术，转移过剩产能，也可能单纯出于资金逃逸动机。因此，所得结论只适用于从事了实业投资的企业“走出去”行为。流向国际避税地的投资规模大，企业数量多，这个现象值得进一步研究。

此外，2023年，中国和东南亚国家对外贸易均显著下降，波罗的海运费指数剧烈波动，这些已不仅仅是国际产业转移和全球价值链重构所致。俄乌冲突持续和升级，全球价值链供应链紊乱，大宗商品价格剧烈波动，国际货币金融体系脆弱，外部不确定性继续加大，构成对企业“走出去”和国际产能合作的严重冲击。未来，我们会持续关注，对企业“走出去”高质量推进国际产能合作做深入研究。

参考文献

[1] 白让让. 在位者产能投资及其进入阻止效应失灵的多维分析：基于我国乘用车产业的经验证据 [J]. 财经问题研究，2017（11）：20-28.

[2] 陈春，彭慧. 中美贸易摩擦加剧会影响我国对外直接投资吗：基于投资动机视角 [J]. 武汉金融，2021（3）：21-28.

[3] 陈红娜. "一带一路"产能合作面临的新形势及应对 [J]. 重庆理工大学学报（社会科学版），2021，35（3）：1-7.

[4] 陈景华. 行业差异、全要素生产率与服务业对外直接投资：基于我国服务业行业面板的实证检验 [J]. 世界经济研究，2015（9）：86-93+128.

[5] 陈林. 我国工业企业数据库的使用问题再探 [J]. 经济评论，2018（6）：140-153.

[6] 陈伟宏，钟熙，蓝海林，等. 范围、速度与节奏：高管过度自信对国际化进程的影响 [J]. 管理评论，2021，33（3）：233-243.

[7] 陈旭，邱斌，刘修岩等. 多中心结构与全球价值链地位攀升：来自我国企业的证据 [J]. 世界经济，2019，42（8）：72-96.

[8] 程俊杰. 我国转型时期产业政策与产能过剩：基于制造业面板数据的实证研究 [J]. 财经研究，2015，41（8）：131-144.

[9] 丁世豪，张纯威. 制度距离抑制了我国对"一带一路"沿线国家投资吗 [J]. 国际经贸探索，2019，35（11）：66-81.

[10] 丁一兵，刘紫薇. 制造业企业国际化是否提高了企业生产率：基于上市公司的面板分位数研究 [J]. 国际商务（对外经济贸易大学学报），2018（5）：143-154.

[11] 董芳，王林彬. 区域贸易协定条款深度对我国企业 OFDI 成效的影响

［J］．产业经济研究，2022（5）：129-142.

［12］董珊珊．我国企业对发达国家直接投资的进入模式研究［D］．武汉：武汉大学，2011（1-142）．

［13］樊海潮，张军，张丽娜．开放还是封闭：基于“中美贸易摩擦”的量化分析［J］．经济学（季刊），2020，19（4）：1145-1166.

［14］樊秀峰，高伟，王全景．海外投资与企业创新：基于东道国异质性和企业异质性的实证检验［J］．国际经贸探索，2018，34（9）：79-96.

［15］方宏，王益民．“欲速则不达：我国企业国际化速度与绩效关系研究”［J］．科学学与科学技术管理，2017，38（2）：158-170.

［16］符磊，周李清．新发展格局下东道国市场需求、经济复杂性与我国对外直接投资［J］．南方经济，2023，401（2）：46-70.

［17］傅梦孜．“一带一路”倡议的三个理论视角［J］．现代国际关系，2018（12）：1-11+59.

［18］盖庆恩，朱喜，程名望，等．要素市场扭曲、垄断势力与全要素生产率［J］．经济研究，2015，50（5）：61-75.

［19］高国伟．异质性与混合型国际直接投资［J］．南开经济研究，2009（6）：76-87.

［20］高连和．企业对外直接投资的国家风险研究述评［J］．社会科学家，2020（1）：43-49.

［21］高翔，黄建忠，袁凯华．我国制造业存在产业“微笑曲线”吗？［J］．统计研究，2020，37（7）：15-29.

［22］耿强，江飞涛，傅坦．政策性补贴、产能过剩与我国的经济波动：引入产能利用率 RBC 模型的实证检验［J］．我国工业经济，2011（5）：27-36.

［23］谷克鉴，李晓静，向鹏飞．解构我国企业对外直接投资的创新效应：基于速度、时间和经验的视角［J］．经济理论与经济管理，2020（10）：83-98.

［24］顾弦．投资者保护如何影响企业融资结构与投资水平［J］．世界经济，2015，38（11）：168-192.

［25］郭朝先，邓雪莹，皮思明．“一带一路”产能合作现状、问题与对策［J］．我国发展观察，2016，138（6）：44-47.

[26] 郭凌威，卢进勇，郭思文. 改革开放四十年我国对外直接投资回顾与展望 [J]. 亚太经济，2018，209 (4)：111-121+152.

[27] 郭晴，陈伟光. 基于动态 CGE 模型的中美贸易摩擦经济效应分析 [J]. 世界经济研究，2019 (8)：103-117+136.

[28] 韩国高，高铁梅，王立国，等. 我国制造业产能过剩的测度、波动及成因研究 [J]. 经济研究，2011，46 (12)：18-31.

[29] 何爱，钟景雯. 研发国际化与企业创新绩效：吸收能力和地理多样性的调节作用 [J]. 南方经济，2018，37 (10)：92-112.

[30] 贺灿飞，李振发，陈航航. 区域一体化与制度距离作用下的我国企业跨境并购 [J]. 地理科学进展，2019，38 (10)：1501-1513.

[31] 洪俊杰，杨志浩，商辉. 国际供应链供给冲击与我国“稳外资”目标：外商资本追加视角 [J]. 经济科学，2021，6.

[32] 胡俊超，王丹丹.“一带一路”沿线国家国别风险研究 [J]. 经济问题，2016，441 (5)：1-6+43.

[33] 黄启才，郭志，徐明文. 我国自由贸易区：政策、贸易效应与影响因素 [J]. 东南学术，2019 (1)：140-150.

[34] 黄先海，诸竹君，宋学印. 我国中间品进口企业“低加成率之谜” [J]. 管理世界，2016 (7)：23-35.

[35] 贾慧英，王宗军，曹祖毅. 研发投入跳跃与组织绩效：环境动态性和吸收能力的调节效应 [J]. 南开管理评论，2018，21 (3)：130-141.

[36] 蒋冠宏，蒋殿春. 我国对发展中国家的投资：东道国制度重要吗？ [J]. 管理世界，2012，230 (11)：45-56.

[37] 蒋冠宏，曾靓. 融资约束与我国企业对外直接投资模式：跨国并购还是绿地投资 [J]. 财贸经济，2020，41 (2)：132-145.

[38] 蒋冠宏. 制度差异、文化距离与我国企业对外直接投资风险 [J]. 世界经济研究，2015 (8)：37-47+127-128.

[39] 蒋为，李行云，宋易珈. 我国企业对外直接投资快速扩张的新解释：基于路径、社群与邻伴的视角 [J]. 中国工业经济，2019 (3)：62-80.

[40] 李超，张诚. 我国对外直接投资与制造业全球价值链升级 [J]. 经济问题探索，2017 (11)：114-126.

[41] 李春顶. 我国制造业行业生产率的变动及影响因素：基于 DEA 技术的

1998—2007 年行业面板数据分析［J］. 数量经济技术经济研究，2009，26（12）：58-69.

［42］李钢，董敏杰. 我国与印度国际竞争力的比较与解释［J］. 当代亚太，2009，167（5）：123-148.

［43］李祜梅，邬明权，牛铮，等. 1992—2018 年我国境外产业园区信息数据集［J］. 中国科学数据（中英文网络版），2019，4（4）：68-78.

［44］李康宏，林润辉，董坤祥. 管制、规范、认知制度距离与跨国公司海外进入模式关系的研究［J］. 现代管理科学. 2015（12）：24-26.

［45］李磊，刘斌，王小霞. 外资溢出效应与我国全球价值链参与［J］. 世界经济研究，2017（4）：43-58+135.

［46］李平，徐登峰. 独资还是合资：我国企业跨国直接投资进入模式的影响因素研究［J］. 经济管理，2010（5）：57-63.

［47］李嗜成，万月. "一带一路" 背景下我国：东盟产能合作研究［J］. 现代管理科学，2018（5）：27-29.

［48］林润辉，李康宏，周常宝，等. 企业国际化多样性、国际化经验与快速创新：来自我国企业的证据［J］. 研究与发展管理，2015，2（5）：110-121+136.

［49］刘海月，黄玲，刘诗奕等. 我国企业 OFDI 羊群行为：基于我国制造业上市公司的实证研究［J］. 财经科学，2018，369（12）：41-52.

［50］刘鹤. 必须实现高质量发展（学习贯彻党的十九届六中全会精神）［N］. 人民日报，2021-11-24（6）.

［51］刘慧，綦建红. 异质性 OFDI 企业序贯投资存在区位选择的"路径依赖"吗［J］. 国际贸易问题，2015（8）：123-134.

［52］刘磊，步晓宁，张猛. 全球价值链地位提升与制造业产能过剩治理［J］. 经济评论，2018（4）：45-58.

［53］刘敏，赵璟，薛伟贤. "一带一路" 产能合作与发展中国家全球价值链地位提升［J］. 国际经贸探索，2018，34（8）：49-62.

［54］刘世锦，余斌，陈昌盛. 金融危机后世界经济格局调整与变化趋势［J］. 中国发展观察，2014，110（2）：18-19. 3.

［55］刘志彪，吴福象. "一带一路" 倡议下全球价值链的双重嵌入［J］. 我国社会科学，2018（8）：17-32.

[56] 吕萍，郭晨曦. 治理结构如何影响海外市场进入模式决策：基于我国上市公司对欧盟主要发达国家对外直接投资的数据 [J]. 财经研究，2015 (3)：88-99.

[57] 吕越，黄艳希，陈勇兵. 全球价值链嵌入的生产率效应：影响与机制分析 [J]. 世界经济，2017，40 (7)：28-51.

[58] 吕越，吕云龙，包群. 融资约束与企业增加值贸易：基于全球价值链视角的微观证据 [J]. 金融研究，2017 (5)：63-80.

[59] 吕越，罗伟，刘斌. 异质性企业与全球价值链嵌入：基于效率和融资的视角 [J]. 世界经济，2015 (8)：29-55.

[60] 吕越，马明会，李杨. 共建“一带一路”取得的重大成就与经验 [J]. 管理世界，2022，38 (10)：44-55.

[61] 罗长远，陈智韬. “走出去”对企业产能利用率的影响：来自“一带一路”倡议准自然实验的证据 [J]. 学术月刊，2021，53 (1)：63-79.

[62] 马红旗，申广军. 产能过剩与全要素生产率的估算：基于我国钢铁企业的分析 [J]. 世界经济，2020，43 (8)：170-192.

[63] 马述忠，张洪胜，王笑笑. 融资约束与全球价值链地位提升：来自我国加工贸易企业的理论与证据 [J]. 我国社会科学，2017 (1)：83-107+206.

[64] 聂飞，李磊. 制造业企业对外直接投资、去工业化及其对全球价值链分工地位的影响 [J]. 国际贸易问题，2022 (3)：160-174.

[65] 聂辉华，江艇，杨汝岱. 我国工业企业数据库的使用现状和潜在问题 [J]. 世界经济，2012 (5)：142-158.

[66] 潘海英，贾婷婷，张可. 我国对“一带一路”沿线国家直接投资：经济发展、资源禀赋和制度环境 [J]. 河海大学学报（哲学社会科学版），2019：21.

[67] 彭红星，毛新述. 政府创新补贴、公司高管背景与研发投入：来自我国高科技行业的经验证据 [J]. 财贸经济，2017，38 (3)：15.

[68] 皮建才，卜京. 需求不确定、经济下行与产能过剩 [J]. 学术研究，2019，417 (8)：92-97.

[69] 皮建才，李童，陈旭阳. 我国民营企业如何“走出去”：逆向并购还是绿地投资 [J]. 国际贸易问题，2016 (5)：142-152.

［70］皮建才，张鹏清. 需求冲击下的产能过剩：一个分析框架［J］. 中南财经政法大学学报，2020，241（4）：37-45+158-159.

［71］祁春凌，邹超. 东道国制度质量、制度距离与我国的对外直接投资区位［J］. 当代财经，2013（7）：100-110.

［72］綦建红，杨丽. 文化距离与我国企业 OFDI 的进入模式选择：基于大型企业的微观数据检验［J］. 世界经济研究，2014（6）：55-61.

［73］钱学锋，王胜，黄云湖，等. 进口种类与我国制造业全要素生产率［J］. 世界经济，2011，34（5）：3-25.

［74］曲国明，潘镇. 不确定条件下我国企业对外直接投资设立模式选择：基于实物期权理论的逻辑与实证检验［J］. 国际商务（对外经济贸易大学学报），2022（3）：68-86.

［75］屈晶. 企业技术并购与创新绩效的关系研究：基于战略匹配与技术差距的调节作用分析［J］. 科学管理研究，2019，37（2）：122-126.

［76］桑百川，杨立卓，郑伟. 我国对外直接投资扩张背景下的产业空心化倾向防范：基于英、美、日三国的经验分析［J］. 国际贸易，2016，410（2）：8-12.

［77］桑百川，杨立卓. 拓展我国与“一带一路”国家的贸易关系：基于竞争性与互补性研究［J］. 经济问题，2015，432（8）：1-5.

［78］邵宇佳，卫平东，何珊珊，等. 投资动机、制度调节与 OFDI 逆向技术溢出对我国对外投资区位选择的影响［J］. 国际经济合作，2020，405（3）：73-87.

［79］申俊喜，陈甜. 我国企业技术寻求型 OFDI 进入模式选择分析［J］. 华东经济管理. 2017（2）：178-184.

［80］沈国兵，黄铄珺. 外资进入与我国多产品企业出口技术含量［J］. 国际经贸探索，2020，36（2）：4-22.

［81］施炳展. FDI 是否提升了本土企业出口产品质量［J］. 国际商务研究，2015，36（2）：5-20.

［82］史本叶，李秭慧. 我国对美直接投资：跨越贸易壁垒的视角［J］. 东北师范大学学报（哲学社会科学版），2017（1）：54-62.

［83］世界银行. 2020 年世界发展报告：在全球价值链时代以贸易促发展概述（中文版）［R］. 华盛顿：世界银行，2020.

[84] 司传宁. 中韩自由贸易区的空间效应分析 [J]. 山东社会科学，2014，221（1）：112-116.

[85] 宋利芳，武皖. 东道国风险、自然资源与国有企业对外直接投资 [J]. 国际贸易问题，2018（3）：149-162.

[86] 宋勇超. 我国对外直接投资的逆向技术溢出效应研究：理论模型与实证检验 [J]. 经济经纬，2015（3）：60-65.

[87] 孙海泳. 中外产能合作：指导理念与支持路径 [J]. 国际问题研究，2016，173（3）：85-94.

[88] 孙韶华，钟源，赵忠秀. 以国际产能合作带动价值链跃升 [N]. 经济参考报，2016-03-21（8）.

[89] 孙文莉，余靖雯，伍晓光. 货币波动性对我国 OFDI 的诱发机制研究 [J]. 经济学（季刊），2016，（4）：1581-1602.

[90] 孙焱林，覃飞. “一带一路”倡议降低了企业对外直接投资风险吗 [J]. 国际贸易问题，2018（8）：66-79.

[91] 谭晓霞，吴小节，马美婷等. 我国企业海外市场进入模式的驱动机制研究 [J]. 管理学（季刊），2022，7（4）：50-71+145-146.

[92] 唐继凤，肖宵，李新春. 企业战略节奏与竞争优势：一个理论框架 [J]. 外国经济与管理，2021，43（7）：3-21.

[93] 陶长琪，杨雨晴. 产能利用率对企业国际产能合作决策的影响研究：来自微观企业的证据 [J]. 世界经济研究，2019（3）：122-134+137.

[94] 田巍，余淼杰. 中间品贸易自由化和企业研发：基于我国数据的经验分析 [J]. 世界经济，2014，37（6）：90-112.

[95] 田曦，王晓敏. 企业国际化速度与企业绩效：高管过度自信与海外背景的影响 [J]. 国际商务（对外经济贸易大学学报），2019，188（3）：148-162.

[96] 王碧珺，杜静玄，李修宇. 我国投资是东道国内部冲突的抑制剂还是催化剂 [J]. 世界经济与政治，2020，475（3）：134-154+160.

[97] 王碧珺，衷子雅. 我国企业海外子公司的绩效表现及其差异分析 [J]. 经济管理，2021，43（1）：72-88.

[98] 王根蓓，赵晶，王馨仪. 生产力异质性、市场化进程与在华跨国公司进入模式的选择 [J]. 中国工业经济，2010（12）：127-137.

[99] 王海军，杨虎，李丰雅等. 对外援助促进了对外直接投资吗？基于国家风险视角 [J]. 南开经济研究，2023 (1)：21-42.

[100] 王佳鹂. 资源型跨国公司投资进入模式的影响因素研究 [J]. 经济论坛. 2011 (9)：127-129.

[101] 王金波.. 双边政治关系、东道国制度质量与我国对外直接投资的区位选择：基于2005—2017年我国企业对外直接投资的定量研究 [J]. 当代亚太，2019 (3)：4-28+157.

[102] 王金波. 制度距离、文化差异与我国企业对外直接投资的区位选择 [J]. 亚太经济，2018，211 (6)：83-90+148.

[103] 王珏，黄怡，丁飒飒，等. 经验学习与企业对外直接投资连续性 [J]. 中国工业经济，2023 (1)：76-94.

[104] 王砚羽，谢伟，李纪珍，等. 自建与合作：资源与海外研发机构进入模式研究 [J]. 科学学研究，2016 (9)：1360-1370.

[105] 王益民，梁枢，赵志彬. 国际化速度前沿研究述评：基于全过程视角的理论模型构建 [J]. 外国经济与管理，2017，39 (9)：98-112.

[106] 王永钦，杜巨澜，王凯. 我国对外直接投资区位选择的决定因素：制度、税负和资源禀赋 [J]. 经济研究，2014 (12)：126-142.

[107] 王玉琴. “一带一路”下国际产能合作的法律应对 [J]. 法制博览，2016 (27)：217.

[108] 王玉燕，林汉川，吕臣. 全球价值链嵌入的技术进步效应：来自我国工业面板数据的经验研究 [J]. 我国工业经济，2014 (9)：65-77.

[109] 魏凡，黄远浙，钟昌标. 对外直接投资速度与母公司绩效：基于吸收能力视角分析 [J]. 世界经济研究，2017 (12)：10.

[110] 魏浩. 中间品进口与北京市企业的全要素生产率：基于工业企业微观大数据的实证分析 [J]. 北京社会科学，2017 (1)：42-54.

[111] 魏龙，王磊. 从嵌入全球价值链到主导区域价值链：“一带一路”倡议的经济可行性分析 [J]. 国际贸易问题，2016 (5)：104-115.

[112] 文娟，张叶娟. 企业税、生产率与全球价值链参与度 [J]. 国际贸易问题，2019，444 (12)：61-75.

[113] 文娟. 封面文章：是亮点，更是发力点：自贸试验区成为“一带一路”新抓手 [J]. 丝路瞭望（中文），2020 (4).

[114] 吴崇，蔡婷婷. 跨国公司海外投资进入模式与绩效的多视角整合研究：基于我国制造业上市公司数据的经验分析［J］. 世界经济研究，2015（11）：72-89.

[115] 吴先明，黄春桃. 我国企业对外直接投资的动因：逆向投资与顺向投资的比较研究［J］. 中国工业经济，2016（1）：99-113.

[116] 吴先明，向媛媛. 国际化是否有助于提升后发企业的创新能力：基于我国上市公司的实证研究［J］. 国际贸易问题，2017，9（2）：14-24.

[117] 吴先明. 企业特定优势、国际化动因与海外并购的股权选择：国有股权的调节作用［J］. 经济管理，2017，39（12）：41-57.

[118] 吴先明. 我国企业知识寻求型海外并购与创新绩效［J］. 管理工程学报，2016，30（3）：54-62.

[119] 吴先明. 制度环境与我国企业海外投资进入模式［J］. 经济管理. 2011（4）：68-79.

[120] 吴晓波，白旭波，常晓然. 我国企业国际市场进入模式选择研究：多重制度环境下的资源视角［J］. 浙江大学学报（人文社会科学版），2016（11）：146-161.

[121] 吴延兵. 国有企业双重效率损失研究［J］. 经济研究，2012，47（3）：15-27.

[122] 夏飞龙. 产能过剩的概念、判定及成因的研究评述［J］. 经济问题探索，2018（12）：54-69.

[123] 夏先良. 构筑“一带一路”国际产能合作体制机制与政策体系［J］. 国际贸易，2015（11）：26-33.

[124] 协天紫光，张亚斌，赵景峰. 政治风险、投资者保护与我国 OFDI 选择：基于“一带一路”沿线国家数据的实证研究［J］. 经济问题探索，2017（7）：103-115.

[125] 谢洪明，邵乐乐，李哲麟. 我国企业跨国并购创新绩效影响因素及模式：基于清晰集的定性比较分析［J］. 科技进步与对策，2018，35（5）：81-87.

[126] 徐长春. 国际产能合作方向及风险防范对策［C］//我国国际经济交流中心. 我国经济分析与展望（2015—2016）. 社会科学文献出版社·皮书出版分社，2016：11.

［127］徐朝阳，周念利．市场结构内生变迁与产能过剩治理［J］．经济研究，2015，50（2）：75-87.

［128］徐野，陈梁，刘满凤．国际产能合作对企业产能利用率的影响机制研究［J］．经济地理，2023，43（5）：150-159.

［129］许家云，毛其淋．我国企业的市场存活分析：中间品进口重要吗［J］．金融研究，2016（10）：127-142.

［130］许唯聪．制度差异对我国 OFDI 空间布局的影响：基于双重差分空间滞后模型的分析［J］．经济经纬，2021，38（3）：44-54.

［131］阎虹戎，严兵．中非产能合作效应研究：基于产能利用率的视角［J］．国际贸易问题，2021（3）：17-31.

［132］杨连星，王秋硕．我国自贸协定深化特征与优化策略［J］．国际贸易，2022，488（8）：24-33.

［133］杨其静，谭曼．我国企业对外直接投资的区位选择：基于专用性投资与比较制度优势的视角［J］．财贸经济，2022（5）：52-65.

［134］杨汝岱，李艳．区位地理与企业出口产品价格差异研究［J］．管理世界，2013（7）：126-134

［135］杨汝岱，朱诗娥．企业、地理与出口产品价格：我国的典型事实［J］．经济学（季刊），2013，12（4）：1347-1368.

［136］杨挺，李志中，张媛．我国经济新常态下对外投资的特征与前景［J］．国际经济合作，2016，361（1）：28-37.

［137］杨先明，王巧然．我国企业海外能源投资的区位导向：资源禀赋、发展水平抑或制度距离？［J］．经济与管理研究，2018，39（6）：122-134.

［138］杨亚平，高玥．“一带一路”沿线国家的投资选址：制度距离与海外华人网络的视角［J］．经济学动态，2017（4）：41-52.

［139］杨子帆．全球价值链模式下我国产业对外转移的影响分析［J］．统计与决策，2016，458（14）：142-144.

［140］尹东东，张建清．我国对外直接投资逆向技术溢出效应研究：基于吸收能力视角的实证分析［J］．国际贸易问题，2016（1）：109-120.

［141］余淼杰，金洋，张睿．工业企业产能利用率衡量与生产率估算［J］．经济研究，2018，53（5）：56-71.

[142] 岳圣淞. 第五次国际产业转移中的我国与东南亚：比较优势与政策选择［J］. 东南亚研究，2021，253（4）：124-149+154-155.
[143] 曾萍，邓腾智. 企业国际化程度与技术创新的关系：一种学习的观点［J］. 国际贸易问题，2012（10）：59-85.
[144] 张国胜，刘政. 属地经营、省际市场扩张与产能过剩治理［J］. 财贸经济，2016（12）：116-132.
[145] 张洪，梁松. 共生理论视角下国际产能合作的模式探析与机制构建：以中哈产能合作为例［J］. 宏观经济研究，2015（12）：121-128.
[146] 张会清，王剑. 企业规模、市场能力与 FDI 地区聚集：来自企业层面的证据［J］. 管理世界，2011，208（1）：82-91.
[147] 张建红，周朝鸿. 我国企业走出去的制度障碍研究：以海外收购为例［J］. 经济研究，2010（6）：80-91+119.
[148] 张杰，郑文平. 全球价值链下我国本土企业的创新效应［J］. 经济研究，2017，52（3）：151-165.
[149] 张领东. 境外产业园区发展现状、问题研究及对策［J］. 国际工程与劳务，2022（12）：67-69.
[150] 张瑞良. 我国对“一带一路”沿线国家 OFDI 区位选择研究：基于制度距离视角［J］. 山西财经大学学报，2018，40（3）：25-38.
[151] 张少军，刘志彪. 国内价值链是否对接了全球价值链：基于联立方程模型的经验分析［J］. 国际贸易问题，2013（2）：14-27.
[152] 张述存. 境外资源开发与国际产能合作转型升级研究：基于全球产业链的视角［J］. 山东社会科学，2016，251（7）：135-141.
[153] 张天华，张少华. 我国工业企业全要素生产率的稳健估计［J］. 世界经济，2016，39（4）：44-69.
[154] 张先锋，谢正莹，蒋慕超. 中间品进口对企业产能利用率的影响：基于中间品进口的数量、种类与质量维度［J］. 世界经济研究，2019（1）：121-134+137.
[155] 张彦. RCEP 区域价值链重构与我国的政策选择：以“一带一路”建设为基础［J］. 亚太经济，2020（5）：14-24+149.
[156] 张雨微，吴航，刘航. 我国对外产能合作不存在“污染避难所”效应：理论与现实依据［J］. 现代经济探讨，2016（4）：78-82.

[157] 张玉明. 制度环境、国际经验对企业对外直接投资进入模式选择的影响：基于 A 股上市制造业企业数据的分析 [J]. 经济研究参考，2015 (22)：71-77.

[158] 赵东麒，桑百川. “一带一路” 倡议下的国际产能合作：基于产业国际竞争力的实证分析 [J]. 国际贸易问题，2016，406 (10)：3-14.

[159] 赵云辉，陶克涛，李亚慧，等. 我国企业对外直接投资区位选择：基于 QCA 方法的联动效应研究 [J]. 中国工业经济，2020 (11)：118-136.

[160] 郑丹青，于津平. 我国制造业增加值贸易成本测度与影响研究：基于价值链分工地位视角 [J]. 产业经济研究，2019 (2)：13-26.

[161] 郑健壮，朱婷婷，郑雯妤. 价值链曲线真的是 “微笑曲线” 吗：基于 7 个制造业细分行业的实证研究 [J]. 经济与管理研究，2018，39 (5)：61-68.

[162] 钟飞腾. “一带一路” 产能合作的国际政治经济学分析 [J]. 山东社会科学，2015，240 (8)：40-49.

[163] 钟熙，陈伟宏，宋铁波. CEO 过度自信、管理自主权与企业国际化进程 [J]. 科学学与科学技术管理，2018，39 (11)：85-100.

[164] 周超，刘夏，辜转. 营商环境与我国对外直接投资：基于投资动机的视角 [J]. 国际贸易问题，2017 (10)：143-152.

[165] 周荷晖，陈伟宏，蓝海林. “循规蹈矩” 更有利可图吗？国际化节奏与企业绩效的关系研究 [J]. 科学学与科学技术管理，2019 (1)：150-164.

[166] 周晶晶，赵增耀. 东道国经济政策不确定性对我国企业跨国并购的影响：基于二元边际的视角 [J]. 国际贸易问题，2019 (9)：147-160.

[167] 周茂，陆毅，陈丽丽. 企业生产率与企业对外直接投资进入模式选择：来自我国企业的证据 [J]. 管理世界，2015 (11)：70-86.

[168] 周瑞辉. 体制扭曲的产能出口门限假说：以产能利用率为门限值 [J]. 世界经济研究，2015 (4)：80-94+112+129.

[169] 宗芳宇，路江涌，武常岐. 双边投资协定、制度环境和企业对外直接投资区位选择 [J]. 经济研究，2012，47 (5)：71-82+146.

[170] ACKERBERG D A，CAVES K，FRAZER G. Identification properties of re-

cent production function estimators [J]. Econometrica, 2015, 83 (6): 2411.

[171] AHUJA G. Collaboration networks, structural holes, and innovation: A longitudinal study [J]. Administrative Science Quarterly, 2000, 45 (3): 425-455.

[172] ALEKSYNSKA M, HAVRYLCHYK O. FDI from the south: The role of institutional distance and natural resources [J]. European Journal of Political Economy, 2013, 29: 38-53.

[173] ALFARO L, ANTRÀS P, CHOR D, et al. Internalizing Global Value Chains: A Firm-Level Analysis [J]. Journal of Political Economy, 2019, 127 (2): 508-559.

[174] ALFARO L , CHEN M. Location Fundamentals, Agglomeration Economies, and the Geography of Multinational Firms [EB/OL]. August, 2016.

[175] AMBOS T C, AMBOS B, SCHLEGELMILCH B B . Learning from foreign subsidiaries: An empirical investigation of headquarters' benefits from reverse knowledge transfers [J]. International Business Review, 2006, 15 (3): 294-312.

[176] AMIGHINI A, RABELLOTTI R, SANFILIPPO M. China's Outward FDI: An Industry-Level Analysis of Host Country Determinants [J]. Frontiers of Economics in China, 2013, 8 (3) : 309 -336

[177] ANDERSEN P H, CHRISTENSEN P R. Generic Routes to Subcontractors Internationalisation in the Nature of the International Firm [M]. Copenhagen: Copenhagen Business School Press, 1997.

[178] ANDERSON E, GATIGNON H. Modes of Foreign Entry: A Transaction Cost Analysis and Propositions [J]. Journal of International Business Studies, 1986, 17 (3).

[179] ANDERSON J, SUTHERLAND D. Entry mode and emerging market MNEs: An analysis of Chinese Greenfield and acquisition FDI in the United States [J]. Research in International Business and Finance. 2015 (35): 88-103.

[180] ANDREFF W. Modernizing Infrastructure in Transformation Economies.

Paving the Way to European Enlargement [J]. Economic Systems. 2003, 27 (2): 247-249.

[181] ANDREFF W. The new multinational corporations from transition countries [J]. Economic Systems, 2002, 26 (4): 371-379.

[182] ANTRÀS P, HELPMAN E. Contractual Frictions and Global Sourcing [R]. NBER Working Paper, 2006: 12747.

[183] ANTRÀS P, HELPMAN E. Global Sourcing [J]. Journal of Political Economy, 2004, 112 (3): 552-580.

[184] ANTRÀS P. Firms, Contracts, and Trade Structure [J]. The Quarterly Journal of Economics, 2003, 118 (4): 1375-1418.

[185] ARTHUR W B. Competing Technologies, Increasing Returns, and Lock-In by Historical Events [J]. The Economic Journal, 1989, 99 (394): 116-131.

[186] AUTIO E, SAPIENZA H J, ALMEIDA J G . Effects Of Age At Entry, Knowledge Intensity, And Imitability On International Growth [J]. Academy of Management Journal, 2000, 43 (5): 909-924.

[187] BALDWIN R. 21st Century Regionalism: Filling the Gap between 21st Century Trade and 20th Century Trade Rules [R]. WTO Staff Working Paper, No. ERSD-2011-08, Geneva: World Trade Organization (WTO) , 2011.

[188] BALDWIN R. The Great Convergence: Information technology and the new globalisation [M]. Cambridge, MA: Belknap Press of Harvard University Press, 2016.

[189] BENGTSSON M, POWELL W W. Introduction: New perspectives on competition and cooperation [J]. Scandinavian Journal of Management, 2004, 20 (1-2): 1-8.

[190] BERGER A, BUSSE M, NUNNENKAMP P, ROY M. Do trade and investment agreements lead to more FDI? Accounting for key provisions inside the black box [J]. International Economics and Economic Policy, 2013, 10 (2): 247-275.

[191] BLOMSTRÖM M, KOKKO A. Multinational corporations and spillovers [J].

Journal of Economic Surveys, 1997,, 12 (3): 247-277.

[192] BOUDIER-BENSEBAA F. FDI-assisted development in the light of the investment development path paradigm: Evidence from Central and Eastern European countries [J]. Transnational Corporations, 2008, 17 (1).

[193] BREUSS F. Who wins from an FTA induced revival of world trade? [J]. Journal of Policy Modeling, 2022, 44 (3): 653-674.

[194] BUCKLEY, PETER J, CLEGG L J, et al. The Determinants of Chinese Outward Foreign Direct Investment [J]. Journal of International Business Studies, 2007, 38: 499-518.

[195] BUCKLEY P J, CHEN L, CLEGG L J, et al. Risk propensity in the foreign direct investment location decision of emerging multinationals [J]. Journal of International Business, Studies, 2018, 49: 153-171.

[196] BUCKLEY P J, CLEGG L J, CROSs A R, LIU X, VOSS H, ZHENG P (2007) The determinants of Chinese outward foreign direct investment [J]. Journal of International Business Study, 2007, 38: 499-518.

[197] CAI G W, ZHANG X J, YANG H. Capacity utilization shifting or resource-seeking? Benefits for Chinese enterprises participating in the belt and road initiative [J]. Emerging Markets Review, 2023, 54.

[198] CANTWELL J A, TOLENTINO E E. Technological Accumulation and Third World Multinationals [Z]. Paper presented at the annual meeting of the European International Business Association, Antwerp, December, 1987.

[199] CARLSON S. How foreign is foreign trade? A problem in international business research [M]. Uppsala: Acta Universitatis Upsaliensis, 1975.

[200] CARLSSON B. Internationalization of Innovation Systems: A Survey of the Literature [J]. Research Policy, 2006, 35 (1): 56-67.

[201] CHANEY T. Liquidity Constrained Exporters [J]. Journal of Economic Dynamic and Control, 2016, 72: 141-154.

[202] CHEN H, LI X, ZENG S, et al. Does state capitalism matter in firm internationalization? Pace, rhythm, location choice, and product diversity [J]. Management Decision, 2016, 54 (6): 1320-1342.

[203] CHEUNG Y W, QIAN X. Empirics of China's outward direct investment

[J]. Pacific Economic Review, 2009 (3) : 312-341.

[204] CLAAR S, NÖLKE A. Deep Integration in north-south relations: compatibility issues between the EU and South Africa [J] Review of African Political Economy, 2013, 40 (136): 274-289.

[205] COHEN W M, LEVINTHAL D A. Absorptive capacity: a new perspective on learning and innovation [J]. Administrative Science Quarterly, 1990, 35 (1): 128-152.

[206] CRAWFORD J-A, LAIRD S. Regional trade agreements and the WTO [J]. The North American Journal of Economics and Finance, 2001, 12 (2): 193-211.

[207] DAMURI Y R. 21st century regionalism and production sharing practice [J]. CTEI Working Papers, 2012.

[208] DAVIES R B, DESBORDES R. Greenfield FDI and Skill Upgrading [Z]. CEPR Discussion Paper Series, 2012.

[209] DENG P. Why do Chinese firms tend to acquire strategic assets in international expansion? [J]. Journal of World Business, 2009, 44 (1) : 74-84.

[210] DENG Z, JEAN R J, SINKOVICS R. Determinants of international innovation performance in Chinese manufacturing firms: An integrated perspective [J]. Asian Business & Management, 2012, 11: 31-55.

[211] DICKINSON V. Cash Flow Patterns as a Proxy for Firm Life Cycle [J]. Accounting Review, 2011, 86 (6): 1969-1994.

[212] DIERICKX I, COOL K. Asset Stock Accumulation and Sustainability of Competitive Advantage [J]. Management Science, 1989, 35 (12): 1504-11.

[213] DJANKOV S, FREUND C. Trade Flows in the Former Soviet Union, 1987 to 1996 [J]. Journal of Comparative Economics, Elsevier, 2002, 30 (1): 76-90.

[214] DRIFFIELD N, LOVE J H. Linking FDI Motivation and Host Economy Productivity Effects: Conceptual and Empirical Analysis [J]. Journal of International Business Studies, 2007, 38 (3): 460-473.

[215] DRUCKER P F. The post-capitalist executive. Interview by T George Harris [J]. Harvard Business Review, 1993, 71 (3): 114-122.

[216] DUNNING J H. The eclectic paradigm of international production: A restatement andsome possible extensions [J]. Journal of International Business Studies, 1988, 19 (1): 1-31.

[217] DUNNING J H, LUNDAN S M. Institutions and the OLI Paradigm of the Multinational Enterprise [J]. Asia Pacific Journal of Management. 2008, 25 (4).

[218] DUNNING J H, NARULA R. The investment development path revisited [M/OL] //Foreign direct investment and governments: Catalysts for economic restructuring. Cambridge: Routledge, 1996: 1-41.

[219] DUNNING J H. Transpacific Foreign Direct Investment and the Investment Development Path: The Record Assessed [Z]. Maastricht : MERIT, 1993

[220] EPPINGER P, FELBERMAYR G J, KREBS O, et al. Decoupling Global Value Chains [J]. CESifo Working Paper Series 9079, CESifo, 2021.

[221] EVZEN K, POGHOSYAN K. Export Sophistication: A Dynamic Panel Data Approach [J]. Karen Poghosyan, 2018, 54 (12): 117-121.

[222] FERNÁNDEZ-MESA A, ALEGRE-VIDAL J, CHIVA-GÓMEZ R, et al. Design management capability and product innovation in SMEs [J]. Management Decision, 2013, 51 (3): 547-565.

[223] FORSLID R, OKUBO T. Which Firms are Left in the Periphery? Spatial Sorting of Heterogeneous Firms with Scale Economies in Transportation [J]. Journal of Regional Science, 2014, 55 (1): 1-15.

[224] FOSFURI A, TRIBÓ J A. Exploring the antecedents of potential absorptive capacity and its impact on innovation performance [J]. OMEGA, 2008, 36 (2): 173.

[225] GEREFFI G, HUMPHREY J, KAPLINSKY R. Introduction: Globalisation, Value Chains and Development [J]. IDS Bulletin, 2001, 32 (3) : 1-8.

[226] GEREFFI G, HUMPHREY J, STURGEON T. The governance of global value chains [J]. Review of international political economy, 2005, 12 (1): 78-104.

[227] GEREFFI G. A commodity chains framework for analyzing global industries [M] // The handbook of economic sociology, Princeton: Princeton University

Press, 1994.

[228] GEREFFI G. The Organization of Buyer-driven Global Commodity Chains: How U. S. Retailers Shape Overseas Production Networks [M]. Commodity Chains and Global Capitalism, Westport CT: Praeger, 1994: 95-122.

[229] GHOSH S, YAMARIK S. Do the intellectual property rights of regional trading arrangements impact foreign direct investment? An empirical examination [J]. International Review of Economics & Finance, 2019, 62: 180-195.

[230] GORYNIA M, NOWAK J, WOLNIAK R. The Investment Development Path of Poland re-visited: a geographic analysis [C]. Competitive Paper 32nd EIBA Annual Conference University of Fribourg, Switzerland, 2006.

[231] GRILICHES Z. Issues in Assessing the Contribution of Research and Development to Productivity Growth [J]. Bell Journal of Economics, 1979, 10 (1): 92-116.

[232] GROSS D M, RAFF H, RYAN M J. Intra- and Inter-industry Linkages in Foreign Direct Investment: Evidence from Japanese Investment in Europe [J]. Journal of the Japanese and International Economies, 2005, 19: 110-134.

[233] GROSSMAN G M, HELPMAN E. Managerial Incentives and the International Organization of Production [J]. Journal of International Economics, 2004, 63 (2): 237-262.

[234] GROSSMAN G M. The Purpose of Trade Agreements [M] // Handbook of Commercial Policy, Amsterdam: North-Holland, 2016: 379-434.

[235] HAGEDOORN J, CLOODT M. Measuring innovative performance: Is there an advantage in using multiple indicators? [J] Research Policy, 2003, 32 (8): 1365-1369.

[236] HEAD K, RIES J. Offshore production and skill upgrading by japanese manufacturing firms [J]. Journal of International Economics, 2002, 58 (1): 81-105.

[237] HE C F. Location of Foreign Manufacturers in China: Agglomeration Economies and Country of Origin Effects [J]. Papers in Regional Science, 2003, 82: 351-372.

[238] HELPMAN E, MELITZ J M, YEAPLE S R. Export Versus FD1 with Heterogeneous Firms [J]. The American Economic Review, 2004, 94 (1): 300-316.

[239] HE L Y, HUANG G. Are China's trade interests overestimated? Evidence from firms' importing behavior and pollution emissions [J]. China Economic Review, 2022, 71: 101738.

[240] HENNART J F, PARK Y R. Location, Governance, and Strategic Determinants of Japanese Manufacturing Investments in the United States [J]. Strategic Management Journal, 1994, 15: 419-436.

[241] HE X M, BROUTHERS K D, FILATOTCHEV I. Resource-Based and Institutional Perspectives on Export Channel Selection and Export Performance [J]. Journal of Management, 2013, 39 (1).

[242] HITT M A, LI D, XU K, International strategy: From local to global and beyond [J]. Journal of World Business, 2016, 51 : 58-73.

[243] HÅKANSON L, NOBEL B. Technology Characteristics and Reverse Technology Transfer [J]. International Management of Technology: Theory, Evidence and Policy, 2000, 40 (1): 29-48.

[244] HOFMANN C, OSNAGO A, RUTA M. Horizontal depth: a new database on the content of preferential trade agreements [J]. Policy Research Working Paper Series, 2017.

[245] HOFMANN C, OSNAGO A, RUTA M . Horizontal depth: a new database on the content of preferential trade agreements [J]. Policy Research Working Paper Series, 2017.

[246] HOLBURN G L F, ZELNER B A. Political capabilities, policy risk, and international investment strategy: evidence from the global electric power generation industry [J]. Strategic Management Journal, 2010, 31 (12).

[247] HORN H, MAVROIDIS P C, SAPIR A. Beyond the WTO? An Anatomy of EU and US Preferential Trade Agreements [J]. The World Economy, 2010, 33 (11).

[248] HUMPHREY J, SCHMITZ H. How does insertion in global value chains affect upgrading in industrial clusters [J]. Regional Studies 2002, 36 (9):

1017-1027.

[249] HUMPHREY J. Upgrading in global value chains [Z]. ILO Working Papers, International Labour Organization, 2004.

[250] JIMÉNEZ A, LUIS-RICO I, BENITO-OSORIO D. The influence of political risk on the scope of internationalization of regulated companies: Insights from a Spanish sample [J]. Journal of World Business, 2014, 49 (3): 301-311.

[251] JOHANSON J, VAHLNE J E. The internationalization process of the firm: A model of knowledge development and increasing for [J]. Journal of International Business Studies, 1977, 8 (1): 23-32.

[252] JOHN A, PECCHENINO R. An overlapping generations model of growth and the environment [M] //Distributional Effects of Environmental and Energy Policy. Routledge, 2017: 143-160.

[253] JUDE C, LEVIEUGE G. Growth Effect of Foreign Direct Investment in Developing Economies: The Role of Institutional Quality [J]. The World Economy, 2017, 40 (4).

[254] KAFOUROS M I, BUCKLEY P J, SHARP J A, et al. The role of internationalization in explaining innovation performance [J]. Technovation, 2008, 28 (1-2): 63-74.

[255] KELLER W. International Trade, Foreign Direct Investment and Technology Spillovers [R]. NBER Working Paper, 2009, 15442.

[256] KENDERDINE T, LING H. International Capacity Cooperation: Financing China's Export of Industrial Overcapacity [J]. Global Policy, 2018, 9 (1), 41-52.

[257] KHAN M A, GU L, KHAN M A, et al. The Effects of National Culture on Financial Sector Development: Evidence From Emerging and Developing Economies [J]. Borsa Istanbul Review, 2021, 1 (1): 1-10.

[258] KIM S Y. 19 Deep Integration and Regional Trade Agreements [M] // The Oxford Handbook of the Political Economy of International Trade. Oxford: Oxford Handbooks, 2015.

[259] KIM W C , BURGERS H W P. Multinationals' Diversification and The

Risk-return Trade-off [J]. Strategic Management Journal, 1993 (14): 275-286.

[260] KLARNER P, RAISCH S. Move to the beat: Rhythms of change and firm performance [J]. Academy of Management Journal, 2013, 56 (1): 160-184.

[261] KNIGHT G A, CAVUSGIL S Y. Innovation, Organizational Capabilities, and the Born-Global Firm [J]. Journal of International Business Studies, 2004, 35 (2): 124-141.

[262] KOGUT B, CHANG S J. Technological capabilities and Japanese foreign direct investment in the United States [J]. Review of Economics and Statistics, 1991, 73 (3): 401-413.

[263] KOJIMA K. Direct Foreign Investment: A Japanese Model of Multination [M], London: Croom Helm, 1978.

[264] KOLSTAD I, WIIG A. What Determines Chinese Outward FDI [J]. CMI Working Papers, 2010, WP (3).

[265] KOTTARIDIC, FILIPPAIOS F, PAPANASTASSIOU M. The Investment Development Path And The Product Cycle-An Integrated Approach: Empirical Evidence From The New EU Member [D]. Reading: Henley Business School University of Reading, United Kingdom, 2004.

[266] KUZEL M. The Investment Development Path: Evidence from Poland and Other Countries of the Visegrád Group [J]. Journal of East-West Business. 2017, 23, (1): 1-40.

[267] LALL S. Developing Countries and Multinational Corporations: Effects on Host Countries' Welfare and the Role of Government Policy [G/OL]. Economic Paper, 1976, No.5, Commonwealth Secretariat, https://doi. org/10. 14217/9781848592438-en.(说明：这是一份英联邦秘书处发布的工作论文)

[268] LAWRENCE R Z (1996). Regionalism, Multilateralism, and Deeper Integration [M]. Washington (D. C.): Brookings institution, 1996.

[269] LESHER M, MIROUDOT. S Analysis of the Economic Impact of Investment Provisions in Regional Trade Agreements [J]. OECD Trade Policy Papers,

2016, 36.

[270] LEWIN A Y, MASSINI S, PEETERS C. Microfoundations of Internal and External Absorptive Capacity Routines [J]. Organization Science, 2011, 22 (1): 81-98.

[271] LIN W T, CHENG K Y. Upper echelon compensation, performance, and the rhythm of firm internationalization [J]. Management Decision, 2013, 51 (7): 1380-1401.

[272] LIN W T. How do managers decide on internationalization processes? The role of organizational slack and performance feedback [J]. Journal of World Business, 2014, 49 (3): 396-408.

[273] LI X Q, QUAN R, STOIAN M-C, et al. Do MNEs from developed and emerging economies differ in their location choice of FDI? A 36-year review [J]. International Business Review, 2018, 27 (5): 1089-1103.

[274] LUO Y, TUNG R. International Expansion of Emerging Market Enterprises: A Springboard Perspective [J]. Journal of International Business Studies, 2007, 38 (4): 481-498.

[275] MADHOK A. Cost, value and foreign market entry mode: The transaction and the firm [J]. Strategic Management Journal, 1997, 18 (1): 39-61.

[276] MAKINO S, NEUPERT K E. National Culture, Transaction Costs, and the Choice between Joint Venture and Wholly Owned Subsidiary [J]. Journal of International Business Studies, 2000, 31 (4).

[277] MANOVA K, YU Z. How Firms Export: Processing VS. Ordinary Trade with Financial Frictions [J]. Journal of infra national Economics, 2015, 100: 120-137.

[278] MASSINGHAM P. Managing knowledge transfer between parent country nationals (Australia) and host country nationals (Asia) [J]. International Journal of Human Resource Management, 2010, 21 (9): 1414-1435.

[279] MATHEWS J A, ZANDER I. The International Entrepreneurial Dynamics of Accelerated Internationalisation [J]. Journal of International Business Studies, 2007, 38 (3): 387-403.

[280] MATHEWS J A. Dragon multinationals: New players in 21st century global-

ization: APJM [J]. Asia Pacific Journal of Management, 2006, 23 (1): 5-27.

[281] MELITZJ M. The Impact of Trade on Intra-Industry Real locations and Aggregate Industry Produetivity [J]. Econometrica, 2003, 71 (6): 1695-1725.

[282] MESCHI P-X, NORHEIM-HANSEN A, EDSON L R. Match-Making in International Joint Ventures in Emerging Economies: Aligning Asymmetric Financial Strength and Equity Stake [J] Management International Review, 2017, 57 (3): 411-440.

[283] MESSNER D, MEYER-STAMER J. Governance and Networks: Tools to Study the Dynamics of Clusters and Global Value Chains [Z]. Duisburg: INEF Project "The Impact of Global and Local Governance on Industrial Upgrading", 2000.

[284] MUMTAZ M Z, SMITH Z A. The determinants of Chinese outwards foreign direct investment: a closer look frontiers of economics in China [J]. Frontiers of Economics in China, 2019, 13 (4): 577-601.

[285] NIELSEN B B, ASMUSSEN C G, WEATHERALL C D. The location choice of foreign direct investments: Empirical evidence and methodological challenges [J]. Journal of World Business, 2017, 52 (1): 62-82.

[286] NOCKE V, YEAPLE S. Cross - border mergers and acquisitions vs. greenfield foreign direct investment: The role of firm heterogeneity [J]. Journal of International Economics, 2006, 72 (2).

[287] NORTH D C. Institutions [J]. Journal of Economic Perspectives, 1991, 5 (1): 97-112.

[288] NUNN N. Relationship-specificity, incomplete contracts, and the pattern of trade [J]. The Quarterly Journal of Economics, 2007, 122 (2): 569-600.

[289] OLIVER C. Sustainable Competitive Advantage: Combining Institutional And Resourcebased Views [J]. Strategic Management Journal (1986-1998), 1997, 18 (9): 697.

[290] PAK Y S, Park Y R, Characteristics of Japanese FDI in the East and the

West: Understanding the strategic motives of Japanese investment [J]. Journal of World Business, 2005, 40 (3): 254-266.

[291] PARK B I, CHIDLOW A, CHOI J. Corporate social responsibility: Stakeholders influence on MNEs' activities [J]. International Business Review, 2014, 23 (5): 966-980.

[292] PENG M W, WANG D Y L, JIANG Y. An Institution-based View of International Business Strategy: A Focus on Emerging Economies [J]. Journal of International Business Studies, 2008, 39 (5): 920-936.

[293] PONTE S, GIBBON P. Quality standards, conventions and the governance of global value chains [J]. Economy and Society, 2005, 34: 1+ 1-31.

[294] POTTERIE B V P, LICHTENBERG F. Does foreign direct Investment transfer technology across borders? [J]. The Review of Economics and Statistics, 2001, 83 (3): 490-497.

[295] PRAHALAD C K, HAMEL G. The core competence of the corporation [J]. Harvard Business Review, 1990 (68) 79.

[296] PRASHANTHAM S, YOUNG S. Post-entry speed of international new ventures [J]. Entrepreneurship Theory and Practice, 2011, 35 (2): 275-292.

[297] SALEHIZADEH M. Emerging economies' multinationals: Current status and future prospects [J]. Third World Quarterly, 2007, 28 (6): 1151-1166.

[298] SAMPSON R C. R&D Alliances And Firm Performance: The Impact Of Technological Diversity And Alliance Organization On Innovation [J]. Academy of Management Journal, 2007, 50 (2): 364-386.

[299] SAVINO T, PETRUZZELLI A M, ALBINO V. Searching in the Past New Strategic Approaches: Creating and Appropriating Value through Tradition [M] //Integrating Art and Creativity into Business Practice, Hershey: IGI Global, 2017.

[300] SHI E, ZHANG H, YAN X. Financial development differences and the performance of international cooperation on production capacity: mechanism, effectiveness and conditions [J]. International Finance Research, 2020, 9: 11.

[301] STEPANOK I. Creative destruction and unemployment in an open economy

model. St. Louis: Federal Reserve Bank of St Louis, 2013.

[302] STOIAN C, MOHR A. Outward foreign direct investment from emerging economies: escaping home country regulative voids [J]. International Business Review, 2016, 25 (5): 1124-1135.

[303] STOIAN C. Extending Dunning's Investment Development Path: The role of home country institutional determinants in explaining outward foreign direct investment [J]. International Business Review, 2013, 22 (3): 615-637.

[304] STURGEON T. Exploring the risks of value chain modularity: electronics outsourcing during the industry cycle of 1992 - 2002 [J]. IPC Working Paper, 2003.

[305] TUAN C, NG L F Y. Location decisions of manufacturing FDI in China: Implications of China's WTO Accession [J]. Journal of Asian Economics, 2004, 14 : 51-72.

[306] United Nations Industrial Development Organization (UNIDO). Industrial Development Report 2002—2003: Competing Through Innovation and Learning [R/OL]. https://www.un-ilibrary.org/content/books/9789210451260.

[307] VELD D W T, BEZEMER D. Regional integration and foreign direct investment in developing countries [J]. Transnational Corporations, 2006, 15 (2): 41-70.

[308] VERMEULEN F, BARKEMA H. Pace, rhythm and scope: Process dependence in building a profitable multinational corporation [J]. Strategic Management Journal, 2002, 23 (7): 637-653.

[309] VERNON R. Metropolis 1985 [M]. Cambridge: Harvard University Press, 1960: 101-127.

[310] WANG B, GAO K. Forty years development of china's outward foreign direct investment: Retrospect and the challenges ahead [J]. China & World Economy, 2019, 27 (3): 1-24.

[311] WANG JJ, LI JJ, CHANG J. Product co-development in an emerging market: The role of buyer-supplier compatibility and institutional environment [J]. Journal of Operations Management, 2016, 46: 69-83.

[312] WANG X, ANWAR S. Institutional distance and China's horizontal outwards

foreign direct investment [J]. International Review of Economics & Finance, 2022, 78 (2): 1-22.

[313] WANG Z, WEI S J, YU X, et al. Measures of Participation in Global Value Chain and Global Business Cycles [J]. National Bureau of Economic Research Working Paper, 2017, 23222.

[314] WELCH C, NUMMELA N, LIESCH P. The Internationalization Process Model Revisited: An Agenda for Future Research [J]. Management International Review, 2016, 56 (6): 1-22.

[315] WELCH L S, LUOSTARINEN R. Internationalization: Evolution of a Concept, [J] Journal of General Management. 1988, 14 (2): 34-55.

[316] WELLS L T Jr. Foreign investment from the third world: The experience of Chinese firms from Hong Kong [J]. Columbia Journal of World Business, 1978, 13 (1): 39.

[317] WESLEY M C, LEVINTHAL D A, Innovation and Learning: The Two Faces of R & D [J]. The Economic Journal, 1989, 99 (397): 569-596.

[318] WU J, SHANLEY M T. Knowledge stock, exploration, and innovation: Research on the united states electromedical device industry [J]. Journal of Business Research, 2009, 62 (4): 474.

[319] XU B. Multinational enterprises, technology diffusion, and host country productivity growth [J]. Journal of Development Economics, 2000, 62 (2): 477-493.

[320] XU J, ZHOU S, HU A. Institutional distance, adjacency effect and bilateral trade: An empirical analysis based on the "Belt and Road" National spatial Panel model [J]. Research of Finance and Economics, 2017, 43 (1): 75-85.

[321] YAN B R, DONG Q L, LI Q. Research on Risk Measurement of Supply Chain Emergencies in International Capacity Cooperation [J]. Sustainability 2019, 11: 5184.

[322] YANG J Y, LU J, JIANG R. Too Slow or Too Fast? Speed of FDI Expansions, Industry Globalization, and Firm Performance [J]. Long Range Planning, 2017, 50 (1): 74-92.

[323] YANG Y, WU Z. CHEN Y. Learning by outward FDI: Evidence from Chinese manufacturing enterprises. Panoeconomicus, 2017, 64 (4): 401-421.

[324] YOU K, SOLOMON O H. China's outward foreign direct investment and domestic investment: An industrial level analysis [J]. China Economic Review, 2015, 34: 249-260.

[325] ZAHRA S A, GEORGE G. Absorptive Capacity: A Review, Reconceptualization, and Extension [J]. The Academy of Management Review, 2022, 27 (2): 185-203.

[326] ZHANG D Y, MOHSIN M, RASHEED A K, et al. Public spending and green economic growth in BRI region: Mediating role of green finance [J]. Energy Policy, 2021, 153: 112256.

[327] ZHOU L X, WU A Q. Earliness of internationalization and performance outcomes: Exploring the moderating effects of venture age and international commitment [J]. Journal of World Business , 2014, 49 (1): 132-142.

附录一

表 1　企业异质性检验

VARIABLES	(1) 民营	(2) 国有	(3) 外资	(4) 低技术	(5) 高技术
价值链嵌入度	0.019** -0.009	0.026 -0.034	0.016** -0.008	0.003 -0.006	0.046*** -0.006
价值链嵌入度二次项	-0.029*** -0.011	-0.034 -0.040	-0.032*** -0.009	0.022*** -0.007	-0.062*** -0.007
企业年龄	0.008*** 0.000	-0.002 -0.001	0.013*** -0.001	0.009*** 0.000	0.003*** 0.000
企业年龄二次项	-0.00*** -7.69E-06	5.26e-05** -2.14E-05	-0.000567*** -2.01E-05	-0.000241*** -9.06E-06	-9.77e-05*** -7.51E-06
企业规模	0.015*** -0.001	0.012*** -0.004	0.008*** -0.001	0.016*** -0.001	0.009*** -0.001
企业资本密集度	-0.014*** -0.001	0.017*** -0.004	-0.011*** -0.001	-0.011*** -0.001	-0.010*** -0.001
全要素生产率	0.015*** -0.001	0.020*** -0.003	0.0145** -0.001	0.011*** -0.001	0.012*** -0.001
企业当年投资	5.66e-08*** -9.54E-09	-7.79e-09** -3.29E-09	4.82e-08*** -8.38E-09	-8.80E-11 -3.12E-09	6.01e-08*** -7.01E-09
行业集中度	-0.002 -0.005	0.042 -0.025	-0.0195*** -0.007	0.005 -0.004	-0.0562*** -0.006
是否有政府补贴	0.007*** -0.001	0.002 -0.005	0.005*** -0.001	0.008*** -0.001	0.005*** -0.001
是否为国有企业				-0.010** -0.004	-0.016*** -0.003
是否为港澳台企业				0.009*** -0.001	-0.000 -0.002

续表

VARIABLES	(1) 民营	(2) 国有	(3) 外资	(4) 低技术	(5) 高技术
是否为外资企业				0.005 *** -0.001	0.001 -0.002
是否为高技术行业	0.076 *** -0.003	0.028 -0.019	0.061 *** -0.004		
Constant	0.353 *** -0.008	0.355 *** -0.047	0.448 *** -0.011	0.388 *** -0.007	0.489 *** -0.008
Observations	258 690	10 009	151 925	271 484	241 807
R-squared	0.040	0.041	0.166	0.152	0.126

注：①括号内是标准误；②***、** 和 *分别表示显著性水平为 1%、5%和 10%。

表 2　首次投资检验

	(1) OFDI	(2) OFDI	(3) OFDI	(4) OFDI
Invest	0.677 *** (0.083)		0.560 *** (0.111)	
Cdepth		0.033 *** (0.004)		0.014 *** (0.005)
Observations	92 988	92 988	85 915	85 915
X	NO	NO	YES	YES
Individual FE	YES	YES	YES	YES
Year FE	YES	YES	YES	YES

注：①括号内数值为稳健标准误；②***、** 和 *分别表示在 1%、5%和 10%水平上显著。

表 3　剔除金融危机的影响

	(1) OFDI	(2) OFDI	(3) OFDI	(4) OFDI
Investment	0.818 *** (0.056)		0.562 *** (0.070)	
Cdepth		0.039 *** (0.002)		0.016 *** (0.003)
Obs.	369 590	369 590	321 863	321 863
X	NO	NO	YES	YES

续表

	(1) OFDI	(2) OFDI	(3) OFDI	(4) OFDI
Individual FE	YES	YES	YES	YES
Year FE	YES	YES	YES	YES

注：①括号内数值为稳健标准误；②***、**和*分别表示在1%、5%和10%水平上显著。

表4　工具变量回归

	(1) Investment	(2) OFDI
Admit	0.340*** (0.001)	
Inves		0.359*** (0.046)
Obs.	329 852	329 852
X	YES	YES
Individual FE	YES	YES
Year FE	YES	YES

注：①括号内数值为稳健标准误；②***、**和*分别表示在1%、5%和10%水平上显著。

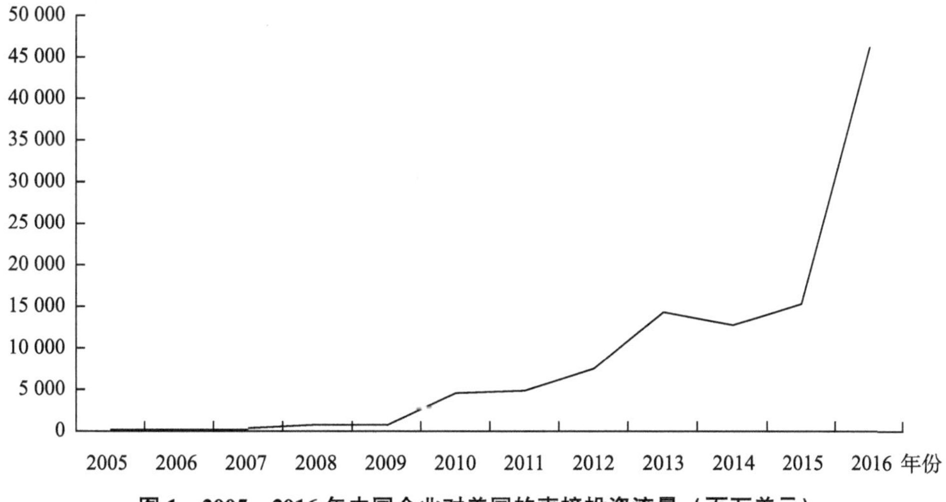

图1　2005—2016年中国企业对美国的直接投资流量（百万美元）

注：数据来源于美国美中关系全国委员会与荣鼎集团（Rhodium group）联合发布“按国会选区划分的中国在美直接投资研究”。

附录二

国务院关于推进国际产能和装备制造合作的指导意见

国发〔2015〕30号

各省、自治区、直辖市人民政府，国务院各部委、各直属机构：

近年来，我国装备制造业持续快速发展，产业规模、技术水平和国际竞争力大幅提升，在世界上具有重要地位，国际产能和装备制造合作初见成效。当前，全球产业结构加速调整，基础设施建设方兴未艾，发展中国家大力推进工业化、城镇化进程，为推进国际产能和装备制造合作提供了重要机遇。为抓住有利时机，推进国际产能和装备制造合作，实现我国经济提质增效升级，现提出以下意见。

一、重要意义

（一）推进国际产能和装备制造合作，是保持我国经济中高速增长和迈向中高端水平的重大举措。当前，我国经济发展进入新常态，对转变发展方式、调整经济结构提出了新要求。积极推进国际产能和装备制造合作，有利于促进优势产能对外合作，形成我国新的经济增长点，有利于促进企业不断提升技术、质量和服务水平，增强整体素质和核心竞争力，推动经济结构调整和产业转型升级，实现从产品输出向产业输出的提升。

（二）推进国际产能和装备制造合作，是推动新一轮高水平对外开放、增强国际竞争优势的重要内容。当前，我国对外开放已经进入新阶段，加快铁路、电力等国际产能和装备制造合作，有利于统筹国内国际两个大局，提升开放型经济发展水平，有利于实施“一带一路”、中非“三网一化”合作等重大战略。

（三）推进国际产能和装备制造合作，是开展互利合作的重要抓手。当前，全球基础设施建设掀起新热潮，发展中国家工业化、城镇化进程加快，积极开展境外基础设施建设和产能投资合作，有利于深化我国与有关国家的互利合作，促进当地经济和社会发展。

二、总体要求

（四）指导思想和总体思路。全面贯彻落实党的十八大和十八届二中、三中、四中全会精神，按照党中央、国务院决策部署，适应经济全球化新形势，着眼全球经济发展新格局，把握国际经济合作新方向，将我国产业优势和资金优势与国外需求相结合，以企业为主体，以市场为导向，加强政府统筹协调，创新对外合作机制，加大政策支持力度，健全服务保障体系，大力推进国际产能和装备制造合作，有力促进国内经济发展、产业转型升级，拓展产业发展新空间，打造经济增长新动力，开创对外开放新局面。

（五）基本原则。

坚持企业主导、政府推动。以企业为主体、市场为导向，按照国际惯例和商业原则开展国际产能和装备制造合作，企业自主决策、自负盈亏、自担风险。政府加强统筹协调，制定发展规划，改革管理方式，提高便利化水平，完善支持政策，营造良好环境，为企业“走出去”创造有利条件。

坚持突出重点、有序推进。国际产能和装备制造合作要选择制造能力强、技术水平高、国际竞争优势明显、国际市场有需求的领域为重点，近期以亚洲周边国家和非洲国家为主要方向，根据不同国家和行业的特点，有针对性地采用贸易、承包工程、投资等多种方式有序推进。

坚持注重实效、互利共赢。推动我装备、技术、标准和服务“走出去”，促进国内经济发展和产业转型升级。践行正确义利观，充分考虑所在国国情和实际需求，注重与当地政府和企业互利合作，创造良好的经济和社会效益，实现互利共赢、共同发展。

坚持积极稳妥、防控风险。根据国家经济外交整体战略，进一步强化我国比较优势，在充分掌握和论证相关国家政治、经济和社会情况基础上，积极谋划、合理布局，有力有序有效地向前推进，防止一哄而起、盲目而上、恶性竞争，切实防控风险，提高国际产能和装备制造合作的效用和水平。

（六）主要目标。力争到 2020 年，与重点国家产能合作机制基本建立，一批重点产能合作项目取得明显进展，形成若干境外产能合作示范基地。推进国际产能和装备制造合作的体制机制进一步完善，支持政策更加有效，服务保障能力全面提升。形成一批有国际竞争力和市场开拓能力的骨干企业。国际产能和装备制造合作的经济和社会效益进一步提升，对国内经济发展和产业转型升级的促进作用明显增强。

三、主要任务

（七）总体任务。将与我装备和产能契合度高、合作愿望强烈、合作条件和基础好的发展中国家作为重点国别，并积极开拓发达国家市场，以点带面，逐步扩展。将钢铁、有色、建材、铁路、电力、化工、轻纺、汽车、通信、工程机械、航空航天、船舶和海洋工程等作为重点行业，分类实施，有序推进。

（八）立足国内优势，推动钢铁、有色行业对外产能合作。结合国内钢铁行业结构调整，以成套设备出口、投资、收购、承包工程等方式，在资源条件好、配套能力强、市场潜力大的重点国家建设炼铁、炼钢、钢材等钢铁生产基地，带动钢铁装备对外输出。结合境外矿产资源开发，延伸下游产业链，开展铜、铝、铅、锌等有色金属冶炼和深加工，带动成套设备出口。

（九）结合当地市场需求，开展建材行业优势产能国际合作。根据国内产业结构调整的需要，发挥国内行业骨干企业、工程建设企业的作用，在有市场需求、生产能力不足的发展中国家，以投资方式为主，结合设计、工程建设、设备供应等多种方式，建设水泥、平板玻璃、建筑卫生陶瓷、新型建材、新型房屋等生产线，提高所在国工业生产能力，增加当地市场供应。

（十）加快铁路“走出去”步伐，拓展轨道交通装备国际市场。以推动和实施周边铁路互联互通、非洲铁路重点区域网络建设及高速铁路项目为重点，发挥我在铁路设计、施工、装备供应、运营维护及融资等方面的综合优势，积极开展一揽子合作。积极开发和实施城市轨道交通项目，扩大城市轨道交通车辆国际合作。在有条件的重点国家建立装配、维修基地和研发中心。

加快轨道交通装备企业整合，提升骨干企业国际经营能力和综合实力。

（十一）大力开发和实施境外电力项目，提升国际市场竞争力。加大电力“走出去”力度，积极开拓有关国家火电和水电市场，鼓励以多种方式参与重大电力项目合作，扩大国产火电、水电装备和技术出口规模。积极与有关国家开展核电领域交流与磋商，推进重点项目合作，带动核电成套装备和技术出口。积极参与有关国家风电、太阳能光伏项目的投资和建设，带动风电、光伏发电国际产能和装备制造合作。积极开展境外电网项目投资、建设和运营，带动输变电设备出口。

（十二）加强境外资源开发，推动化工重点领域境外投资。充分发挥国内技术和产能优势，在市场需求大、资源条件好的发展中国家，加强资源开发和产业投资，建设石化、化肥、农药、轮胎、煤化工等生产线。以满足当地市场需求为重点，开展化工下游精深加工，延伸产业链，建设绿色生产基地，带动国内成套设备出口。

（十三）发挥竞争优势，提高轻工纺织行业国际合作水平。发挥轻纺行业较强的国际竞争优势，在有条件的国家，依托当地农产品、畜牧业资源建立加工厂，在劳动力资源丰富、生产成本低、靠近目标市场的国家投资建设棉纺、化纤、家电、食品加工等轻纺行业项目，带动相关行业装备出口。在境外条件较好的工业园区，形成上下游配套、集群式发展的轻纺产品加工基地。把握好合作节奏和尺度，推动国际合作与国内产业转型升级良性互动。

（十四）通过境外设厂等方式，加快自主品牌汽车走向国际市场。积极开拓发展中国家汽车市场，推动国产大型客车、载重汽车、小型客车、轻型客车出口。在市场潜力大、产业配套强的国家设立汽车生产厂和组装厂，建立当地分销网络和维修维护中心，带动自主品牌汽车整车及零部件出口，提升品牌影响力。鼓励汽车企业在欧美发达国家设立汽车技术和工程研发中心，同国外技术实力强的企业开展合作，提高自主品牌汽车的研发和制造技术水平。

（十五）推动创新升级，提高信息通信行业国际竞争力。发挥大型通信和网络设备制造企业的国际竞争优势，巩固传统优势市场，开拓发达国家市场，以用户为核心，以市场为导向，加强与当地运营商、集团用户的合作，强化设计研发、技术支持、运营维护、信息安全的体系建设，提高在全球通信和网络设备市场的竞争力。鼓励电信运营企业、互联网企业采取兼并收购、投资建设、设施运营等方式“走出去”，在海外建设运营信息网络、数据中心等基础设施，与通信和网络制造企业合作。鼓励企业在海外设立研发机构，利用全球智力资源，加强新一代信息技术的研发。

（十六）整合优势资源，推动工程机械等制造企业完善全球业务网络。加大工程机械、农业机械、石油装备、机床工具等制造企业的市场开拓力度，积极开展融资租赁等业务，结合境外重大建设项目的实施，扩大出口。鼓励企业在有条件的国家投资建厂，完善运营维护服务网络建设，提高综合竞争能力。支持企业同具有品牌、技术和市场优势的国外企业合作，鼓励在发达国家设立研发中心，提高机械制造企业产品的品牌影响力和技术水平。

（十七）加强对外合作，推动航空航天装备对外输出。大力开拓发展中国家航空市场，在亚洲、非洲条件较好的国家探索设立合资航空运营企业，建设后勤保障基地，逐步形成区域航空运输网，打造若干个辐射周边国家的区域航空中心，加快与有关国家开展航空合作，带动国产飞机出口。积极开拓发达国家航空市场，推动通用飞机出口。支持优势航空企业投资国际先进制造和研发企业，建立海外研发中心，提高国产飞机的质量和水平。加强与发展中国家航天合作，积极推进对外发射服务。加强与发达国家在卫星设计、零部件制造、有效载荷研制等方面的合作，支持有条件的企业投资国外特色优势企业。

（十八）提升产品和服务水平，开拓船舶和海洋工程装备高端市场。发挥船舶产能优势，在巩固中低端船舶市场的同时，大力开拓高端船舶和海洋工程装备市场，支持有实力的企业投资建厂、建立海外研发中心及销售服务基地，提高船舶高端产品的研发和制造能力，提升深海半潜式钻井平台、浮式生产储卸装置、海洋工程船舶、液化天然气船等产品国际竞争力。

四、提高企业“走出去”能力和水平

（十九）发挥企业市场主体作用。各类企业包括民营企业要结合自身发展需要和优势，坚持以市场为导向，按照商业原则和国际惯例，明确工作重点，制定实施方案，积极开展国际产能和装备制造合作，为我拓展国际发展新空间作出积极贡献。

（二十）拓展对外合作方式。在继续发挥传统工程承包优势的同时，充分发挥我资金、技术优势，积极开展“工程承包+融资”、“工程承包+融资+运营”等合作，有条件的项目鼓励采用BOT、PPP等方式，大力开拓国际市场，开展装备制造合作。与具备条件的国家合作，形成合力，共同开发第三方市场。国际产能合作要根据所在国的实际和特点，灵活采取投资、工程建设、技术合作、技术援助等多种方式，与所在国政府和企业开展合作。

（二十一）创新商业运作模式。积极参与境外产业集聚区、经贸合作区、工业园区、经济特区等合作园区建设，营造基础设施相对完善、法律政策配套的具有集聚和辐射效应的良好区域投资环境，引导国内企业抱团出海、集群式“走出去”。通过互联网借船出海，借助互联网企业境外市场、营销网络平台，开辟新的商业渠道。通过以大带小合作出海，鼓励大企业率先走向国际市场，带动一批中小配套企业“走出去”，构建全产业链战略联盟，形成综合竞争优势。

（二十二）提高境外经营能力和水平。认真做好所在国政治、经济、法律、市场的分析和评估，加强项目可行性研究和论证，建立效益风险评估机制，注重经济性和可持续性，完善内部投资决策程序，落实各方面配套条件，精心组织实施。做好风险应对预案，妥善防范和化解项目执行中的各类风险。鼓励扎根当地、致力于长期发展，在企业用工、采购等方面努力提高本地化水平，加强当地员工培训，积极促进当地就业和经济发展。

（二十三）规范企业境外经营行为。企业要认真遵守所在国法律法规，尊重当地文化、宗教和习俗，保障员工合法权益，做好知识产权保护，坚持诚信经营，抵制商业贿赂。注重资源节约利用和生态环境保护，承担社会责任，为当地经济和社会发展积极作贡献，实现与所在国的互利共赢、共同发展。建立企业境外经营活动考核机制，推动信用制度建设。加强企业间的协调与合作，遵守公平竞争的市场秩序，坚决防止无序和恶性竞争。

五、加强政府引导和推动

（二十四）加强统筹指导和协调。根据国家经济社会发展总体规划，结合“一带一路”建设、周边基础设施互联互通、中非“三网一化”合作等，制定国际产能合作规划，明确重点方向，指导企业有重点、有目标、有组织地开展对外工作。

（二十五）完善对外合作机制。充分发挥现有多双边高层合作机制的作用，与重点国家建立产能合作机制，加强政府间交流协调以及与相关国际和地区组织的合作，搭建政府和企业对外合作平台，推动国际产能和装备制造合作取得积极进展。完善与有关国家在投资保护、金融、税收、海关、人员往来等方面合作机制，为国际产能和装备制造合作提供全方位支持和综合保障。

（二十六）改革对外合作管理体制。进一步加大简政放权力度，深化境外投资管理制度改革，取消境外投资审批，除敏感类投资外，境外投资项目和设立企业全部实行告知性备案，做好事中事后监管工作。完善对中央和地方国有企业的境外投资管理方式，从注重事前管理向加强事中事后监管转变。完善对外承包工程管理，为企业开展对外合作创造便利条件。

（二十七）做好外交服务工作。外交部门和驻外使领馆要进一步做好驻在国政府和社会各界的工作，加强对我企业的指导、协调和服务，及时提供国别情况、有关国家合作意向和合作项目等有效信息，做好风险防范和领事保护工作。

（二十八）建立综合信息服务平台。完善信息共享制度，指导相关机构建立公共信息平台，全面整合政府、商协会、企业、金融机构、中介服务机构等信息资源，及时发布国家“走出去”有关政策，以及全面准确的国外投资环境、产业发展和政策、市场需求、项目合作等信息，为企业“走出去”提供全方位的综合信息支持和服务。

（二十九）积极发挥地方政府作用。地方政府要结合本地区产业发展、结构调整和产能情况，制定有针对性的工作方案，指导和鼓励本地区有条件的企业积极有序推进国际产能和装备制造合作。

六、加大政策支持力度

（三十）完善财税支持政策。加快与有关国家商签避免双重征税协定，实现重点国家全覆盖。

（三十一）发挥优惠贷款作用。根据国际产能和装备制造合作需要，支持企业参与大型成套设备出口、工程承包和大型投资项目。

（三十二）加大金融支持力度。发挥政策性银行和开发性金融机构的积极作用，通过银团贷款、出口信贷、项目融资等多种方式，加大对国际产能和装备制造合作的融资支持力度。鼓励商业性金融机构按照商业可持续和风险可控原则，为国际产能和装备制造合作项目提供融资支持，创新金融产品，完善金融服务。鼓励金融机构开展 PPP 项目贷款业务，提升我国高铁、核电等重大装备和产能“走出去”的综合竞争力。鼓励国内金融机构提高对境外资产或权益的处置能力，支持“走出去”企业以境外资产和股权、矿权等权益为抵押获得贷款，提高企业融资能力。加强与相关国家的监管协调，降低和消除准入壁垒，支持中资金融机构加快境外分支机构和服务网点布局，提高融资服务能力。加强与国际金融机构的对接与协调，共同开展境外重大项目合作。

（三十三）发挥人民币国际化积极作用。支持国家开发银行、我国进出口银行和境内商业银行在境外发行人民币债券并在境外使用，取消在境外发行人民币债券的地域限制。加快建设人民币跨境支付系统，完善人民币全球清算服务体系，便利企业使用人民币进行跨境合作和投资。鼓励在境外投资、对外承包工程、大型成套设备出口、大宗商品贸易及境外经贸合作区等使用人民币计价结算，降低“走出去”的货币错配风险。推动人民币在“一带一路”建设中的使用，有序拓宽人民币回流渠道。

（三十四）扩大融资资金来源。支持符合条件的企业和金融机构通过发行股票、债券、资产证券化产品在境内外市场募集资金，用于“走出去”项目。实行境外发债备案制，募集低成本外汇资金，更好地支持企业“走出去”资金需求。

（三十五）增加股权投资来源。发挥我国投资有限责任公司作用，设立业务覆盖全球的股权投资公司（即中投海外直接投资公司）。充分发挥丝路基金、中非基金、东盟基金、中投海外直接投资公司等作用，以股权投资、债务融资等方式，积极支持国际产能和装备制造合作项目。鼓励境内私募股权基金管理机构“走出去”，充分发挥其支持企业“走出去”开展绿地投资、并购投资等的作用。

（三十六）加强和完善出口信用保险。建立出口信用保险支持大型成套设备的长期制度性安排，对风险可控的项目实现应保尽保。发挥好中长期出口信用保险的风险保障作用，扩大保险覆盖面，以有效支持大型成套设备出口，带动优势产能“走出去”。

七、强化服务保障和风险防控

（三十七）加快我国标准国际化推广。提高我国标准国际化水平，加快认证认可国际互认进程。积极参与国际标准和区域标准制定，推动与主要贸易国之间的标准互认。尽早完成高铁、电力、工程机械、化工、有色、建材等行业技术标准外文版翻译，加大我国标准国际化推广力度，推动相关产品认证认可结果互认和采信。

（三十八）强化行业协会和中介机构作用。鼓励行业协会、商会、中介机构发挥积极作用，为企业“走出去”提供市场化、社会化、国际化的法律、会计、税务、投资、咨询、知识产权、风险评估和认证等服务。建立行业自律与政府监管相结合的管理体系，完善中介服务执业规则与管理制度，提高中介机构服务质量，强化中介服务机构的责任。

（三十九）加快人才队伍建设。加大跨国经营管理人才培训力度，坚持企业自我培养与政府扶持相结合，培养一批复合型跨国经营管理人才。以培养创新型科技人才为先导，加快重点行业专业技术人才队伍建设。加大海外高层次人才引进力度，建立人才国际化交流平台，为国际产能和装备制造合作提供人才支撑。

（四十）做好政策阐释工作。积极发挥国内传统媒体和互联网新媒体作用，及时准确通报信息。加强与国际主流媒体交流合作，做好与所在国当地媒体、智库、非政府组织的沟通工作，阐释平等合作、互利共赢、共同发展的合作理念，积极推介我国装备产品、技术、标准和优势产业。

（四十一）加强风险防范和安全保障。建立健全支持“走出去”的风险评估和防控机制，定期发布重大国别风险评估报告，及时警示和通报有关国家政治、经济和社会重大风险，提出应对预案和防范措施，妥善应对国际产能和装备制造合作重大风险。综合运用外交、经济、法律等手段，切实维护我国企业境外合法权益。充分发挥境外我国公民和机构安全保护工作部际联席会议制度的作用，完善境外安全风险预警机制和突发安全事件应急处理机制，及时妥善解决和处置各类安全问题，切实保障公民和企业的境外安全。

国务院
2015 年 5 月 13 日

（本文有删减，个别表述有调整）